Visual Studio Team System
Team Foundation Server

Colaboração - Qualidade - Previsibilidade - Controle

Visual Studio Team System
Team Foundation Server

Colaboração - Qualidade - Previsibilidade - Controle

Marcus Garcia

Editor: Sergio Martins de Oliveira
Diretora Editorial: Rosa Maria Oliveira de Queiroz
Assistente de Produção: Marina dos Anjos Martins de Oliveira
Revisão: Maria Helena A. M. Oliveira
Editoração Eletrônica: Abreu's System Ltda.
Capa: Use Design

Técnica e muita atenção foram empregadas na produção deste livro. Porém, erros de digitação e/ou impressão podem ocorrer. Qualquer dúvida, inclusive de conceito, solicitamos enviar mensagem para brasport@brasport.com.br, para que nossa equipe, juntamente com o autor, possa esclarecer. A Brasport e o(s) autor(es) não assumem qualquer responsabilidade por eventuais danos ou perdas a pessoas ou bens, originados do uso deste livro.

Dados Internacionais de Catalogação na Publicação (CIP)
(Câmara Brasileira do Livro, SP, Brasil)

Garcia, Marcus
    Visual Studio Team System : Team Foundation
Server / Marcus Garcia. -- Rio de Janeiro :
Brasport, 2007.

    Bibliografia.
    ISBN 978-85-7452-331-6

    1. Microsoft Visual Studio (Programa de
computador) I. Título.

07-4923   CDD-005.3

Índices para catálogo sistemático:

1. Visual Studio Team System : Computadores :
Programas : Processamento de dados 005.3

BRASPORT Livros e Multimídia Ltda.
Rua Pardal Mallet, 23 – Tijuca
20270-280 Rio de Janeiro-RJ
Tels. Fax: (21) 2568.1415/2568.1507/2569.0212/2565.8257
e-mails: brasport@brasport.com.br
        vendas@brasport.com.br
        editorial@brasport.com.br
site: **www.brasport.com.br**

Filial
Av. Paulista, 807 – conj. 915
01311-100 – São Paulo-SP
Tel. Fax (11): 3287.1752
e-mail: filialsp@brasport.com.br

Agradecimentos

Agradecer nunca é fácil, porque sempre esquecemos de alguém. Quanto mais maturidade alcançamos mais temos a quem agradecer. Agradecer a Deus, por exemplo, já que Ele nos dá a vida e nos mantém com fé suficiente para enfrentar as pedras que surgem em nosso caminho durante nossa estada aqui na Terra; agradecer à nossa familia, a nossos amigos, agradecer a todos!!!

Sendo assim, gostaria de começar meus agradecimentos com uma frase de um amigo *"mineirim"*, *"... — doa um ano do seu tempo à comunidade e veja se valeu a pena os frutos que colheu...",* bem... Pode até não ser assim que ele costuma falar (rs), mas a essência é essa mesmo — Salve Miguel Ferreira! Grande no tamanho e no sentimento de comunidade, sentimento esse que me trouxe onde estou hoje. Há outras frases e palavras que me marcaram nos últimos anos também, como as do meu amigo Fábio Câmara com as pérolas *"— ...o menor prejuízo é o primeiro"* ou me chamando de "procrastinador" quando eu ficava com preguiça de escrever ou entregar algo que eu estava devendo a ele, ou o famoso *"regassa!!!"* dos meus amigos Thiago Cruz e Pedro Castelo (que migraram de BH para São Paulo recentemente e estão regassando!). Também tem o pessoal do Codificando.net, dos .NET Raptors, dos SharpShooters, do Pantanet, BuildDevelopers, enfim... tem muita gente! Resumindo... Obrigado INETA BRASIL, obrigado Grupos de Usuários .NET! Obrigado Jose Berrios. Não posso deixar de mencionar aqui amigos de longa data que sempre me apoiaram e discutiram muito comigo no mundo das comunidades .NET tais como: Alexandre Tarifa, Andrey Sanches, Emerson Facunte, Max Mossiman (cadê você cara!), Ícaro Bombonato, David Pomarico, Marden Menezes (Iron Marden), Wallace Santos, Alfred Myers (ô retado!), Fernando Cerqueira, Fábio Galuppo, Mauro Sant´Anna, Renato Haddad (Think .Net) entre outros. Ao grande Marcio Elias, que à frente do Portal Linha de Código proporciona conteúdo de qualidade à toda comunidade de desenvolvedores do Brasil.

Não poderia esquecer de citar alguns amigos que fiz na Microsoft até hoje, entre eles: Ricardo Mendes, Cézar Guimarães, Juliano Tubino, Marcio Luciani (agora na HP), Daniel Wolmann, Karina Leal, Renata Rochel, Rogério Cordeiro, Daniel Ferreira, Danilo Bordini, Carlos Zimmermann, Nestor Postillo e Leonardo Tolomelli (MVP Lead).

Aos companheiros do Programa MVP Brasil – grandes profissionais de tecnologia que podem ser encontrados pelo site http://www.microsoft.com/brasil/mvp/mvpa-wardees.mspx. Quer encontrar um MVP? Procure onde existe tecnologia Microsoft de ponta e certamente encontrará um MVP.

Gostaria de agradeçer tambem aos amigos que fiz na FAA – Freire Advogados & Associados – Gabriel Freire, Amilcar Sakamoto, Rafaela Assis, Iles Vilela, entre outros amigos queridos e a todos novos amigos que estou fazendo na Fórum Access Consultoria, onde pretendo contribuir ativamente daqui em diante.

Em especial agradeço à minha querida e amada esposa (...I belong to you And you You belong to me too — by Lenny Kravitz) que sempre está ao meu lado apoiando e tendo a paciência budista necessária nos momentos em que estou escrevendo, mergulhado no meu mundo técnico/literário, deixando de lado muitas vezes o que temos de mais importante em nossa vida, a família, para compartilhar conhecimento. À minha filha do coração, a minha Thabata (Thabatatinha) — Yah!!! — que um dia será faixa preta de judô, à minha sogra Helga, que tem uma "paciência danada" comigo, meu sogrão Wilson, que fornece as quadras de tênis gratuitas aos domigos (rs), ao meu grande Ex Step Father Freitas, digo ex porque agora se tornou o próprio pai, à minha irmã Andréa (Deinha volta do Canadá!!!) e à minha querida mãe (Dona Wilma), que ainda me trata como se eu tivesse os mesmos 15 anos de 21 anos atrás. E à memória de meu pai Orlando, Vó Rosa e Vô Pepê que muito me ensinaram cada um de sua maneira.

Enfim, é isso! Como eu disse lá no começo, na primeira linha de agradecimentos, agradecer nunca é fácil.

Prefácio

Cezar Guimarães Neto

Definitivamente controlar o ciclo de desenvolvimento de software não é uma tarefa fácil. Isto acontece porque diversas pessoas com diferentes tarefas estão envolvidas. Não apenas diferentes tarefas relacionadas ao desenvolvimento ou a implementação de um código. São diferentes tarefas relacionadas a diferentes responsabilidades.

Gerentes de Projeto, Arquitetos, DBA's, Desenvolvedores, Analistas de Testes, todos fazem parte deste ciclo. E a maneira como cada um desempenha as suas responsabilidades e tarefas contribui para o sucesso ou fracasso de um projeto.

Neste cenário talvez a questão mais complexa seja como garantir a integração de todas as pessoas e perfis da equipe. Como garantir que a comunicação seja clara e eficiente.

A preocupação com estes fatores: definição dos perfis, suas responsabilidades, como executá-las e como comunicar os resultados, resulta no interesse constante em metodologias. Sejam as metodologias mais formais ou as ágeis, elas procuram definir cada um dos perfis e suas responsabilidades. Algumas delas também determinam as maneiras como executá-las e assim tentar garantir o sucesso do projeto.

Mesmo quando utilizamos metodologias e temos documentos bem definidos ainda existe a questão de como integrar todos os participantes do ciclo de desenvolvimento e oferecer a melhor ferramenta de colaboração.

Pensando nestas questões, a Microsoft ampliou a família do Visual Studio criando o Visual Studio Team System. Com o Team System, a Microsoft ampliou o foco do Visual Studio do desenvolvedor para todos os participantes do ciclo desenvolvimento de software. Assim, todos os perfis, arquiteto, DBA, analista de teste, desenvolvedor e gerente de projetos podem ser mais produtivos e colaborar uns com os outros mais facilmente. O Visual Studio Team System também facilita a aplicação de metodologias em seu projeto. Você pode optar por aquelas já oferecidas por ele ou então customizar o processo para atender às suas necessidades ou ao processo já existente em sua empresa hoje.

O Team Foundation Server faz parte do Visual Studio Team System, sendo responsável pela integração da equipe, gerenciamento do projeto e ainda oferece diversos outros recursos. Entres estes estão um novo controle de versão, controle de itens de trabalho e relatórios gerenciais integrados. Podemos dizer que o Team Foundation Server é o coração do Visual Studio Team System.

Neste livro, Marcus Garcia explica o que é o Team Foundation Server e como os seus recursos devem ser utilizados para melhorar a colaboração, o controle e a qualidade do seu ciclo de desenvolvimento de software. Ele explica desde como instalá-lo até como estendê-lo para atender as suas necessidades específicas, passando por todos os seus papéis e conceitos básicos.

Marcus Garcia foi uma das primeiras pessoas no Brasil a estudar e a falar sobre o Visual Studio Team System, desde a época em que as informações e documentações disponíveis não passavam de White papers. Além de dominar bem a ferramenta e seus diversos aspectos, ele tem experiência com gestão de projetos, tendo gerenciado diversas equipes e o desenvolvimento de aplicações e produtos. Com muita propriedade ele o ajudará a entender o Team Foundation Server e como melhor utilizá-lo.

Recomendo a leitura de **Visual Studio Team System - Team Foundation Server** para todos que já utilizam metodologias e estão em busca de uma ferramenta para gerenciar o seu ciclo de desenvolvimento de software. Recomendo também para os que ainda não utilizam as metodologias e ferramentas, mas que sentem a necessidade de utilizá-las. E recomendo para os que já sabem o que é o Team Foundation Server, mas não tiveram a oportunidade de se aprofundar no assunto. Que o Visual Studio Team System e o Team Foundation Server possam ajudá-lo a ter ainda mais sucesso em seus ciclos de desenvolvimento de software, como colaboração e garantia de qualidade.

Cezar Guimarães Neto
Especialista em Desenvolvimento
Microsoft Brasil

Prefácio

Miguel Ferreira

Quando o Marcus Garcia me convidou para prefaciar um livro sobre Visual Studio 2005 Team System respondi prontamente. O referido autor é companheiro de longa data, com quem freqüentemente discuto tecnologia e gestão de projetos, confidenciando, inclusive, a minha descrença em algumas das "velhas novidades" apresentadas hoje em dia.

Se não pode ser medido, não pode ser gerenciado, e se não pode ser gerenciado para que investir? Assim se resume o desafio apresentado aos times engajados no desenvolvimento de software, seja ele personalizado (sob encomenda) ou de caixinha. Processos, métodos e ferramentas formam os fundamentos da engenharia de software e, neste contexto, o Microsoft Solutions Framework (MSF) abraça metodologias ágeis e formais, apresentando um conjunto de processos, princípios e práticas aprovadas, proporcionando o direcionamento requisitado pelos engenheiros de software modernos. O MSF acumula conhecimento gerado dentro e fora da Microsoft provendo uma integração natural com o Visual Studio 2005 Team System para fins de automação de processos e direcionamento dentro do ciclo de desenvolvimento de software (SDLC - Software Development Life Cycle).

De onde eu estou sentado, processos, métodos e ferramentas não garantem o sucesso de um projeto de software, mas a ausência destes garante o fracasso. Quando penso em fracasso e/ou sucesso tenho em vista a **qualidade, o custo e o prazo de entrega**. Existiria, então, algum ingrediente adicional para melhorarmos as chances de sucesso do projeto? Sim, existe – **pessoas brilhantes**. Reúna estes ingredientes e o seu projeto terá uma grande chance de sucesso.

O Marcus é uma dessas pessoas brilhantes que prima pelos detalhes e pela excelência. Daí a garantia de que este livro vai beneficiar seus leitores propiciando uma visão ampla sobre como gerenciar adequadamente um projeto de software.

Miguel Ferreira
Program Manager – divisão de Sistemas Operacionais da Microsoft Corporation (Core Operating System Division).

Apresentação

Este livro tem como principal objetivo apresentar aos Desenvolvedores, Gerente de Projetos e demais profissionais de tecnologia envolvidos com fabricação de software em geral os benefícios que o SDLC (Software Development Life Cicle) baseado em tecnologia Microsoft proporciona. Essa nova tecnologia que está sendo disponibilizada é capaz de auxiliar em todo o ciclo de desenvolvimento. Baseado em boas práticas de metodologias ágeis, o Visual Studio Team System nos fornece:

- Colaboração
- Qualidade
- Previsibilidade
- Controle

A partir de artefatos construídos nativamente ou customizados você será capaz de rastrear operações, prever pontos críticos em seus projetos, informar melhor seus patrocinadores internos e externos (clientes), gerar Base-Lines, desenvolver paralelamente seus projetos sem perder o controle das versões que estão simultaneamente sendo trabalhadas, entre outros grandes recursos.

Engana-se quem pensa que uma tecnologia resolverá todos os problemas e se tornará "a salvadora", mas é possível amenizar seus problemas gerando um maior controle e colaboração de todos os envolvidos nos seus processos.

A proposta desse livro é levar você, leitor, em mergulho moderado, para dentro do seu próprio processo de desenvolvimento de software. A idéia é fazer você refletir o quanto realmente você precisa de controle de suas atividades, previsibilidade de suas ações, qualidade de seu código e colaboração de sua equipe para gerar e atingir os seus objetivos.

Boa leitura!

Sumário

1

Introdução ao Team Foundation Server

O mercado de TI é composto por diversas empresas, serviços e produtos, mas todos, sem exceção, convivem com pelo menos um problema em comum: a falta de visão geral de seus projetos. Existem estudos que apontam apenas 30% dos projetos existentes no mundo como projetos de sucesso real. Esse baixíssimo número faz com que tenhamos de repensar nossos processos, métricas e meios de execução.

Quando falamos em desenvolvimento em equipes, o primeiro obstáculo à nossa frente é a comunicação. Como trocar informações ágeis com todo o nosso time? Como não esquecer nenhum requisito, tarefa, verificação etc.? Enfim, como facilitar o nosso dia-a-dia? É como Beny Rubstein (Program Manager brasileiro da Microsoft Corp – EUA) disse em uma de suas palestras aqui no Brasil: "*O Desenvolvedor precisa fazer o óbvio, que é programar...*" . O Objetivo da MS ao construir essa tecnologia é prover integração entre os times de Operações, Arquitetos, Desenvolvedores, Testers, Gerentes, Diretores e outros membros da equipe. Prover informações rápidas e confiáveis para todas as áreas envolvidas. Para o Diretor e o Gerente que necessitam de reports para mensurar custos a todo o momento, para o Desenvolvedor que precisa verificar quantos bugs tem aquela determinada aplicação etc., para o Testador que vai definir métricas e testar exaustivamente aquele código e para o pessoal de operações que necessita validar o projeto antes mesmo de o colocar em produção. Ou seja, para cada time existe um conjunto de features capaz de auxiliar nas tomadas de decisões durante todo o processo de desenvolvimento.

Expansão do Visual Studio

O Visual Studio foi expandido para os seguintes cenários:

- Team Test Edition
- Team Architect Edition
- Team Developer Edition
- Database Professional

Utilizando os seguintes princípios:

- **Design for operations**: A idéia é fazer testes, validar infra-estrutura, ter certeza de que tudo vai funcionar antes de digitar a primeira linha de código.

- **Increased Reliability**: Através dos centros de pesquisa da MS espalhados pelo mundo, algumas das ferramentas utilizadas para testes de confiabilidade e segurança vão ser embarcadas nas expansões do Visual Studio, inclusive suas métricas utilizadas.

- **Quality**: Através de testes predefinidos é possível estabelecer métricas e realizar seus testes para que não ocorram problemas, pois nem sempre temos certeza de que nosso código está livre de erros, nem sempre temos certeza de que o teste foi feito em todo o código.

- **Visibility**: A famosa reunião de status vai ser substituída por relatórios on-line. Já que estamos numa mesma base de dados, nossos chefes poderão utilizar visões no Project e no Excel, apenas clicando no botão de Refresh, e dessa forma saber tudo sobre os requisitos em aberto, bugs e outras informações a qualquer momento.

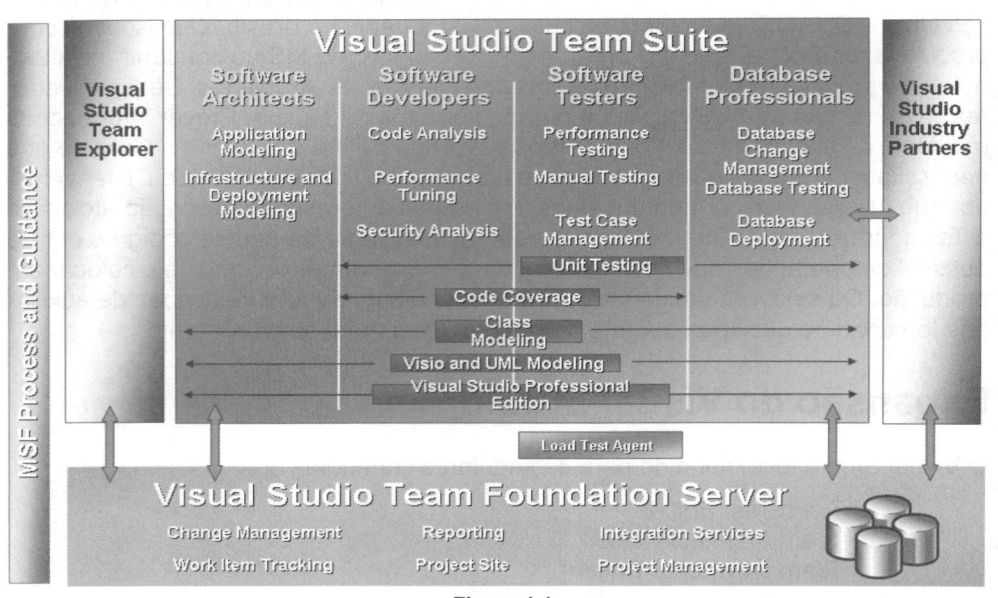

Figura 1.1

Entendendo o diagrama do Visual Studio

No diagrama anterior (Figura 1.1), encontramos na base do desenho uma subdivisão chamada Team Foundation, que é responsável por todo o gerenciamento do Team System. Através do Team Foundation, podemos analisar tudo o que está acontecendo em nosso projeto. Esse diagrama mostra, também, quais são as *features* que contemplam cada suíte.

Principais Recursos do Team Foundation

O Team Foundation é a base do todo o Visual Studio Team System, podendo ser integrado ao AD do Windows 2003 ou não e deve ser integrado ao SQL Server 2005. Portanto, é uma base de dados integrada de fato. Seus principais recursos são:

- Work Item Tracking
- Version Control
- Build Automation
- Project Portal

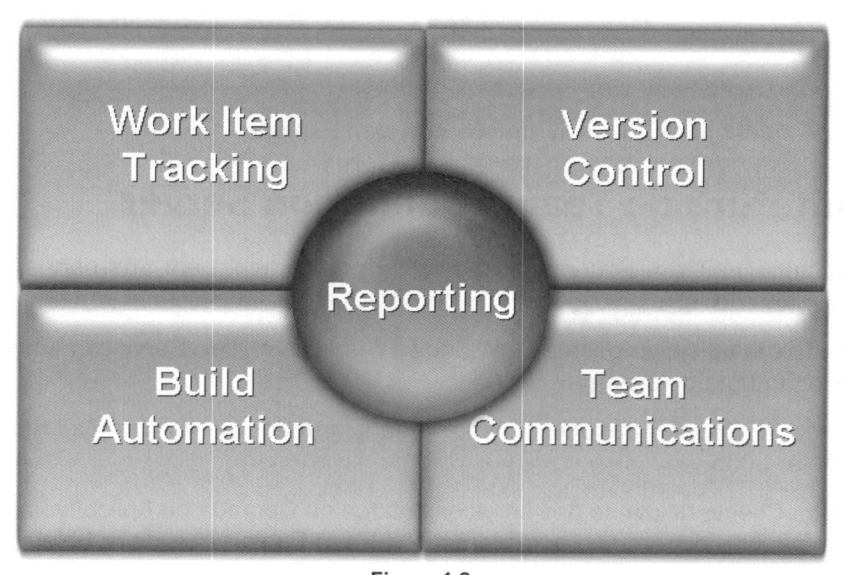

Figura 1.2

O que é Team Foundation Server?

O Team Foundation é o responsável pelo gerenciamento de todo o ciclo de desenvolvimento de software quando utilizada a tecnologia Visual Studio Team System. Seus principais recursos, que foram vistos anteriormente (Figura 1.2), são os responsáveis por manter a administração de todos os seus projetos na "ponta dos dedos". Isso quer dizer que, utilizando seus recursos com habilidade, é possível:

- Controlar itens de trabalho, bugs, tarefas etc;

- Controlar versão de projetos e documentos gerados durante sua utilização;

- Visualizar totalmente a situação dos projetos através de portal personalizado;

- Manter sua equipe em comunicação o tempo todo através de workflows internos;

- Automatizar build das mais variadas formas;

- Gerar diversos tipos de relatórios;

- Gerenciar projetos através de ferramentas do Office System (Project e Word);

- Customizar web services e objetos;

- Integrar ambientes através do Team Explorer.

Arquitetura do Team Foundation Server

A Arquitetura do Team Foundation é dividida praticamente em três partes, sendo elas: Camada de Aplicativos, Camada de Dados e Camada Cliente.

A Camada de Aplicativo possui os Windows Services e Web Services necessários ao funcionamento do sistema.

A Camada de Dados é responsável por organizar todas as informações dentro do SQL Server 2005.

A Camada Cliente utiliza-se dos serviços criados na Camada de Aplicativos através dos objetos, que podem ser, por exemplo, o Team Explorer ou outro objeto de terceiros.

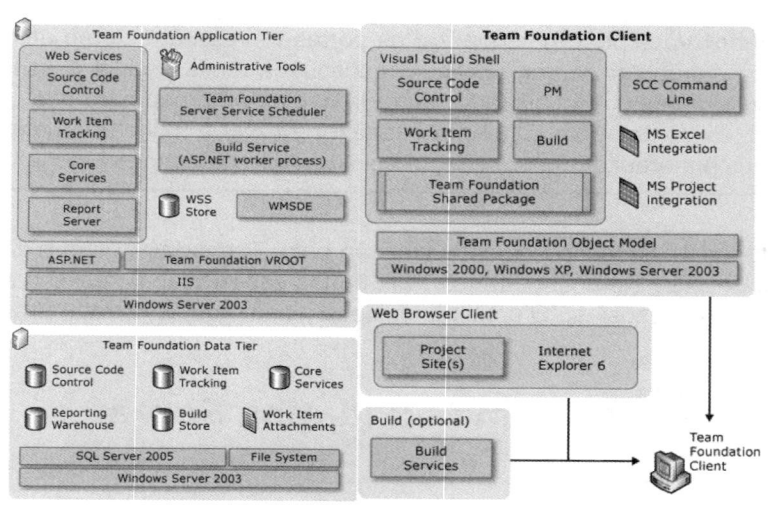

Figura 1.3

O Team Foundation Server utiliza-se das portas de rede apontadas no diagrama da Figura 1.4 para trafegar informações:

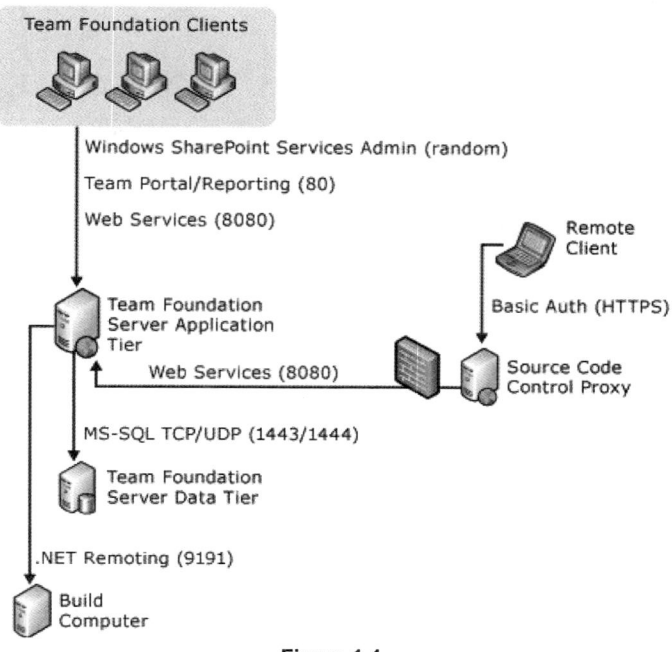

Figura 1.4

> **Cuidado!** Você pode personalizar as portas de rede que serão utilizadas pelo Team Foundation Server, porém, é necessária muita perícia nesse momento. Consulte antes o Administrador de rede da sua empresa para qualquer modificação. Evidentemente, o Team Foundation Server é muito abrangente quando falamos em arquitetura, sendo que aqui abordamos apenas alguns pontos.

Durante todo o processo de comunicação entre Camadas (Client e Server) o TFS faz uso de .NET Remoting, tráfico TCP, portas específicas de acesso a dados, web services, processos etc. O próximo tópico tem como objetivo tratar um pouco desse assunto.

Camadas do Team Foundation Server

- Client
- Application
- Data

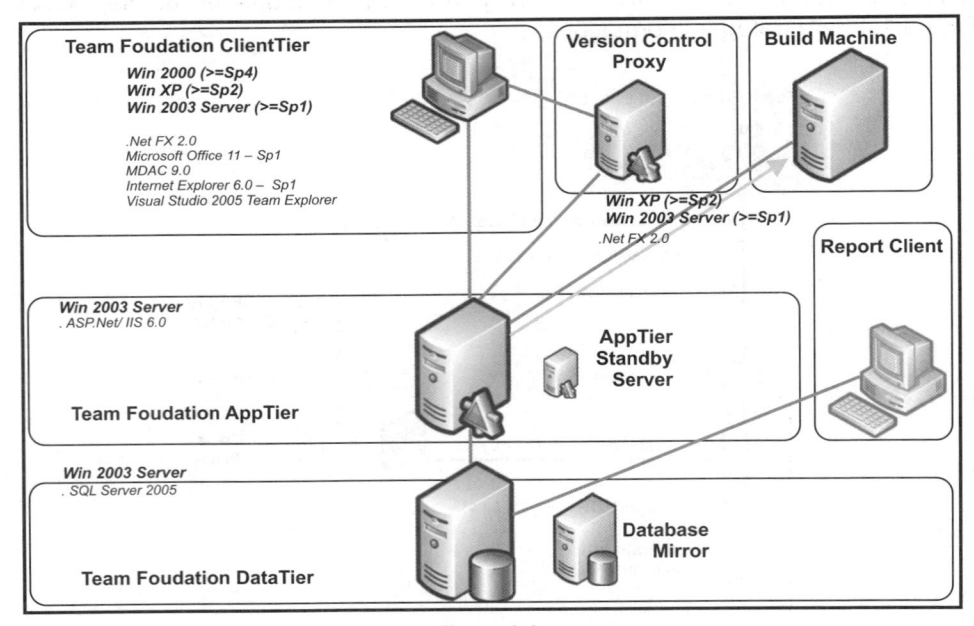

Figura 1.4a

Na Figura 1.4a podemos encontrar a camada Client do Team Foundation Server e suas especificações mínimas de utilização para software.

Camada Cliente

A Camada Cliente diz respeito ao acesso que podemos ter ao TFS, basicamente utilizando um sistema operacional que seja no mínimo o Windows 2000 com SP4. Pode-se administrar o TFS utilizando a Integração com Microsoft Project, Microsoft Excel e também com o Team Explorer (client que pode ser instalado a partir do instalador do TFS).

Camada de Aplicação

A Camada de Aplicação por sua vez é responsável por manter o sistema operacional Windows 2003 Server e os respectivos serviços em pleno funcionamento. Nesta camada encontra-se também toda a administração do IIS e ASP.NET.

Camada de Dados

A Camada de Dados não é tão menos importante, pois nela toda a administração do Team Foundation Server é consolidada. O SQL Server 2005 fica encarregado de manter em segurança e totalmente íntegros os bancos de dados correspondentes aos seus projetos.

Outros aspectos das Camadas do Team Foundation Server

O acesso a dados é feito através de alguns Plug-ins como os do Excel e Project, mas também pode ser acessado através do IE, da própria IDE do Visual Studio 2003 e 2005. Podem-se também utilizar projetos de SQL Reporting Services e também de Windows Sharepoint Services.

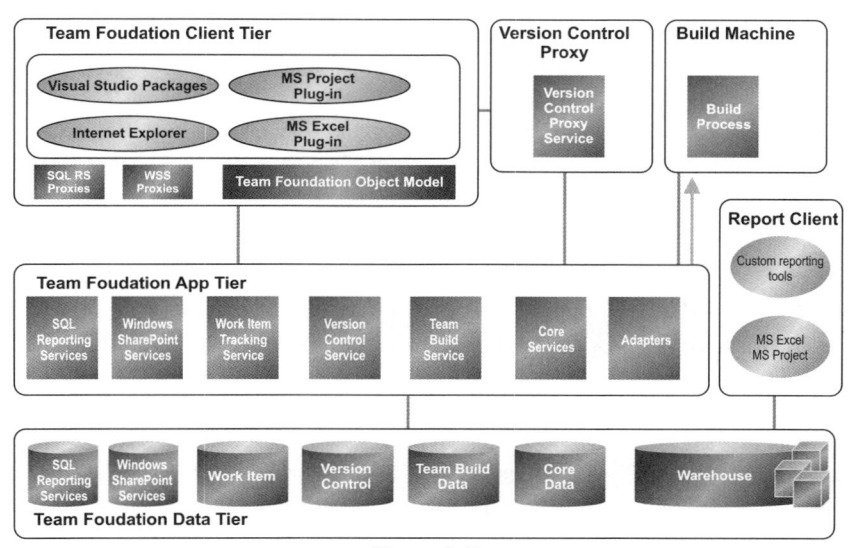

Figura 1.4b

Ainda falando da Camada Cliente, o *Team Foundation Object Model* expõe os serviços do Team Foundation para serem consumidos via web services.

Na Camada de Aplicação ficam armazenados todos os serviços do Team Foundation, que também podem ser consumidos via web services. Acessando esses web services pode-se chegar até a Camada de Dados e administrar de fato toda a massa de dados dos *Team Projects*.

MSF – Microsoft Solutions Framework

Participação especial: Fábio Câmara

MSF vem passando por desenvolvimento contínuo e melhorias durante uma década. A visão original para MSF era colecionar e organizar um corpo de orientação e melhores práticas para utilização como um guia durante o ciclo de vida de desenvolvimento de software.

No início, os principais influenciadores do MSF foram:

- A experiência de desenvolvimento da própria Microsoft;
- Contribuições de experiências da Microsoft Consulting, a empresa de serviços da Microsoft;
- Melhores práticas da indústria;
- Contribuições do programa de empresas parceiras Microsoft.

O MSF versão 4 (atualmente está em revisão final a versão 4.1) é uma evolução da metodologia MSF, criada pela Microsoft em 1993. Desde a década de 90, o MSF adicionou uma forte influência da comunidade Ágil, tornando-a uma metodologia de vanguarda.

Historicamente, a Microsoft sempre teve muito cuidado para evitar que o MSF virasse uma metodologia. Por isto, quero dizer que a adoção do MSF nunca designou a compra de ferramentas caras, modelos etc., ou a adoção de processos altamente prescritivos e detalhados. Ao invés, MSF conscientemente mostrava direções para prover orientação e princípios que podem ser agregados a uma variedade de metodologias de forma discreta. Isto inclui, por exemplo, os famosos processos de metodologias como

DSDM e RUP.

Se analisarmos habilmente, concluiremos que, para a década de 90, esta abordagem fazia todo sentido. A Microsoft destinava seus esforços para atender às suas próprias necessidades de processos e não compreendia como útil destinar investimentos para formalizar o MSF como uma metodologia "one size fits all approaching".

Na minha leitura, esta é a razão pela qual mais me agrada usar MSF em meus desafios, pois foi uma metodologia criada em cima de necessidades específicas e reais, mesmo considerando que a Microsoft não é uma empresa de desenvolvimento comum.

Hoje a proposta da Microsoft ao promover MSF para metodologia é fundamentada pela compreensão da necessidade real de utilizarmos um mecanismo que maximize a comunicação e os princípios de melhores práticas de desenvolvimento, testes e controle de forma integrada.

Antes de chegar nesta dimensão de maturidade, MSF passou por três grandes revisões que representam significativamente a evolução como um framework para o desenvolvimento de projetos. Nesta última revisão foram criadas duas instâncias da versão 4.0:

- MSF for Agile Software Development
- MSF for CMMI Process Improvement

Eu acredito que o MSF agora representa uma significativa mudança na atitude Microsoft, principalmente pela transparência na definição dos métodos, papéis e processos. Destaco positivamente também a integração com as ferramentas Visual Studio, que marca a história do MSF como um divisor de águas. Em outras palavras, será ensinado neste capítulo o que é MSF pré-VSTS e o que é MSF pós-VSTS.

Comparando MSF v3 e MSF v4

Primeiramente, quando conheci o MSF versão 3.1 em meados de 1999, achei-o simplesmente fantástico. Dividido em dois modelos e três disciplinas, aprofundei-me em colocar os modelos em prática imediatamente. Os modelos eram:

- Team Model – Definição dos papéis de program manager, product manager, user experience, release manager, tester e developer;

- Process Model – Explicação dos processos, técnicas e artefatos de cada fase do ciclo. As fases eram: envisioning, planning, developing, stabilizing e deploying.

As disciplinas eram:

- Project Management – Na minha leitura, esta disciplina foi uma agressão ao "espírito" MSF e deve ter sido alguma imposição de pensadores de acordo com as práticas definidas no PMBOK;

- Risk Management – Disciplina que define um ciclo para identificação e controle de riscos factíveis ao projeto;

- Readiness Management – Disciplina que define um ciclo para tratamento das lições aprendidas de um projeto. Útil como boas práticas para elaboração de sistemas de base de conhecimento.

No MSF v4, tivemos mudanças significativas na estruturação dos modelos. Em Team Model os papéis de product manager e user experience foram trocados pelo papel de business analyst, que convenhamos está muito mais aderente à realidade dos projetos.

Na verdade, os papéis do MSF v3 product manager e user experience continuam existindo, porém são considerados como parte do cliente. No time de desenvolvimento é considerado o papel de business analyst como o responsável pelo relacionamento com o product manager e o user experience.

Ainda no team model, tivemos a inclusão na MSF v4 do papel de arquiteto de sistemas. Este papel há anos é uma requisição dos pensadores que definem metodologias. Pode-se entender que ele vem como uma transição do papel de program manager do MSF v3, que na versão 4 recebeu o nome clichê de mercado project manager.

Resumidamente:

MSF v3	MSF v4
User Experience	**Business Analyst**
Product Manager	**Business Analyst**
Program Manager	**Dividido entre Project Manager e Architect**
Release Manager	**Release Manager**
Tester	**Tester**
Developer	**Developer**
???	**DataBase Professional**

Em process model, as mudanças foram na forma do ciclo, que antes era espiral e agora é definido como iterativo incremental, e na inclusão de uma nova fase chamada contínuos.

A mudança na forma do ciclo vem como um importante passo em sinergia com os movimentos ágeis. Iterativo porque possui um ciclo pequeno e rápido que é repetitivo. Incremental porque sempre soma funcionalidades aos resultados dos ciclos anteriores.

MSF e os princípios de Desenvolvimento Ágil

Os princípios de desenvolvimento ágil estavam no ar na década de 90 como uma reação às metodologias tradicionais de desenvolvimento em cascata (waterfall), consideradas muito pesadas para equipes pequenas.

MSF surgiu da necessidade de criar novos aplicativos para a plataforma cliente-servidor, a qual respondia diretamente às necessidades de negócio dos clientes de uma maneira muito mais ágil do que a plataforma mainframe. No ambiente da época, como hoje, as regras de negócio e a tecnologia mudavam rapidamente.

No conceito de entrega em versões, MSF 1.0 nos explica que um sistema que demora muito para ser desenvolvido perde seu valor para o cliente quando finalmente é completado e está sempre no círculo vicioso de tentar alcançar requisitos em constante fluxo. Por isso justifica-se a necessidade de colaborar com o cliente para priorizar e tomar decisões para balancear os três parâmetros mais comuns de gerências de projetos: cronograma, escopo e recursos.

Para "desenvolver sistemas rapidamente e atender a necessidades estratégicas de negócio" a solução recomendada pelo MSF é "manter o cronograma e fixar a data final de entrega da versão". Isto implica uma intensa atividade de priorização em conjunto e significa que "grandes idéias ou requisitos desejáveis tomam uma prioridade menor do que o cronograma de entrega da versão. O projeto inteiro é gerenciado do início ao fim para acomodar esta realidade".

Eis aqui um mapeamento inicial dos doze princípios comparados aos do MSF. Note que alguns princípios do MSF correspondem a mais de um do Manifesto, já que o particionamento conceitual é semelhante, mas não idêntico:

Princípios por trás do Manifesto Ágil	Princípios de MSF 1.x correspondentes	MSF for Agile Software Development
Nossa prioridade mais alta é satisfazer ao cliente através de entregas contínuas e antecipadas de software útil	Entrega em Versões, Atitude Mental de Produto, Construção Diária	Entregue Valor em Incrementos, Enfoque no Valor para o Negócio
Mudanças nos requisitos são bem-vindas, mesmo que cheguem tarde durante o desenvolvimento. Processos ágeis usam mudanças para a vantagem competitiva do cliente	Entrega em Versões, Priorização e Cronogramação Orientadas a Risco, Enfoque Iterativo, Desenvolvimento em Paralelo com Sincronizações Freqüentes	Entregue Valor em Incrementos; Mantenha-se Ágil, Adapte-se a Mudanças; Enfoque no Valor para o Negócio
Entregar software operante freqüentemente, de algumas semanas a alguns meses, de preferência nos intervalos mais curtos	Entrega em Versões, Enfoque Iterativo, Atitude Mental de Produto, Atitude Mental de Data de Entrega Fixa	Entregue Valor em Incrementos
Cliente e desenvolvedores devem trabalham juntos diariamente durante o projeto	Cliente como Gerente de Produto, Gerente de Produto e Experiência do Usuário como parte do Modelo de Equipe desde o início do projeto	Faça Parceria com os Clientes, trabalhe por uma visão compartilhada, Modelo de Equipe
Criar projetos com indivíduos motivados. Dar a eles o ambiente e suporte de que necessitam, e confiar neles para a execução do projeto	Modelo de Equipe, Equipe de Iguais, Equipes Pequenas e com poder de decisão	Tenha satisfação de um trabalho bem feito, dê poder de decisão aos membros da Equipe, estabeleça responsabilidade claramente

Princípios por trás do Manifesto Ágil	Princípios de MSF 1.x correspondentes	MSF for Agile Software Development
O método mais eficiente e efetivo para transmitir informações dentro e para a equipe de desenvolvimento é conversação face a face	Princípio de Co-locação, Comunicações Abertas	Promova comunicações abertas, trabalhe por uma visão compartilhada
Software operante é a medida primária de progresso	Construção Diária (incluindo documentação do usuário e testes de Aceitação)	Entregue valor em incrementos
Processos ágeis promovem desenvolvimento sustentável. Os patrocinadores, desenvolvedores e usuários devem ser capazes de manter um ritmo constante de maneira indefinida	Entrega em Versões, Manutenção com uma nova Entrega (nenhuma fase de manutenção em separado), Atitude Mental de Produto	Entregue valor em incrementos
Atenção contínua à excelência técnica e ao bom desenho ampliam a agilidade	Modelo de Aplicativo, Processo de Análise Concorrente, Planejamento através da Construção, Análise Orientada a Arquitetura e Design, Modelo Baseado em Serviços	Invista em qualidade
Simplicidade – a arte de maximizar a quantidade de trabalho não feito – é essencial.	Entrega em Versões	Entregue valor em incrementos, enfoque no valor para o negócio
As melhores arquiteturas, requisitos e desenhos emergem de equipes auto-organizadas	Modelo de Equipe, Equipe de Iguais, Equipes Pequenas e com poder de decisão, planejamento de baixo para cima	Modelo de Equipe, promova uma Equipe de Iguais, internalize Qualidades de Serviço, enfoque na Visão Genérica (Look at the Big Picture)
Em intervalos regulares, a equipe reflete sobre como se tornar mais efetiva, e então harmoniza e ajusta seu comportamento de acordo	Revisões Pós-entregas, Aprendendo ao Fazer, Planejamento através da Construção	Aprenda com todas as Experiências

A seguir, vamos ver como MSF se encaixa no Manifesto Ágil.

As raízes ágeis do MSF

MSF v4 é uma evolução de versões anteriores do MSF que acrescenta influências da comunidade Ágil e outras inovações. *MSF for Agile Software Development* faz parte da nova geração de metodologias Ágeis (*"Agile 2.0"*).

Mas quais são os critérios para uma metodologia Ágil? Não há um "padrão de certificação" para Ágil, mas podemos com segurança usar os mesmos critérios eleitos pelos participantes do *First eWorkshop on Agile Methods* [Boehm et al., 2002]. Para esta reunião, escolheram basear a definição de uma metodologia Ágil nos doze

"Princípios por trás do Manifesto Ágil", e quatro pontos sugeridos por Ken Schwaber, um dos participantes e autor do processo *Scrum*. Depois desta reunião, os critérios ainda estão sendo debatidos, mas isto está além do escopo deste capítulo.

Definindo agilidade

O Manifesto Ágil para Desenvolvimento de Software diz o seguinte:

"Estamos descobrindo melhores maneiras de desenvolver software fazendo-o, e ajudando outros a fazê-lo. Através deste trabalho viemos a valorizar:

- Indivíduos e iterações em vez de processos e ferramentas;
- Software operante em vez de documentação abrangente;
- Colaboração com o cliente em vez de negociação de contrato;
- Responder à mudança em vez de seguir um planejamento.

Ou seja, se por um lado há valor nos itens da direita, nós valorizamos mais os itens da esquerda." Fonte: http://www.agilemanifesto.org/

Ken Schwaber propôs o seguinte:

"Um método ágil é

- Iterativo
- Incremental
- Auto-organizante e
- Emergente"

Fonte: [Boehm et al., 2002]

MSF e o Manifesto Ágil

MSF valoriza indivíduos e iterações em vez de processos e ferramentas. Os desafios de lidar com software como produto mental coletivo para um mercado de massa fizeram com que a Microsoft ficasse bem consciente das complexidades do desenvolvimento de software. Ao capacitar os times colocando-os em pequenas e auto-suficientes Equipes de Iguais, e ao conectar-se aos seus usuários através de estudos amplos de Usabilidade em laboratórios, garantiu que o elemento humano é o mais importante ao trazer os produtos para o mercado.

MSF valoriza software operante em vez de documentação abrangente. Algumas citações clássicas do MSF bastarão para mostrar o software operante como fator fundamental para trazer a idéia do produto do abstrato para o concreto:

"Você tem de fazer o produto visível. Público. Você pode imaginar se vendermos o olhar de dezenas ou mesmo de centenas de pessoas e deixá-las à solta para construir uma ponte sem poder ver o que estão fazendo? É essencial criar os executáveis do produto de software em construção tão freqüentemente quanto possível." E também, "Se equipe=software, então o software operante corrente é o estado corrente da equipe". Jim McCarthy, *Dynamics of Software Development*, páginas 109-112

Especificamente sobre a documentação em si, eis aqui o pragmatismo do MSF:

> "Na Microsoft, documentos de desenho são desenvolvidos quando eles são necessários, e quando memorandos, notas de reunião e especificações de interface são suficientes, o tempo não é perdido escrevendo documentos de desenho formais. "Quando são necessários" pode ser:

- Ao iniciar um novo produto.
- Quando membros da equipe são novos na companhia de uma maneira ou de outra.
- Quando o desenho é complexo.
- Quando há muitos desenvolvedores no projeto para que seja possível assegurar comunicação apropriada de outra maneira [...]

> Para os propósitos de manutenção de expansão depois da entrega do software, a melhor resposta é ter código auto-documentante e gerar quaisquer documentações suplementares automaticamente a partir do próprio código." MSF 1.0 [1993]

Isto é semelhante à recomendação de Robert Martin no tocante à documentação para projetos Ágeis: *"Não produza nenhuma documentação a não ser que a necessidade seja imediata e significante."* (Martin [2002])

MSF valoriza colaboração com o cliente em vez de negociação de contrato. Negociação de contratos é essencialmente algo que se faz ao desenvolver software customizado. Para um mercado de massa, isso não é possível; portanto, a Microsoft teve de desenvolver as habilidades necessárias para ser bem-sucedida. Isto significa obter muito feedback dos clientes para fazer um produto atraente para milhões de pessoas.

O sucesso da Microsoft em usar princípios de HCI (Human Computer Interaction) para preencher as necessidades de usabilidade, associados a uma estrutura de equipe determinada em função de atender a critérios de qualidade de satisfação do cliente, mostra que seu processo de desenvolvimento é voltado ao cliente, e que a colaboração com estes é utilizada intensivamente.

Por exemplo, o MSF determina que tanto os papéis Educação do Usuário e Gerência de Produto sejam representados em uma equipe (este último preferencialmente por um usuário). Também determina que todos os outros papéis sejam mapeados para objetivos de qualidade do ponto de vista do cliente. Isso transparece na MSF como um enfoque forte na satisfação do cliente. Jim McCarthy foi até poético sobre isso:

> "Seu relacionamento com o cliente é como uma dança, ou romance. Você dá alguns passos (suas entregas e mensagens), e eles dão passos em resposta, e então você dá mais passos. Você deve estar focado no fluxo de

transações, no padrão e direção totais, não somente na última transação. Tudo isto é parte de se ter uma estratégia de tecnologia de múltiplas entregas [...]. Se seus clientes sabem (ou sentem) que você vai ser pontual nas entregas, que eles estão em uma viagem tecno-cronológica com você, que você e eles estão indo a algum lugar juntos, as expectativas deles vão ficar mais ajustadas." Idem, página 76

MSF valoriza responder à mudança em vez de seguir um planejamento. Além do conceito de Entrega em Versões e desenho iterativo como maneiras de lidar com mudanças de escopo, a filosofia de planejamento da MSF mostra sua adaptabilidade:

"Planejamento através da construção:
Um dos objetivos implícitos da MSF é ajudar organizações a criar uma conexão entre o processo de planejamento e o de construção. Ao construir, uma empresa ganha experiência tecnológica assim como um melhor entendimento de como a empresa está posicionada para absorver e dar suporte à tecnologia. O processo é iterativo: os processos de planejamento e construção são ambos candidatos para aperfeiçoamento contínuo. Quer dizer, cada um contribui ao refinamento do outro." MSF 1.0 [1993]

> **Nota**: o MSF original poderia ter sido incluído como parte do Manifesto Ágil em 2001. Na época eu era gerente em uma dotcom, e usei MSF (combinado com FDD) em dezenas de projetos em que era obrigatório ser ágil. De fato, na época fiquei surpreso que alguém da Microsoft não estivesse entre os participantes da reunião. Somente mais tarde entendi que a MSF não tinha ninguém que fizesse na época parte do "colégio invisível" da comunidade Ágil (invisible college: grupo informal de pesquisadores de um assunto - Price [1963]). Do mesmo modo, também não foram convidados Mikio Aoyama, que já em 1997 havia criado seu "Agile Software Process" (Aoyama [1997]), e outros como Ian Graham com seu SOMA.

MSF funcionando com Visual Studio Team System

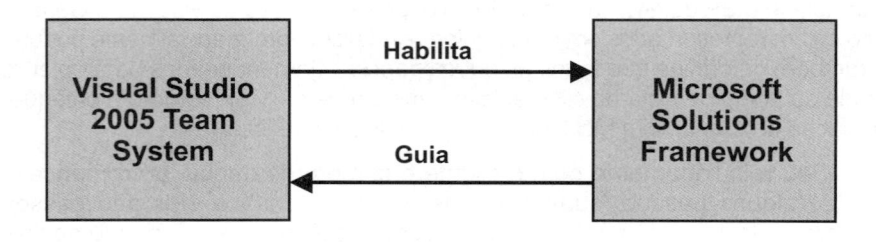

O VSTS habilita, isto é, automatiza e reforça na prática o MSF como descrito, e provê a base para que processos completos tais como o *MSF for Agile Software Development* possam funcionar. Por sua vez, MSF guia como o VSTS foi estruturado e como é usado, provendo um conjunto de boas práticas embutidas na ferramenta:

- Modelos de Processo Customizáveis
- Definições e regras para tipos de Itens de Trabalho
- Itens de Trabalho/Critérios de Saída Padrões para as Atividades e Fluxos de Trabalho
- Estrutura de Iteração
- Consultas predefinidas à lista de Itens de Trabalho, enfatizando as mais importantes para o gerenciamento do projeto
- Relatórios que permitem o gerenciamento em tempo real do projeto
- Modelos de Documentos para Entrega
- Modelos para Portal de Projeto/Sítio SharePoint

Note que no trabalho de um projeto de software, o VSTS suplementa, ao habilitar o MSF, o conhecimento da equipe de desenvolvimento, mas não o substitui: funciona como uma tecnologia para *ampliar* a capacidade existente da equipe. É o sonho do Vannevar Bush (Bush [1945]), de aumentar a capacidade intelectual via computador, finalmente aplicado à maneira como equipes de desenvolvimento lidam com seu próprio trabalho (isto difere do CASE tradicional em que este último objetivava substituir o programador – um sonho muito mais difícil de atingir com a tecnologia atual).

Agora passemos a um rápido tour sobre como o VSTS habilita estes conceitos de MSF básicos. Em primeiro lugar, o VSTS já vem com dois tipos de projetos na caixa:

- *MSF for Agile Software Development* – escolha este modelo se seu projeto pode ser realizado com um mínimo de pontos de checagem, maximizando a interação com o cliente e a velocidade de desenvolvimento.
- *MSF for CMMI Process Improvement* – escolha este se seu projeto necessita documentar os passos dados para ser compatível com CMMI nível III.

De qualquer maneira, você será capaz de se adaptar ao contexto do projeto e usar o VSTS como ferramenta que suporta e automatiza seu processo, permitindo que sua equipe possa dar um ajuste fino à sua capacidade de desenvolvimento.

A melhor maneira de aprender *MSF for Agile Software Development* ou *MSF for CMMI Process Improvement* é carregar o Guia de Processo (*Process Guide*) e navegá-lo enquanto faz a correlação de como este é implementado no VSTS pelo Modelo de Processo (*Process Template*).

Nas próximas páginas, farei um resumo dos pontos principais que definem o MSF em geral, falando um pouco sobre *MSF for Agile Software Development* onde aplicável, e evitarei tópicos que são ou óbvios ou não tão importantes, ilustrando alguns pontos-chave. *MSF for CMMI Process Improvement* é uma extensão do *MSF for Agile Software Development*, portanto, os conceitos tratados aqui se aplicam também a ele.

Membros da equipe têm igual importância

O Modelo de Equipe do MSF tem como princípio fundamental a idéia de "Equipe de Iguais" (*Team of Peers*), significando com isto que não há nenhuma hierarquia entre os membros da equipe. Por exemplo, neste modelo, um gerente de projeto dá suporte à equipe, a qual atua em consenso do que necessita ser feito para continuar o projeto.

Cada membro da equipe é bem autônomo, e espera-se que saiba o que fazer e planeje como vai fazer a entrega de sua parte do trabalho. Esta valorização do poder de cada membro da equipe é um dos conceitos que a maioria dos gerentes tradicionais de projeto tem dificuldade de aplicar quando se adaptando ao MSF.

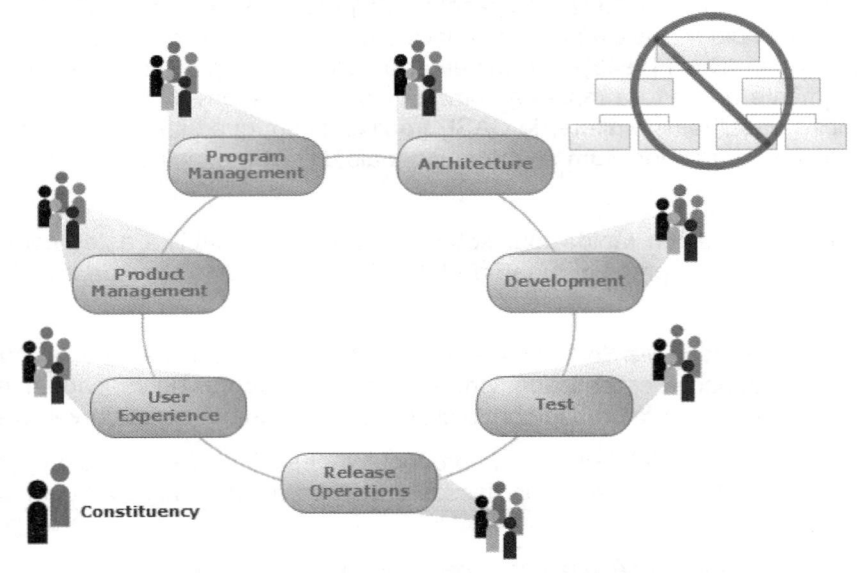

Figura 2.1: o modelo de equipe em MSF não é hierárquico

Membros da equipe também têm papéis

A equipe é estruturada basicamente em sete áreas fundamentais para o sucesso do projeto perante o cliente. Cada papel é auto-explanatório – consulte a documentação para mais detalhes. O principal é entender que cada papel advoga (ou patrocina) para um constituinte, isto é, para as necessidades do cliente de uma maneira ou de outra:

Objetivo para o sucesso perante o cliente	Sintoma típico quando o objetivo não é atingido	Papel responsável pela obtenção do objetivo
Entrega dentro dos limites do projeto	"O projeto atrasou e ficou acima do orçamento"	Gerência de Programa
Construir o que foi pedido	"O que foi construído na verdade não era o que queríamos"	Desenvolvimento
Lançar a versão somente depois que problemas são identificados e corrigidos	"Esta coisa é imprevisível – continuamos descobrindo novos problemas"	Teste
Entrega sem imprevistos e preparação para transição para operação em produção	"Não conseguimos fazer com que funcione em produção"	Entrega e Operações
Ampliar a eficiência e eficácia do usuário final	"É simplesmente muito difícil de usar"	Experiência do Usuário
Satisfazer aos clientes	"Não atende nossas expectativas. Não estamos contentes com o resultado"	Gerência de Produto
Arquitetar a solução para manutenibilidade e outras características de alto nível	"Tivemos que pagar muito para adicionar funcionalidade mais tarde"	Arquitetura

Papéis podem ser combinados

Membros da equipe podem ser associados a mais de um papel. Por exemplo, note que em *MSF for Agile Software Development* os papéis "Gerência de Produto" e "Experiência do Usuário" já são associados de início para o Analista de Negócios (ver figura).

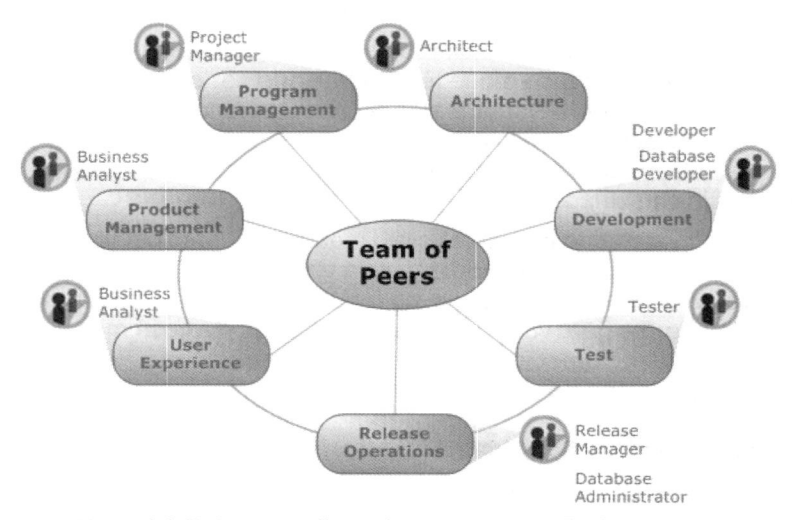

Figura 2.2: Todos os papéis são importantes numa Equipe de Iguais

O agrupamento de papéis segue uma regra genérica simples: papéis com enfoque a interagir externamente ao projeto podem ser combinados uns com os outros, levando-se em conta se são atividades ligadas à logística (Gerente de Entrega, Gerente de Projeto, Teste) ou ao usuário (Gerente de Produto, Experiência do Usuário, Teste). A matriz seguinte dá os detalhes:

	Architecture	Product Management	Program Management	Development	Test	User Experience	Release Management
Architecture		N	P	P	U	U	U
Product Management			N	N	P	P	U
Program Management				N	U	U	P
Development					N	N	N
Test						P	P
User Experience							U
Release Management							

P Possible U Unlikely N Not Recommended

Ainda assim, MSF não impede nenhum tipo de combinação como, por exemplo, o Gerente de Projeto também poder programar (as metodologias PSP – Personal Software Process e FDD – Feature Driven Development são assim). Entretanto, se você o fizer, tenha em conta que isso pode quebrar o equilíbrio de um projeto.

Por exemplo, se você combinar as Gerências de Programa e de Produto na mesma pessoa, pode terminar criando o que tenho chamado de "esquizofrenia de projeto". A mesma pessoa tem que advogar e atender ao mesmo tempo a necessidades potencialmente conflitantes: o Gerente de Produto sempre quer mais para seu cliente, enquanto que o Gerente de Projeto sempre quer ficar dentro do escopo, cronograma e recursos já combinados.

Isto será OK na maior parte das vezes, pelo menos enquanto o patrocinador do projeto (o qual é implicitamente parte do papel da Gerência de Produto) permitir a você respeitar a regra de que quaisquer novos requisitos serão adicionados na próxima versão ou iteração. Se não, você terá que trabalhar contra você mesmo em um dos papéis, seja recusando o pedido, seja cedendo e quebrando a iteração. Aí você já sabe que está a caminho de um projeto mal-sucedido.

Fluxos de trabalho seqüênciados em atividades

MSF for Agile Software Development usa iterações de prazo fixo para estabelecer o passo do projeto.

- Dentro da iteração, as atividades realizadas pelos vários membros da equipe se sobrepõem.
- O mandato principal da equipe é terminar o subconjunto de itens de trabalho assinalados na iteração corrente.

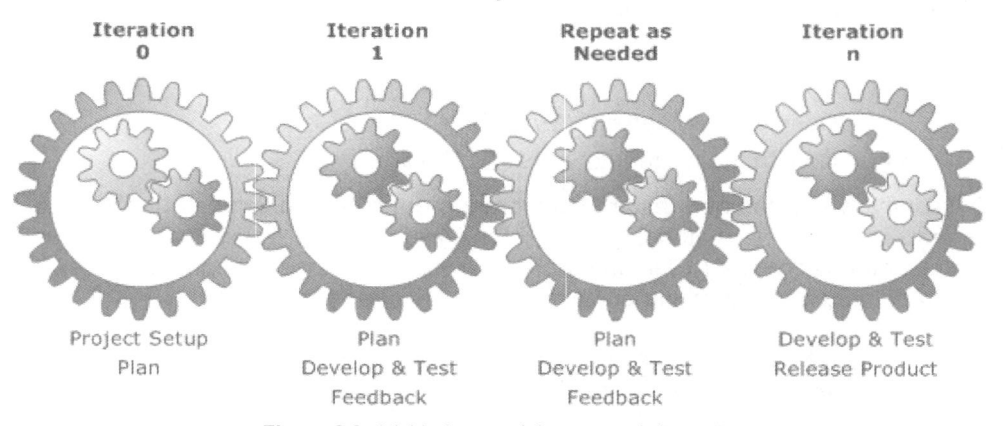

Figura 2.3: Atividades paralelas em cada iteração

> **Nota**: "Iterações de Prazo Fixo" tinham o nome de "Entregas de Prazo Fixo, Orientadas a Marcos" (*"Milestone-driven, fixed-ship date releases"*) em versões anteriores do MSF.

Dentro de cada iteração, a equipe passa pelos conhecidos subciclos de *Check-in*, *Daily Build* e *Accepted Build* (quando os testes de aceitação são feitos).

Se as iterações de prazo fixo estabelecem o passo, por outro lado o ciclo de *Daily Build* é a "batida do coração do projeto" (McCarthy [1995]). O termo *"Daily Build"* (Construção Diária) foi mantido por razões históricas, pois hoje em dia estas construções podem ser de hora em hora ou até mesmo contínuas, baseadas em eventos (facilmente configuráveis pelo acréscimo de um evento extra ao VSTS).

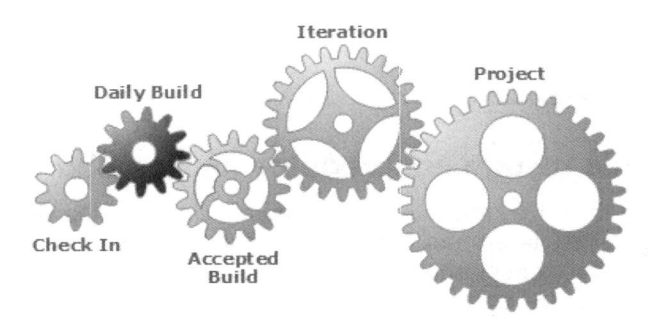

Figura 2.4: *os vários ciclos de um projeto*

Atividades da equipe durante a iteração

Em vez de transcrever o manual da MSF aqui, examinemos o papel de Desenvolvedor como exemplo. Dentro de uma iteração, um desenvolvedor é o responsável pelos seguintes fluxos de trabalho:

- "Implementar uma tarefa de desenvolvimento" (*"Implement a Development Task"*)
- "Consertar um defeito" (*"Fix a Bug"*)
- "Construir um Produto" (*"Build a Product"*)

O Desenvolvedor também estará colaborando em outras atividades onde não é o recurso principal. Na metodologia *MSF for Agile Software Development*, somente "Planejar uma iteração" (*"Plan an Iteration"*) é esperado, mas ele poderia, por exemplo, trabalhar com o Arquiteto ou Testador em alguma outra tarefa.

Figura 2.5: Fluxos de trabalho para um Desenvolvedor

Cada atividade resulta em produtos de trabalho

Cada fluxo de trabalho é uma atividade e pode conter várias outras atividades. Cada uma destas resulta em um produto de trabalho: testes de unidades, código de programa, defeitos consertados, resultados de teste e builds, tudo isso integrado organizadamente no VSTS, com dados relacionados aos produtos capturados em um data warehouse do TFS.

Esta integração permite que o gerente de projeto e toda a equipe criarem relatórios em tempo real, permitindo ao desenvolvedor que se concentre em produzir valor no formato de software operante (working software), em vez de ter que ajuntar manualmente dados para um relatório de status.

O mesmo vale para outros membros da equipe. Desta maneira, o gerente de projeto substitui seu enfoque no que já passou pelo enfoque no que está por vir, tornando-se realmente o "timoneiro" do projeto.

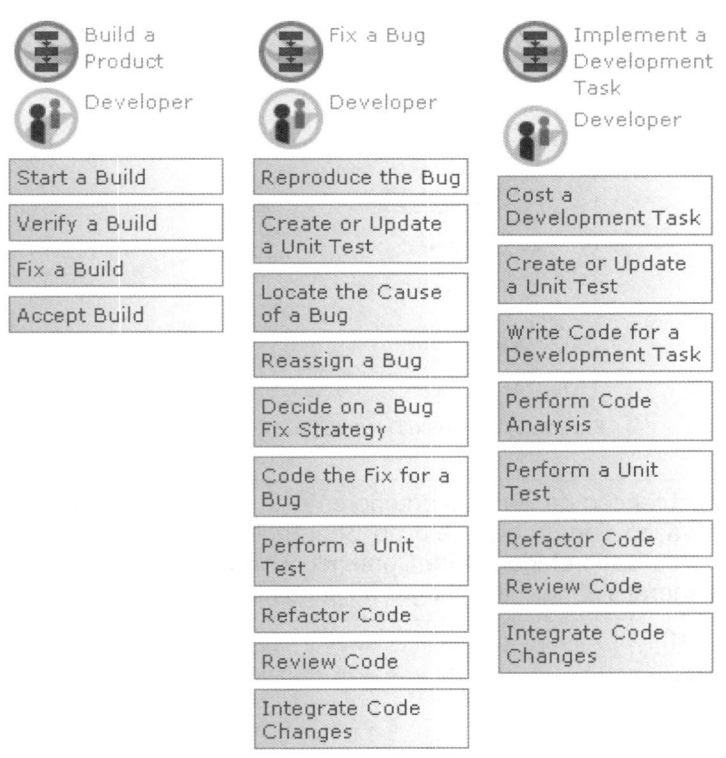

Figura 2.6: Atividades de um Desenvolvedor

Visualizando os produtos de trabalho

O VSTS tem duas visões sincronizadas que permitem examinar os documentos relativos ao projeto, consultas de itens de trabalho e relatórios diversos: *Team Explorer* e *Team Project SharePoint*.

Note que o folder de documentos está fora do *Team Foundation Source Control*, portanto versões são mantidas pelo mecanismo interno do Sharepoint.

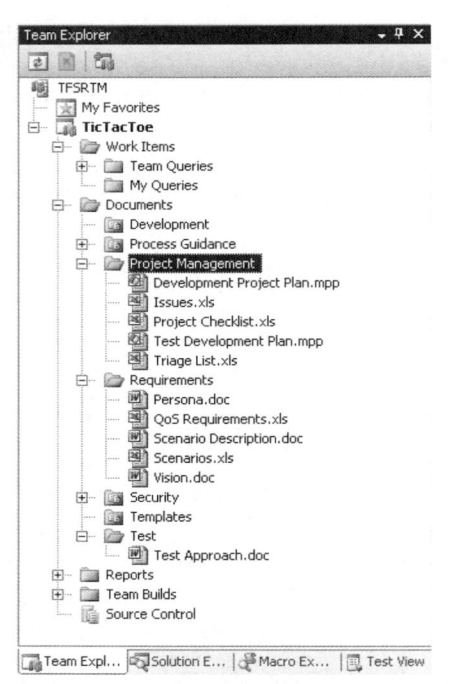

Figura 2.7: Visão de Documentos no Team Explorer

Nota: A manutenção de versões anteriores está inicialmente desabilitada. Para habilitá-la, vá ao portal de projeto no Sharepoint e escolha "Site Settings", a seguir "Customization/Modify Site Content", "Customize Project Management", "Change general settings" até chegar na seguinte opção:

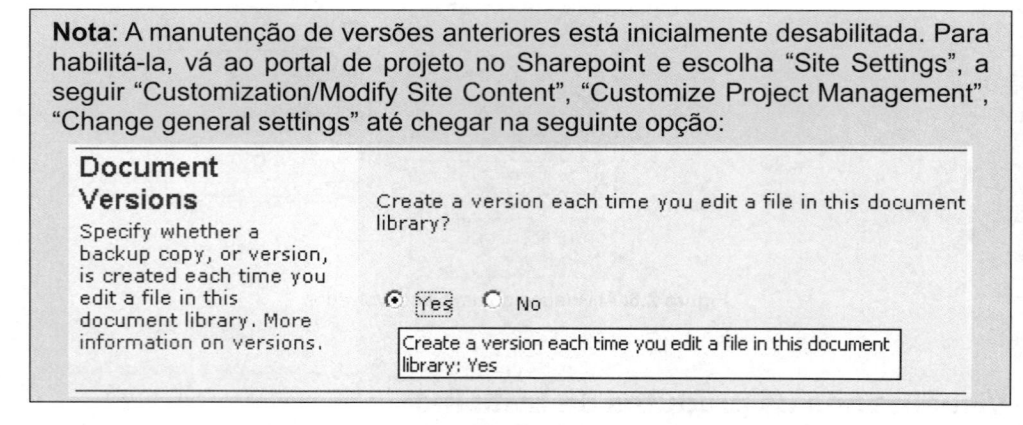

A equipe gerencia as atividades com uma base de dados de itens de trabalho

Os tipos de itens de trabalho que você pode criar dependem do processo. No caso do *MSF for Agile Software Development*, você pode criar cinco tipos de itens de trabalho:

- *Bug* – todos os defeitos encontrados são registrados neste item;
- *Quality of Service Requirement (QoS)* – neste requerimento são registrados todos os requisitos não funcionais, tais como Desempenho, Escalabilidade, Confiabilidade etc.;
- *Risk* – MSF inovou ao tornar o risco um item tão importante quanto o requisito quando o cliente faz a priorização das atividades;
- *Scenario* – Cenário é uma narrativa descrevendo o que deve ser desenvolvido (não confundir com Casos de Uso ou Estórias);
- *Task* – similar às Tarefas do Microsoft Project ou do Outlook. Ao final estas estarão conectadas a um ChangeSet.

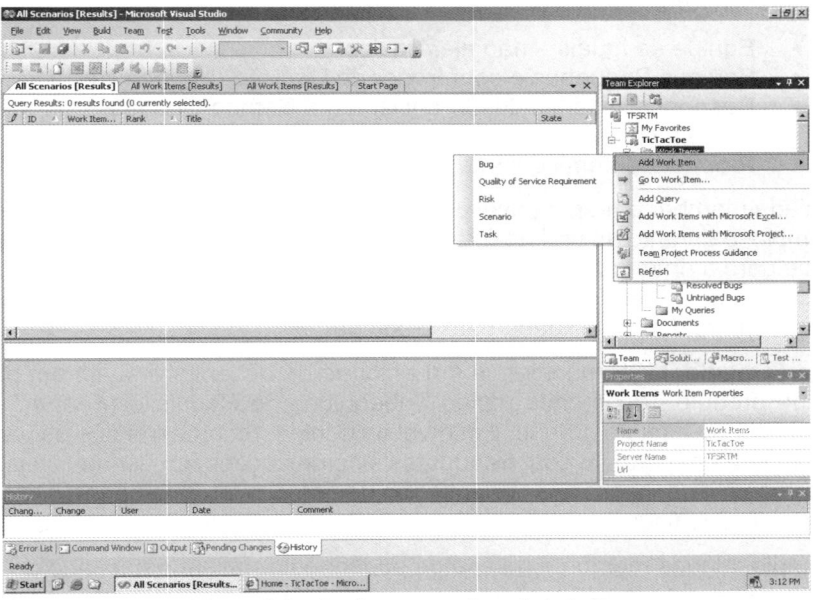

Figura 2.8: criando um novo item de trabalho

Cada Modelo de Processo pode ser customizado pela edição dos itens de trabalho existentes (e outras características do modelo), ou pela adição de novos. Cada item de trabalho tem vários campos documentados no Guia de Processo. De qualquer maneira, será necessário manualmente editar o Guia de Processo para que esta documentação esteja atualizada – uma tarefa longe de ser trivial.

O gerenciamento dos itens de trabalho em um banco de dados também inclui os seguintes passos já mencionados:

- Itens de trabalho são priorizados, e um subconjunto dos itens de trabalho de maior prioridade são agendados para serem realizados na versão (ou iteração) corrente;

- O resto é guardado para versões futuras;
- Quaisquer novas idéias ou requisitos são mantidos no banco de dados para versões futuras.

> **Nota**: O conceito Entrega em Versões e a Atitude Mental de Produto foram combinados e renomeados como "Atitude Mental de Entrega Freqüente".

MSF é auto-organizante. Como um *"framework"* (estrutura), MSF sempre foi mais descritivo do que prescritivo – e em algumas partes muito pouco prescritivo (traduzindo: a equipe tem de "se virar" para saber o que fazer). Para compensar isto, um dos pontos fortes do MSF é seu Modelo de Equipe com as seguintes características, já mencionadas:

- Equipe de Iguais – não hierárquico
- Equipes Pequenas e com Poder de Decisão (*"empowered"*)
- Responsabilidades de Gerenciamento Compartilhadas
- Planejamento de Baixo para Cima (**bottom-up**)
- Propriedade em conjunto do projeto

Assim, cada membro é responsável pela sua própria parte, mas também pelo todo. Por exemplo, o gerente de projeto é responsável por coletar os planos dos membros da equipe para a entrega, mas não tem que criar o plano final de cima para baixo: o MSF recomenda o agendamento de tarefas de baixo para cima, permitindo o máximo de autocontrole e flexibilidade para a equipe.

MSF é emergente. MSF recomenda um enfoque de desenvolvimento em paralelo. A nível de produto, recomenda várias Subequipes de Requisito (*Feature Teams*) quando o escopo é muito grande. Em nível da equipe, recomenda que os vários papéis trabalhem em paralelo com freqüentes sincronizações em vários níveis, desde a Construção Diária, passando por entregas de versões intermediárias, até o marco de entrega final (Cusumano chamou isto de *"Synch-and-stabilize"*).

Por exemplo, alguns membros da equipe podem estar fazendo desenho da Interface do Usuário e estudo de Usabilidade, enquanto um desenvolvedor cria software operante a partir de itens de trabalho que foram selecionados para a versão em andamento. Um testador, ao mesmo tempo, coordena com ambos na criação e execução de testes. À medida que a solução progride, o gerente de projetos acompanha a versão atual enquanto planeja a próxima versão.

Desse trabalho em paralelo emerge o produto em funcionamento: qualquer que seja a ordem dessas atividades, todos os membros da equipe têm de sincronizar seu trabalho nas construções e testes diários, e nos marcos intermediários e maiores do projeto que correspondem às iterações e grupos de iterações. *MSF for Agile Software Development* substituiu os marcos de prazo fixo por iterações de prazo fixo, como a maioria das metodologias Ágeis nos dias de hoje (veja Cusumano [96], página 406, para mais detalhes em *"Synch-and-stabilize"*).

Como Configurar o Ambiente

A configuração do ambiente para instalar o Team Foundation Server deve ser bem planejada para que tenha condições de ser aumentada caso exista necessidade, sem grande impactos para a infra-estrutura do TFS. Portanto, antes de começar a instalar seu ambiente tente responder as seguintes questões:

- Quantos usuários vão acessar ao TFS?
- Esses usuários necessitarão de acesso remoto?
- Precisarei de acesso integrado ao AD (Active Directory) da empresa?
- Precisarei de servidor para build? Quantos?
- Precisarei de controles e agentes de testes?
- Quantos usuários precisarão usar esses tipos de testes?
- Disponibilidade 100% é essencial para esse ambiente? (ambiente crítico)

Acredito que, ao responder todas as questões anteriores facilmente, já estará com seu planejamento bem adiantado, portanto nesse momento informações do tipo: será um Single Server ou Dual Server, terá um Proxy Server, utilizará Clustering, quantidade de memória RAM e espaço em disco etc. já estarão respondidas.

Pré-requisitos (Software)

O Team Foundation Server requer softwares considerados de última geração na plataforma Microsoft. Esses softwares são responsáveis por toda a integração, segurança, comunicação e workflow do sistema e são eles:

TFS (camada de dados)

- Windows Server 2003 com SP1
- SQL Server 2005 (SQL Server + Analysis Server + Integration Services)

TFS Proxy Server (opcional)

- Windows Server 2003
- IIS 6.0 com ASP.NET

TFS (camada de aplicação)

- Windows Server 2003 com SP1
- IIS 6.0 com ASP.NET
- Windows Sharepoint Services com SP2
- SQL Server 2005 (Reporting Services)

Team Explorer

- Windows 2000 Service Pack 4 (mínimo)
- .NET Framework 2.0 atualizado

Pré-requisitos (Hardware)

Os pré-requisitos de hardware também exigem configurações recomendadas de acordo com a quantidade de usuários simultâneos, veja o quadro a seguir:

Configuração	Processador	HD	RAM
Mínimo, 1-2 projetos, 5-20 users	single processor, 600 GHz	1 GB	256 MB
Mínimo, 1-2 projetos, 5-20 users	single processor, 600 MHz	1 GB	256 MB
Mínimo, 1-2 projetos, 5-20 users	single processor, 600 MHz	1 GB	512 MB
Pequeno, 2-20 projetos, 20-100 users	single processor, 2.0 GHz	5 GB	512 MB
Pequeno, 2-20 projetos, 20-100 user	single processor, 1.0 GHz	8 GB	512 MB
Pequeno, 2-20 projetos, 20-100 users	single processor, 2.0 GHz	8 GB	1 GB
Médio, mais de 20 projetos, 100 to 250 users	single processor, 2.6 GHz	5 GB	2 GB
Médio, mais de 20 projetos, 100 to 250 users	single processor, 2.0 GHz	40 GB	1 GB
Médio, mais de projetos, 100 to 250 users	single processor, 2.6 GHz	40 GB	2 GB
Grande, mais de 50 projetos, 250 to 500 users	dual processors, 2.8 GHz	8 GB	2 GB
Grande, mais de 50 projetos, 250 to 500 users	single processor, 2.6 GHz	48 GB	1 GB
Grande, mais de 50 projetos, 250 to 500 users	dual processors, 2.8 GHz	48 GB	2 GB

> **Atenção!** Como todos sabem, os times de desenvolvedores brasileiros geralmente não são muito grandes, portanto, saber mensurar a média necessária de hardware para começar a implementar o Team Foundation Server é fundamental a fim de evitar gastos desnecessários com aquisições.

Maiores informações sobre pré-requisitos para instalação você pode encontrar no link: **http://msdn2.microsoft.com/en-us/library/ms252568(VS.80).aspx**

Tipos de instalação

Instalar o TFS pode até parecer uma tarefa difícil, mas na verdade o que acontece na maioria das instalações onde ocorrem problemas é justamente a falta de atenção por parte do profissional que está executando a instalação. Mas vou mostrar aqui alguns detalhes que devem ser discutidos bem antes do NNF (Next, Next, Finish). Estou falando de definir o tipo de instalação de fato:

- Será Single server?
- Será Dual Server?
- Será para Times Pequenos?
- Será para Times Médios?
- Será para uso Departamental?
- Será para uso de Ultra-usuários (base gigante)?

Seguindo a linha de raciocínio anterior, vamos ver aqui algumas topologias de Team Foundation Servers recomendadas pela própria Microsoft através do link **http://msdn2.microsoft.com/en-us/library/ms400668(VS.80).aspx**

Topologia Simples de Servidor

Entende-se como topologia simples quando temos apenas um único Servidor responsável por administrar a camada de dados e aplicações do TFS (Figura 3.1). A configuração de hardware gira em torno de Processadores acima de 2.2GHz Pentium IV ou Athlon com 1 GB de RAM e no mínimo 8 GB de espaço em disco para utilização de até 20 usuários ou Processadores acima de 2.2GHz Pentium IV ou Athlon com 2 GB de RAM e no mínimo 30 GB de espaço em disco para utilização de até 50 usuários.

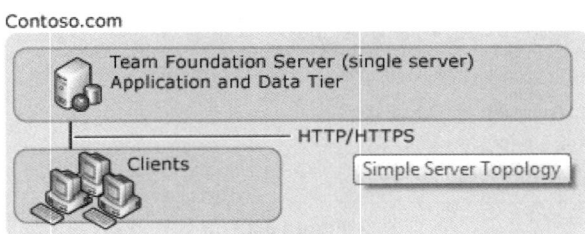

Figura 3.1

Topologia Moderada de Servidores

Entende-se como topologia moderada quando temos serviços do Team Foundation Server instalados em camadas diferentes e em servidores diferentes como o que se pode ver na Figura 3.2. Observe que tanto o *Server App* como o *Server Data* aparecem em desenhos de servidores diferentes. Note que a comunicação entre os dois (Server App e Server Data) é feita através de *MSSQL* e *TCP*, que existe nesse exemplo da Figura 3.2 também o Servidor de Testes conectado diretamente via protocolo *HTTP/HTTPS* e um Servidor de Build conectando-se via *.NET* Remoting e via *HTTP/HTTPS ao Servidor App.* Tudo isso sem esquecer, é claro, do acesso dos clientes a toda a base do TFS. Nesse tipo de topologia devemos levar em conta várias possibilidades de configurações de hardware, uma vez que estamos falando em mais de um servidor. Neste caso, poderíamos falar de Processadores acima de 2.2GHz Pentium IV ou Athlon com 1 GB de RAM e no mínimo 20GB de espaço em disco para utilização de até 250 usuários no Team Foundation Server Aplication (camada de aplicação) e Processadores acima de 2.2GHz Pentium IV ou Athlon com 2GB de RAM e no mínimo 80GB de espaço em disco para utilização de até 250 usuários no Team Foundation Server Data (camada de dados).

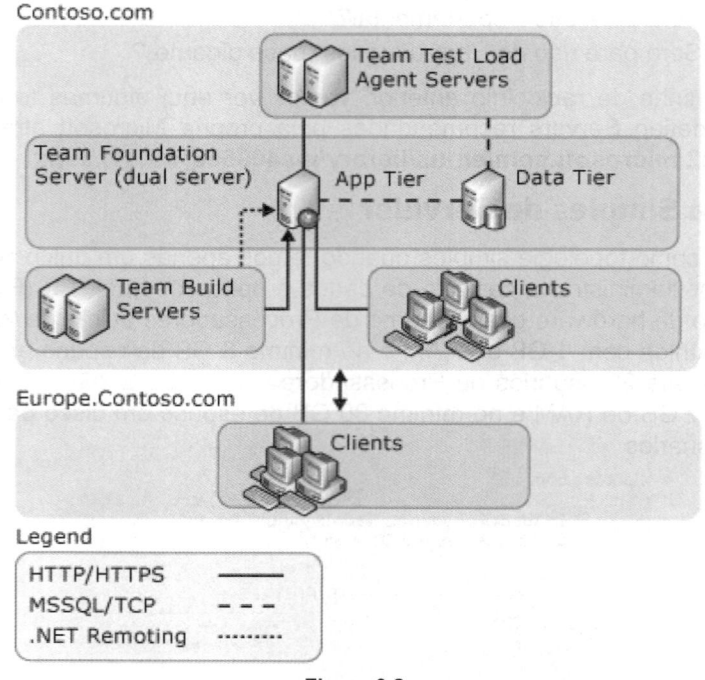

Figura 3.2

Topologia Complexa de Servidores

Entende-se como topologia complexa de servidores quando temos toda a complexibilidade de uma topologia moderada acrescida de diversos outros servidores como se pode observar na Figura 3.3 onde, além de termos Servidor de Dados em camada isolada, Servidor de Aplicação e Servidor Standby, temos também um Proxy Server fazendo o cache das aplicações para os usuários quando necessário. Nessa grande topologia, utilizam-se processadores acima de 2.2GHz Pentium IV ou Athlon com 2GB de RAM e no mínimo 40GB de espaço em disco para utilização de até 500 usuários para o Servidor de aplicação e Processadores Quad 2.2 GHz ou Athlon com 4GB de RAM e no mínimo 150GB de espaço em disco para utilização de até 500 usuários para o Servidor de Dados.

Existem recomendações para rodar até 3500 usuários simultâneos, onde se pode chegar a ter 32GB RAM em Team Foundation Server para dados.

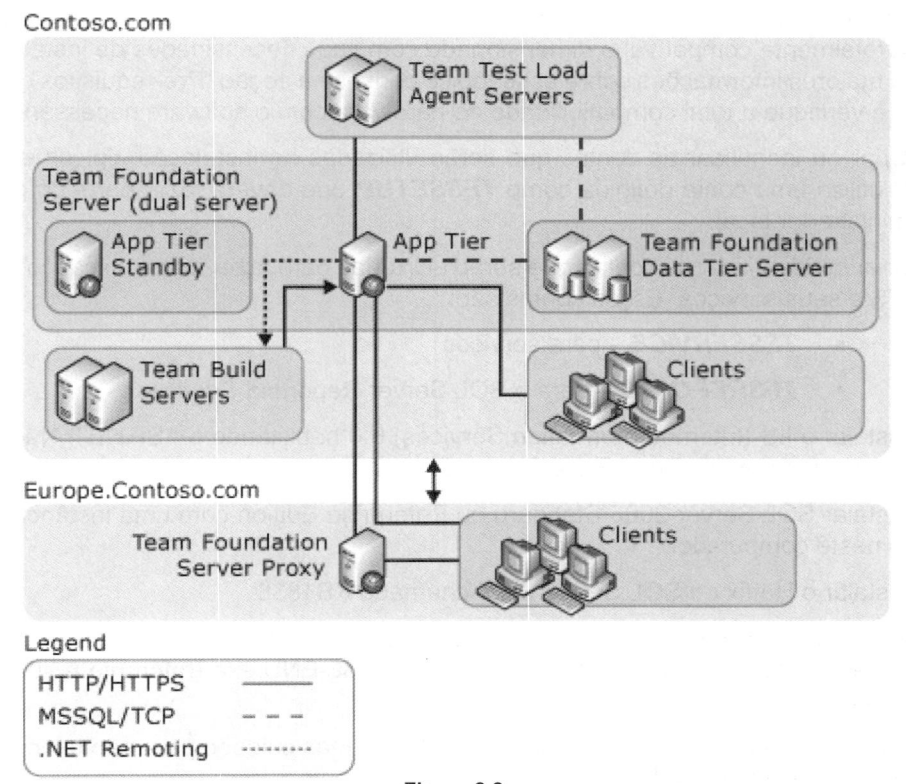

Figura 3.3

Suporte a 64 bits

Somente o Team Foundation Server para camada de dados suporta arquitetura de 64 bits. Build Servers e Team Explorer apenas funcionarão trabalhando em modo WOW64 (Windows-on-Windows 64bit). Já o TFS Proxy, Services e Application não suportam o padrão.

Procedimentos de instalação

Para cada tipo de instalação do TFS existem pré-requisitos que precisam ser seguidos para evitar "acidentes" durante a execução e conseqüente perda de tempo. A seguir, serão descritos tais passos para instalação de Single Servers, Dual Servers, Proxy Servers e TF Workgroups.

Passo-a-passo da instalação do Single Server

1) Ter certeza quanto aos requerimentos de hardware: é saber que seu hardware está totalmente compatível e dimensionado com suas necessidades de instalação; para maiores informações sobre esse tópico consulte a seção "Pré-requisitos" deste livro e verifique a total compatibilidade do hardware com o software necessário.

2) Criar ou identificar as contas que serão utilizadas na instalação: tipicamente o TFS utiliza uma conta definida como *TFSSETUP,* que deverá fazer parte do grupo Administrador local.

3) Criar ou identificar as contas que serão utilizadas para fazer a comunicação entre o TFS e seus serviços. Essas contas são:

- *TFSSERVICE* – para serviços

- *TFSREPORTS* – para o SQL Server Reporting Services

4) Instalar o IIS (Internet Information Services) 6.0 habilitando o ASP.NET. Não instalar as extensões do Front Page Server Extensions.

5) Instalar SQL Server 2005 Standard ou Enterprise Edition com uma instância padrão neste computador.

6) Instalar o Hotfix do SQL Server 2005 chamado KB1838

7) Procurar no disco de instalação do Team Foundation Server a pasta KB91838 e localizar o arquivo instalador AS2005-KB12838-x86-ENU.exe (referente à sua plataforma).

8) Verificar a funcionalidade do SQL Server 2005, mas cuidado para não executar o Reporting Services Configuration Tool nesse momento.

9) Instalar o Hotfix Q913393 do .NET 2.0 que está localizado na mídia do TFS.

10) Instalar o Windows Sharepoint Services com Service Pack 2 que será utilizado com o Team Foundation Server. Cuidado, você não deve configurar o WSS, somente instalá-lo. O TFS se encarregará disso.

11) Verificar se todas as portas de rede necessárias estão abertas para a utilização dos serviços.

12) Instalar o Team Foundation Server através do *autorun* do CD.

13) Adicionar os usuários do TFS e na seqüência instalar nos clientes o Team Explorer.

Observações
• Caso não encontre os arquivos citados nos diretórios do seu CD, acesse a Internet e baixe diretamente do site da Microsoft na área de downloads. • Na instalação presume-se que você já tenha instalado o Windows 2003 Server.

Passo-a-passo da instalação do Dual Server

Em Dual Server, onde precisamos nos preocupar com mais etapas, o processo se divide em:

Camada de Dados	Camada de Aplicação
Ter certeza quanto aos requerimentos de hardware	
Identificar as contas que serão utilizadas na instalação	
Adicionar a conta de Setup no grupo de Admin. local	Adicionar a conta de Setup no grupo de Admin. local
Instalar SQL	Instalar IIS
Verificar instalação do SQL	Instalar SQL Reporting
Instalar camada de Dados	Instalar Sharepoint Services SP2
	Instalar camada de Aplicação

1) Ter certeza quanto aos requerimentos de hardware: é saber que seu hardware está totalmente compatível e dimensionado com suas necessidades de instalação; para maiores informações sobre esse tópico consulte a seção "Pré-requisitos" deste livro e verifique a total compatibilidade do hardware com o software necessário também.

2) Criar ou identificar as contas que serão utilizadas na instalação: tipicamente o

TFS utiliza uma conta definida como *TFSSETUP* que deverá fazer parte do grupo Administrador local para instalação tanto no Application Server como no Data Server.

3) Criar ou identificar as contas que serão utilizadas para fazer a comunicação entre o TFS e seus serviços. Essas contas são:

- *TFSSERVICE* – para serviços

- *TFSREPORTS* – para o SQL Server Reporting Services

4) No Application Server deverá ser instalado o IIS (Internet Information Services) 6.0 habilitando o ASP.NET. Não instalar as extensões do Front Page Server Extensions.

5) No Data Server, instalar SQL Server 2005 Standard ou Enterprise Edition com uma instância padrão neste computador.

6) No Data Server, instalar o Hotfix do SQL Server 2005 chamado KB1838.

7) Procurar no disco de instalação do Team Foundation Server a pasta KB91838, localizar o arquivo instalador AS2005-KB12838-x86-ENU.exe (referente à sua plataforma)

8) Verificar a funcionalidade do SQL Server 2005, mas cuidado para não executar o Reporting Services Configuration Tool nesse momento.

9) No Data Server tenha certeza de que as portas necessárias à comunicação para com o Application Server estão abertas (dúvidas? Ver Figura 1.4)

10) No Data Server, instalar os banco de dados do TFS (conforme instalador).

11) No Application Server instalar SQL Server 2005 Reporting Services para ser usado com o TFS.

12) Instalar o Hotfix Q913393 do .NET 2.0 que está localizado na mídia do TFS.

13) Instalar o Windows Sharepoint Services com Service Pack 2 que será utilizado com o Team Foundation Server. Cuidado, você não deve configurar o WSS, somente instalá-lo. O TFS se encarregará disso.

14) No Application Server, instalar o banco de dados do TFS (conforme instalador).

15) No Application Server tenha certeza de que as portas necessárias à comunicação com o Data Server estão abertas (dúvidas? Ver Figura 1.4).

16) Adicionar os usuários do TFS e na seqüência instalar nos clientes o Team Explorer.

> **Observações**
>
> • Caso não encontre os arquivos citados nos diretórios do seu CD, ac esse a Internet e baixe diretamente do site da Microsoft na área de downloads.
> • Na instalação presume-se que você já tenha instalado o Windows 2003 Server.

Passo-a-passo da instalação do Proxy Server

O Proxy Server tem como principal objetivo fazer cache local dos Itens de Controle de Versões (TFVC) e também para dar maior suporte para *Features* do IIS 6 sobre o Windows 2003 Server e limitações encontradas no Windows XP com relação ao ambiente como um todo.

Basicamente o processo de instalação se divide em:

1) Ter certeza quanto aos requerimentos de hardware: é saber que seu hardware está totalmente compatível e dimensionado com suas necessidades de instalação; para maiores informações sobre esse tópico consulte a seção "Pré-requisitos" deste livro e verifique a total compatibilidade do hardware com o software necessário também.

2) Instalar o Windows 2003 Server com SP1 Enterprise ou Standard Edition.

3) Criar ou identificar as contas que serão utilizadas na instalação: tipicamente o TFS utiliza uma conta definida como **TFSSETUP** que deverá fazer parte do grupo Administrador local.

4) Instalar o IIS (Internet Information Services) 6.0 habilitando o ASP.NET. Não instalar as extensões do Front Page Server Extensions.

5) Ter o TFS instalado nesse servidor ou em outro lugar, ou seja, não é necessário uma cópia completa do TFS nesse server.

6) Instalar o Hotfix Q913393 do .NET 2.0 que está localizado na mídia do TFS.

7) Procurar Setup do Proxy Server na mídia e seguir o Wizard.

> **Observações**
>
> • Caso não encontre os arquivos citados nos diretórios do seu CD, acesse a Internet e baixe diretamente do site da Microsoft na área de downloads.
> • Existem mais detalhes sobre esse tipo de instalação que podem ser encontrados no link: **http://msdn2.microsoft.com/em-us/ms400800.aspx**.

Procedimentos para instalação do Workgroup Server

O Team Foundation Workgroup Server é a versão limitada em número de usuários do TFS. Essa versão somente se difere na quantidade de usuários mesmo (total de cinco simultâneos), não tendo nenhuma de suas funcionalidades comprometidas.

Basicamente, o processo de instalação é o mesmo do Single Server, cabendo a você ficar atento quanto à limitação da configuração.Veja alguns detalhes:

1. Não pode ser usado com Domínio de rede.
2. Configuração do *Single Server.*
3. Contas de usuários e senhas sempre precisam ser sincronizadas.

Instalando os softwares básicos

Nesta seção não pretendo explicar passo-a-passo a instalação dos softwares básicos, pois os mesmos consistem apenas em seguir *Wizards*, mas quero nesse ponto explorar alguns detalhes que muitas vezes passam despercebidos:

Atualização de softwares básicos

A Atualização é crucial para que tudo funcione bem em qualquer tipo de software e não seria diferente no caso do Team Foundation Server. Durante os passos de Tipos de Instalação (descritos anteriormente) você deve ter notado que foram citados vários *hotfixes* em certos momentos, mas existem outros pontos que merecem atenção.

Minhas dicas são as seguintes:

- Após instalação do Windows 2003 Server, faça TODOS os updates solicitados pelo Windows Update.
- Instale os hotfixes na ordem solicitada, conforme descrito anteriormente na Seção de Tipos de Instalação.
- Consulte sempre o Help do Team Foundation Server, que é a chave para quase todos os problemas de instalação que encontrar.
- Ao encontrar um erro, procure o diretório de logs de instalação para verificar em detalhes em qual momento o erro ocorreu. Esse diretório geralmente está em: **c:\Documents and Settings\TFSetup\Local Settings\temp**.

Instalando o Windows Sharepoint Services (WSS)

Na instalação do Sharepoint Services, muitas vezes as pessoas perdem horas tentando deixar o portal funcionando. Deixar o portal totalmente configurado para utilizar com o Team Foundation Server no ato da instalação do próprio Sharepoint

Services é perda de tempo e pode gerar erros na instalação do Team Foundation Server, pois o mesmo faz a configuração necessária quando do ato da instalação.

Algumas dicas:

- Quando o Windows 2003 Server R2 é instalado, os serviços do WSS podem ou não ser instalados também. Não instale nada de WSS nesse momento! Confirme na instalação se está desmarcada essa opção.
- Ao instalar o WSS, após as etapas básicas onde é terminada a instalação, somente teste para saber se o mesmo está funcionando, mas não o configure, o TFS vai fazer isso durante sua própria instalação.
- Instale o WSS como *Farm*, esse é um detalhe muito importante. Caso contrário, o faça o TFS não funcionará.
- Após a instalação, execute o Windows Update novamente, pois haverá mais atualizações críticas.
- Não se esqueça de utilizar a conta TFSERVICE para instalar o WSS.

Instalando o SQL Server 2005

A instalação do SQL Server é tranqüila e não requer grandes cuidados, mas como sempre existem alguns detalhes, eis algumas dicas:

- Instale o Reporting Services utilizando a conta TFSREPORTS, não se esqueça!
- Não execute o *Reporting Services Configuration Tool*, pois o TFS vai configurar de acordo com suas exigências.

Instalando o Team Foundation Server

A instalação do Team Foundation Server é encarada por muitos como "o grande problema do TFS", mas se você chegou até essa parte do livro e leu todos os pontos abordados já não deve estar fazendo essa mesma leitura dos fatos. Mais uma vez gostaria de lembrar a você que, se ainda tem problemas na instalação do TFS, é porque algum dos pré-requisitos ou alguma das etapas não foi satisfatoriamente cumprida. Vamos ver agora no melhor estilo NNF (next, next e finish) como instalar o TFS.

Já com as contas especiais criadas, vamos relembrá-las aqui:

- TFSSETUP – para instalar o TFS
- TFSSERVICE – para instalar serviços
- TFSREPORTS – para instalar o SQL Reporting Services

1) Vá para o CD do TFS e localize o instalador ou autorun.exe.

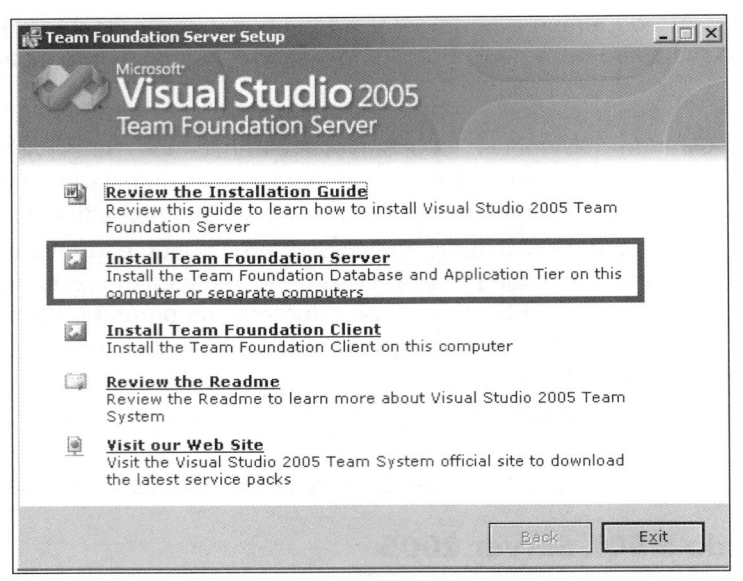

Figura 3.4

2) Escolha *Install Team Foundation Server* e em seguida opte por *Single-Server Ins-talation* ou *Dual-Server Instalation.* Em nosso exemplo, escolheremos *Single.*

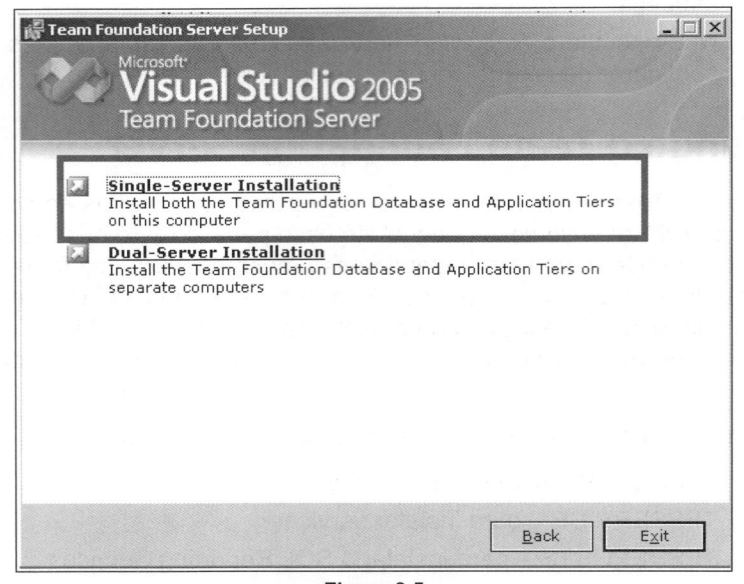

Figura 3.5

3) Na seqüência é feita uma verificação por parte do TFS, resultando num relatório que apontará avisos e problemas encontrados já nos pré-requisitos. Geralmente, quando não se tem certeza de ter feito todos os passos corretos antes de iniciar o *setup* do TFS, é aqui que começam os problemas. Caso essa mensagem ocorra, acesse a lista de detalhes e proceda às correções.

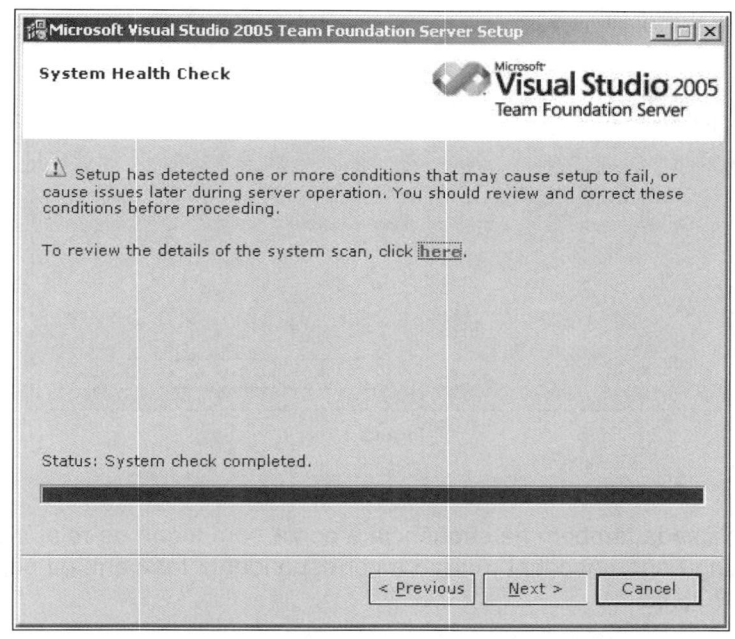

Figura 3.6

4) Solicitada a pasta de destino, escolha a mesma e siga em frente lembrando que estamos exemplificando aqui com a opção Single-Server; caso opte por Dual Server, será solicitada também a localização para os databases.

5) Será solicitado que você entre com a conta para "Service Acount"; você deve utilizar aqui a conta TFSSERVICE.

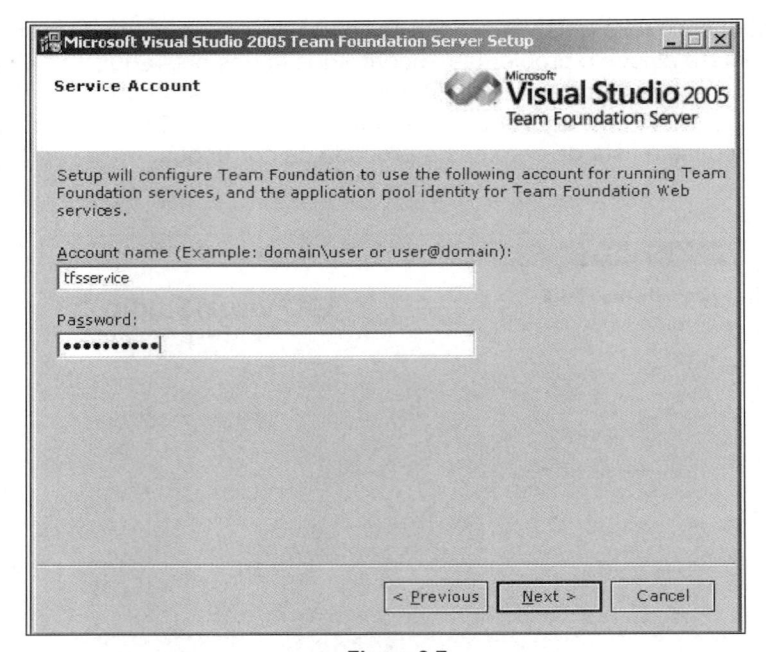

Figura 3.7

6) Será solicitada também na seqüência a conta para logon de relatórios; na tela "Reporting Logon Account", utilize a correspondente também, ou seja, a conta TFSREPORTS.

7) Na seqüência será solicitado que você informe em "Team Foundation Alerts" as configurações do seu servidor de SMTP para que o mesmo faça o envio de e-mails que fazem parte do *workflow* do TFS. Coloque o nome do servidor de SMTP e também o e-mail que fará esses disparos.

8) Para terminar, clique novamente em Next e aguarde a instalação total do TFS.

9) Para testar se tudo está funcionando nesse momento, execute o método GetRegistrationEntries através do endereço: **http://localhost:8080/services/ registration.asmx**.

Instalando o Build Server

O Servidor de Build é uma inovação dentre todas as grandes inovações que o VSTS nos traz. Para instalar essa grande novidade, basta seguir alguns passos, não muito diferentes do que vimos até agora, que são:

1) Vá para o CD do TFS e localize o arquivo setup.exe na pasta Build.

2) Na seqüência é feita uma verificação por parte do TFS, resultando num relatório que apontará avisos e problemas encontrados já nos pré-requisitos. Geralmente, quando não se tem certeza de ter feito todos os passos corretos antes de iniciar o *setup* do TFS, é aqui que começam os problemas. Caso essa mensagem ocorra, acesse a lista de detalhes e proceda às correções. Até aí nenhuma novidade, não é verdade?

3) Digite o local de destino da instalação.

4) Entre com a conta de serviços que será solicitada: TFSSERVICE.

5) O TFS copiará todos os arquivos necessários e fará as configurações de segurança necessárias para que seu servidor de Build se comunique com o TFS considerando critérios de firewall etc.

6) Terminada a instalação, você precisa agora criar os locais do Build em seu Servidor de Build. Essas pastas serão responsáveis por armazenar a localização do Build e a extração/construção da solução.

7) Agora falta somente dar permissão total de acesso para a conta de Serviço para que a mesma possa compartilhar essas informações.

Instalando o Proxy Server

O Servidor de Proxy é prático e muito usual quando estamos falando em empresas que tenham mais que um local de trabalho. Para configurá-lo precisamos seguir apenas mais alguns passos, que são:

1) Vá para o CD do TFS e localize o arquivo setup.exe na pasta Proxy.

2) Na seqüência é feita uma verificação por parte do TFS, resultando num relatório que apontará avisos e problemas encontrados já nos pré-requisitos. Geralmente, quando não se tem certeza de ter feito todos os passos corretos antes de iniciar o *setup* do TFS, é aqui que começam os problemas. Caso essa mensagem ocorra, acesse a lista de detalhes e proceda às correções.

3) Digite o local de destino da instalação.

4) Digite um caminho físico para *Cache Folder* e fique atento ao tamanho do local que está sugerindo.

5) Entre com a conta de serviços que será solicitado: TFSSERVICE.

6) Após o término da instalação, aparecerá uma página HTML oferecendo informações de como apontar para o seu TFS.

Instalando o Team Explorer

Podemos dizer que o Team Explorer, depois do TFS, é a parte mais importante de todo VSTS, pois ele possibilita acessar o "arsenal VSTS" – é assim que eu gosto de me referir ao VSTS, um grande arsenal de possibilidades nessa guerra chamada Projeto.

A instalação é bem simples e consiste dos seguintes passos:

1) Vá para o CD do TFS e localize o instalador ou autorun.exe.

2) Selecione "Install Team Explorer".

3) Digite o local de destino da instalação.

Pronto!!!

Execute a mesma instalação em todos os computadores que precisarem acessar o TFS.

Gerenciamento de Projetos no TFS

Definição de Gerência de Projetos

Gerenciamento de projetos é sempre um assunto muito complexo, grandioso e polêmico também, pois existem diversas formas, ferramentas, metodologias e métricas para gerenciar esse conjunto de atividades chamado projeto. Meu objetivo nesse momento não é ensinar a disciplina de Gerenciamento de Projetos, mas sim mostrar como o Visual Studio Team System pode auxiliar a administrar melhor os projetos no cotidiano.

Procurando uma definição mais generalista sobre Gerência de Projetos encontrei na grande enciclopédia digital Wikipedia (http://www.wikepedia.org) o seguinte:

Gerência de projetos (ou gestão de projetos) é a aplicação de conhecimentos, habilidades e técnicas na elaboração de atividades relacionadas para atingir um conjunto de objetivos predefinidos. O conhecimento e as práticas da gerência de projetos são mais bem descritos em termos de seus processos componentes.

Esses processos podem ser classificados em cinco grupos de processo (iniciação, planejamento, execução, controle e encerramento) e nove áreas de conhecimento (gerência de integração de projetos, gerência de escopo de projetos, gerência de tempo de projetos, gerência de custo de projetos, gerência de qualidade de projetos, gerência de recursos humanos de projetos, gerência de comunicações de projetos, gerência de riscos de projetos e gerência de aquisições de projetos).

Reduzida à sua forma mais simples, a gerência de projetos é a disciplina de manter os riscos de fracasso em um nível tão baixo quanto necessário durante o ciclo de vida do projeto. O risco de fracasso aumenta de acordo com a presença de incerteza durante todos os estágios do projeto. Um ponto de vista alternativo diz que gerenciamento de projetos é a disciplina de definir e alcançar objetivos ao mesmo tempo em que se aperfeiçoa o uso de recursos (tempo, dinheiro, pessoas, espaço etc.).

A gerência de projetos é freqüentemente a responsabilidade de um indivíduo intitulado gerente de projeto. Idealmente, esse indivíduo raramente participa diretamente nas atividades que produzem o resultado final. Ao invés disso, o gerente de projeto trabalha para manter o progresso e a interação mútua progressiva dos diversos participantes do empreendimento, de modo a reduzir o risco de fracasso do projeto.

Portanto, sinto-me livre em dizer que podemos concluir que um projeto atravessa as seguintes fases:

- Iniciação
- Planejamento
- Execução
- Controle
- Encerramento

Para auxiliar em todo o ciclo de desenvolvimento de um projeto, pode-se contar com os reais benefícios do Visual Studio Team System. Dentre as cinco fases que citei, evidentemente existem muitos detalhes implícitos que não foram observados nesse momento em que estou introduzindo o assunto, mas que serão exaustivamente abordados nas próximas páginas.

Criando um projeto

Basicamente, para se ter um projeto que será iniciado, planejado, executado, controlado e encerrado com o auxilio do Visual Studio Team System é necessário criar um projeto de time através de alguns passos simples.

Abra o Visual Studio 2005, vá para File/New/Team Project, lembrando que o Visual Studio 2005 é o Client do Visual Studio Team Foundation.

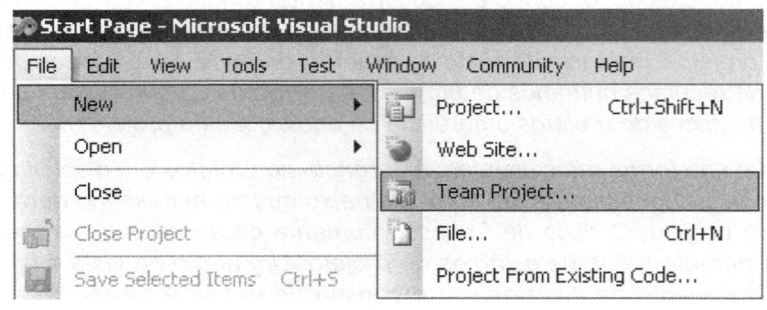

Figura 4.1

Escolha um Servidor com Team Foundation Server instalado e clique em OK.

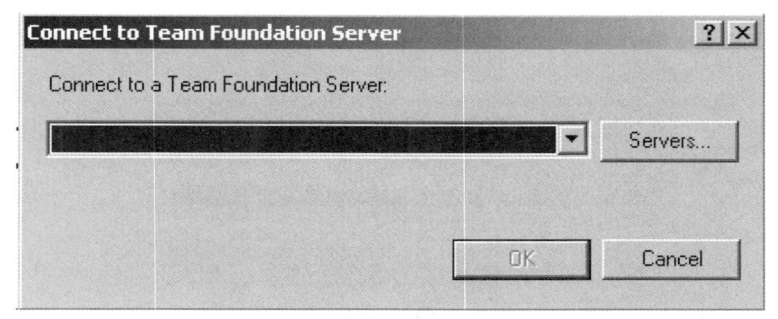

Figura 4.2

Digite um nome para o Projeto e descreva-o. Essas informações aparecerão depois do projeto criado no Site do Projeto. Depois clique em Next.

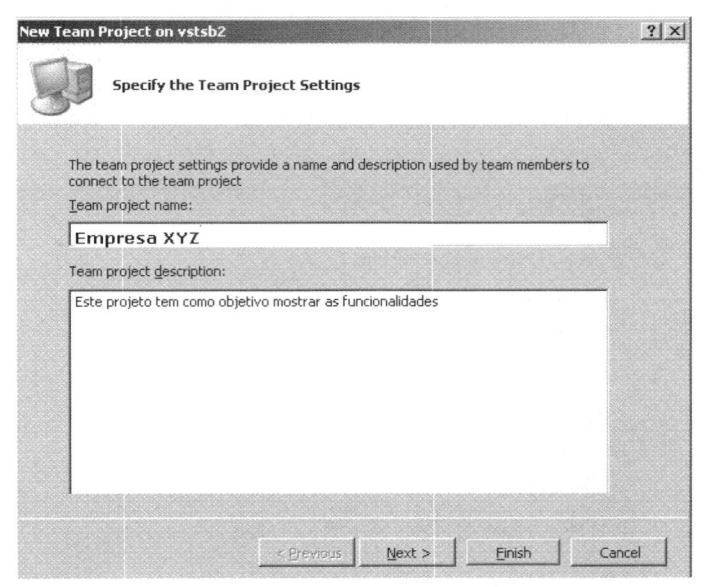

Figura 4.3

Escolha um dos Process Templates disponíveis, que pode ser por *default*, MSF For Agile ou MSF for CMMI. Nesse momento não explicarei detalhes sobre os tipos de *Process template*.

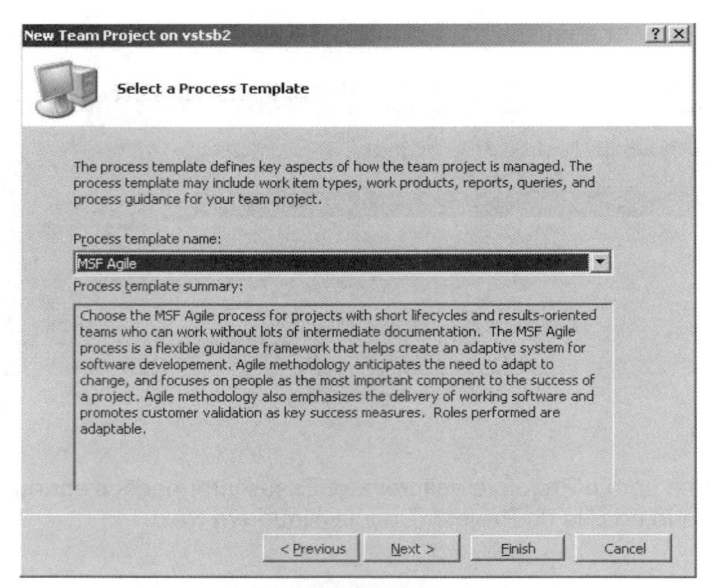

Figura 4.4

Agora especifique se vai querer criar uma pasta para controle de versão nesse momento ou se irá se basear em um projeto existente ou se não quer controlar nada nesse momento.

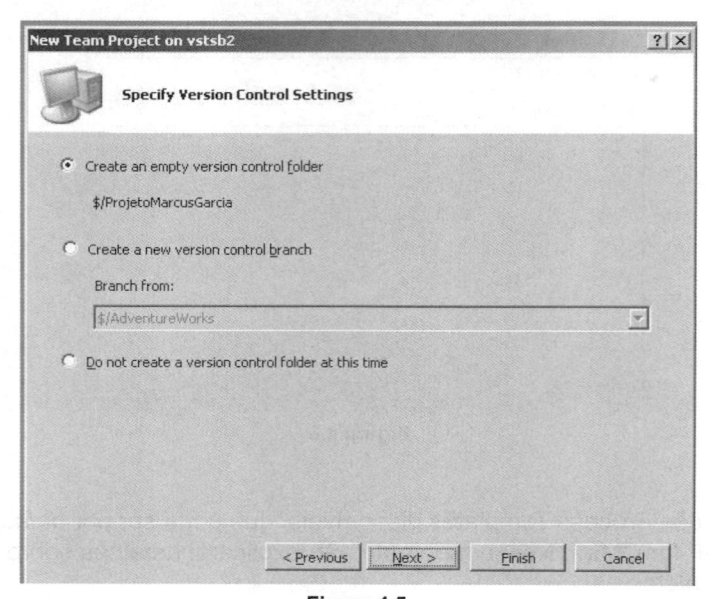

Figura 4.5

A partir desse momento o TS inicia o processo de criação do seu projeto. Essa criação pode demorar alguns minutos ou um tempo relativamente grande, dependendo da configuração do seu servidor e também do template que está sendo carregado.

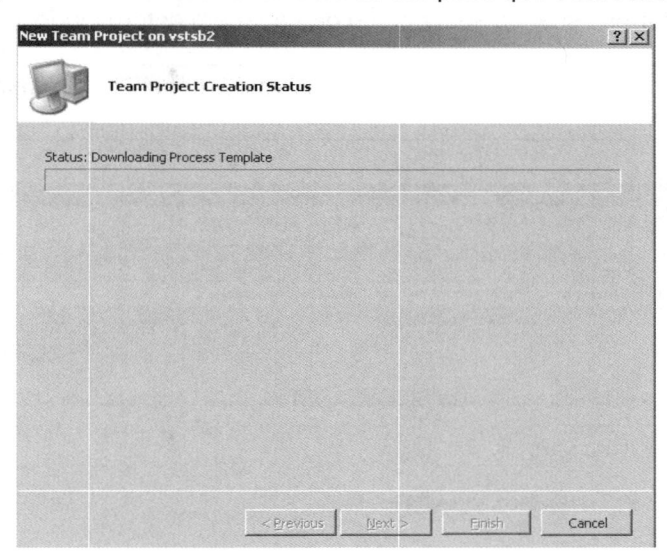

Figura 4.6

Logo após você receberá a tela de término de criação do projeto, onde você poderá ver os *Logs* de instalação se quiser ou clicar em Close para finalizar o processo.

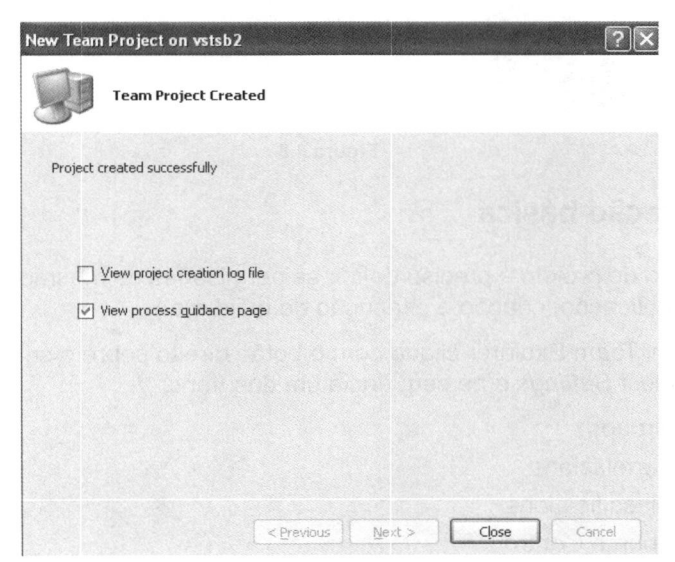

Figura 4.7

E na seqüência você verá um verdadeiro tutorial sobre MSF, abrangendo conceitos, operações, regras etc. Nessa etapa, caso você tenha criado um *Process Template* exclusivo, poderá dar as primeiras informações aos seus usuários. Imagine que seria bom orientar os usuários sobre como proceder em determinado template.

> Para saber mais sobre Process Templates, veja o capítulo *Customização e Extensibilidade.*

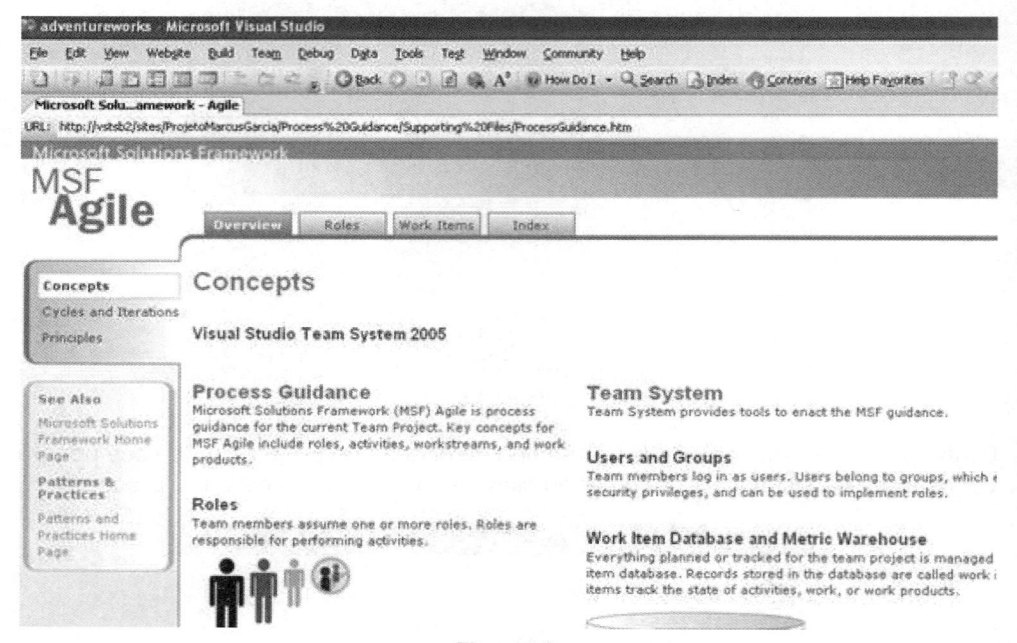

Figura 4.8

Administração básica

Após a criação do projeto é preciso definir as permissões do mesmo (somente leitura, escrita, publicação, criação e execução de build etc.).

Vá para a guia Team Explorer clique com o botão direito sobre o seu projeto. Escolha *Team Project Settings* e na seqüência um dos Itens:

- Groups
- Permissions
- Classifications
- Source Control

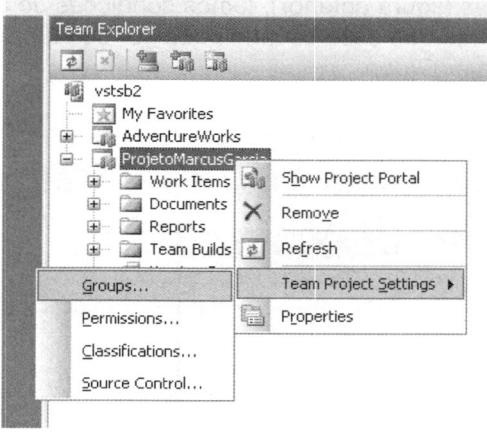

Figura 4.9

Groups

Nessa opção podemos definir grupos. Assim como fazem os Administradores de redes para o Active Directory, os usuários que fazem parte de um determinado grupo herdam as permissões escolhidas para o mesmo.

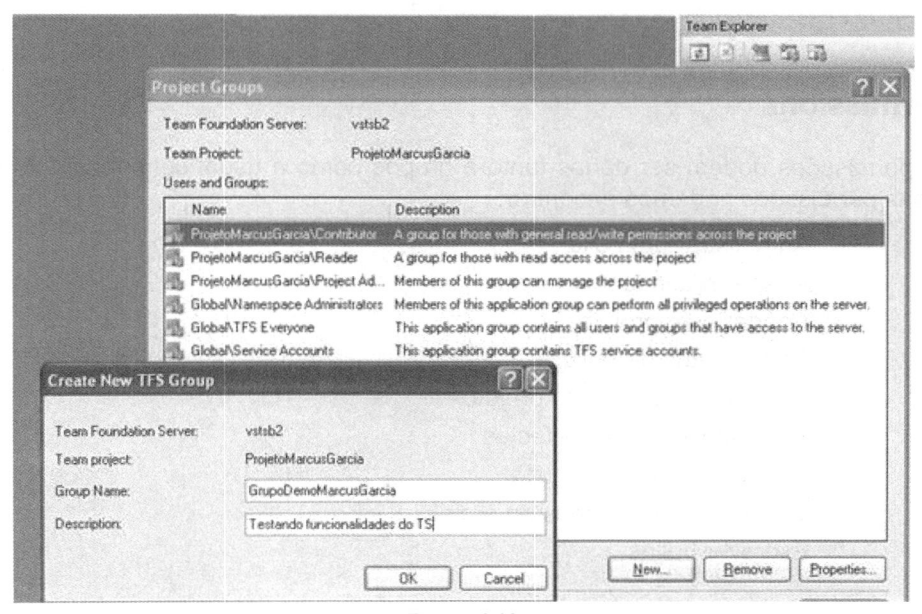

Figura 4.10

Clicando em *Properties* (figura anterior), temos condições de adicionar os usuários do grupo escolhido. Note que esse usuário pode ser de sua rede local ou um outro *Team Foundation Server Group*.

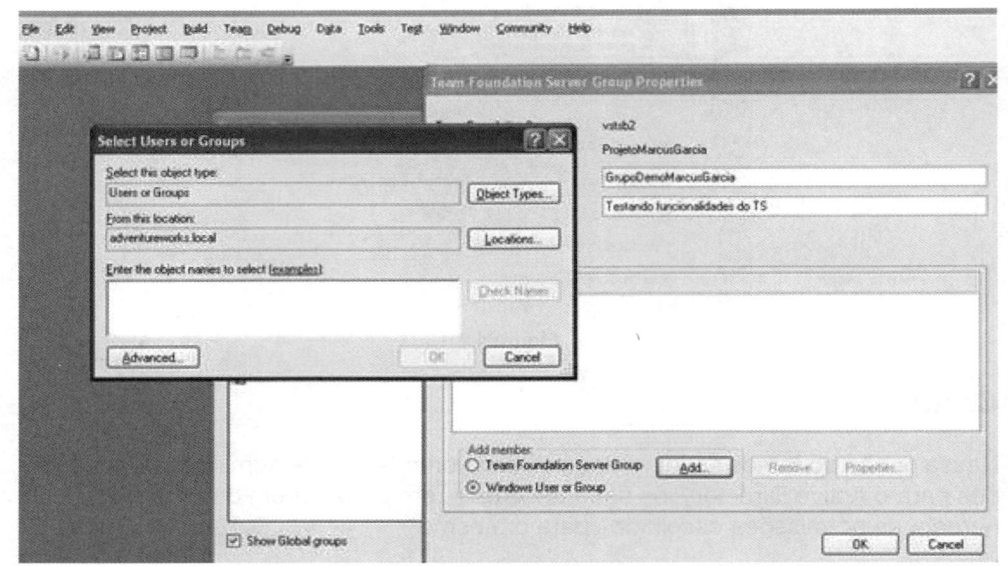

Figura 4.11

Permissions

As permissões podem ser dadas tanto a grupos como a usuários isolados. Entre essas permissões podemos encontrar:

- Administrar um build
- Apagar resultado de testes
- Apagar este projeto
- Editar status de builds
- Editar informações do projeto
- Publicar resultado de testes
- Iniciar / terminar um build
- Visualizar informações do projeto
- Escrever builds

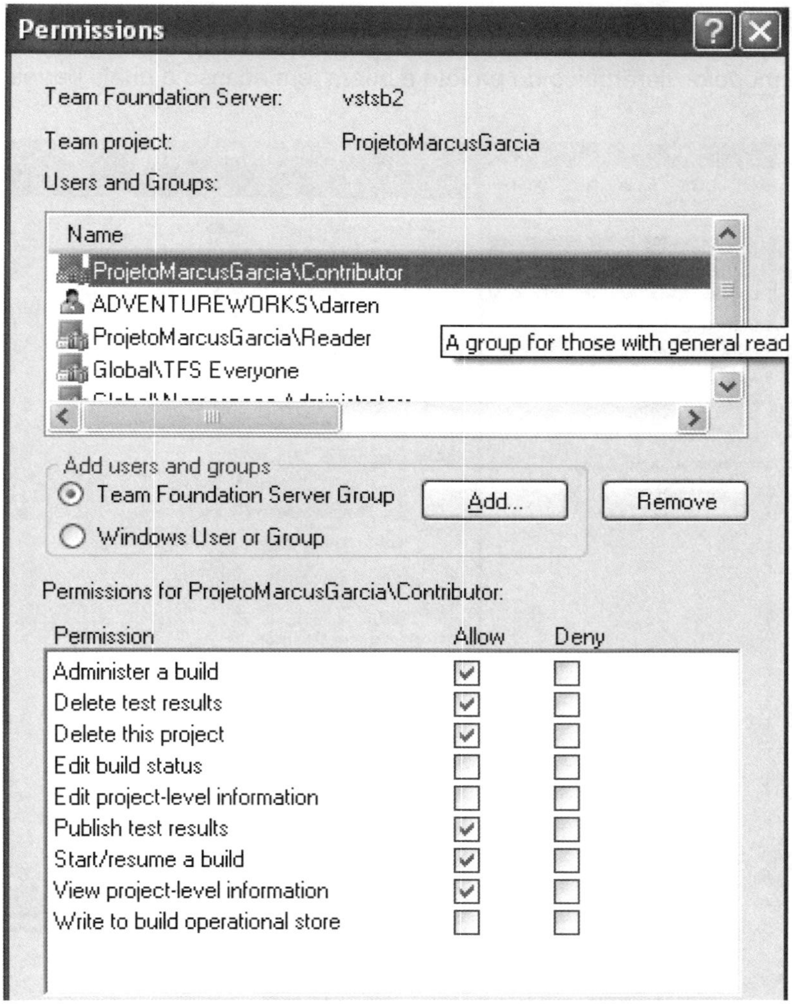
Permissions
Team Foundation Server: vstsb2
Team project: ProjetoMarcusGarcia
Users and Groups:
Name
ProjetoMarcusGarcia\Contributor
ADVENTUREWORKS\darren
ProjetoMarcusGarcia\Reader
Global\TFS Everyone
A group for those with general read
Add users and groups
Team Foundation Server Group
Windows User or Group
Add...
Remove
Permissions for ProjetoMarcusGarcia\Contributor:
Permission
Allow
Deny
Administer a build
Delete test results
Delete this project
Edit build status
Edit project-level information
Publish test results
Start/resume a build
View project-level information
Write to build operational store

Figura 4.12

Classifications

Defina o modelo Hierárquico do projeto e quem tem acesso a quais partes.

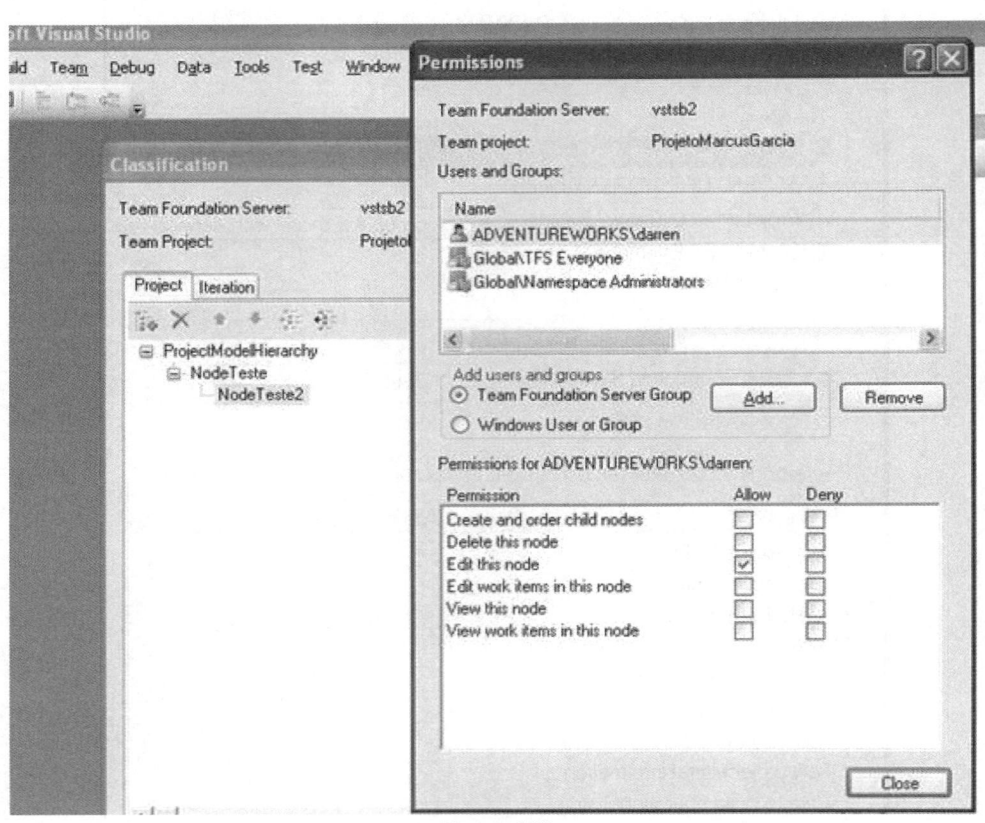

Figura 4.13

Source Control

Multiplos *Checkouts?* Já vem por padrão habilitado. Defina regras para *Chekin* como Análise de código, Testes, Work itens etc. Defina-os como requeridos ou não, crie suas próprias regras. No *Policy Editor* é possível você definir regras para todo o projeto.

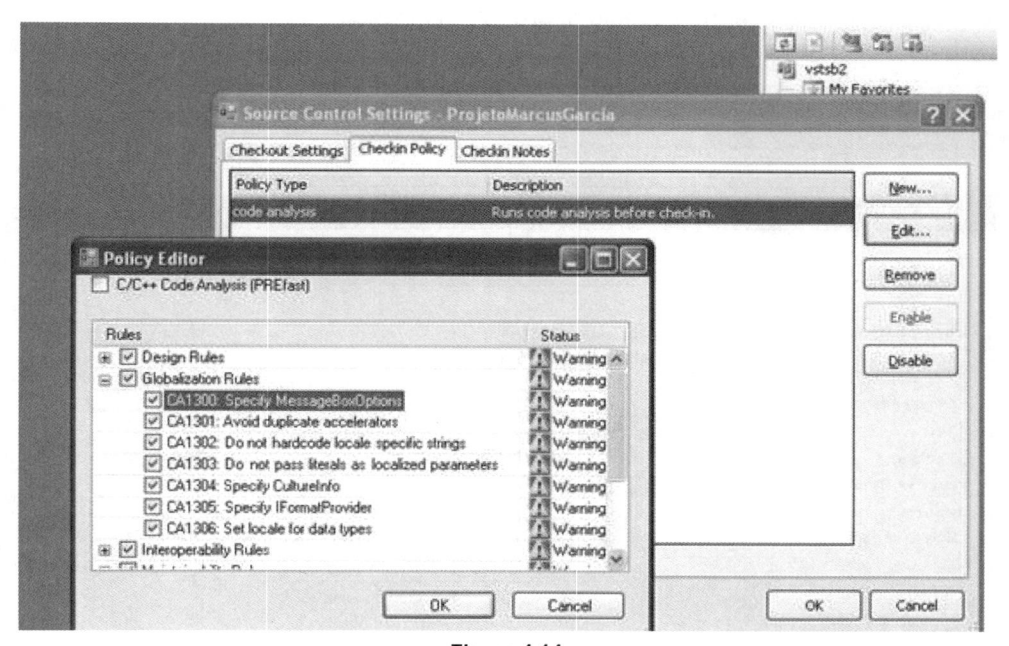

Figura 4.14

O Portal do Projeto

Sempre que criamos um novo projeto no Team System, um novo portal baseado no Sharepoint Server também é criado. Nesse portal podemos encontrar todas as informações pertinentes ao projeto. O mesmo serve para relatar problemas, exibir relatórios e distribuir informações para os times envolvidos no projeto. Maiores informações você vai ver no capítulo sobre Project Portal.

Figura 4.15

Uma das grandes vantagens na utilização do Visual Studio Team System é a possibilidade de manter todos os envolvidos no projeto, desde o Patrocinador (cliente) até o Tester, totalmente informados com relação aos últimos acontecimentos.

No próximo capítulo, abordaremos como gerenciar esse projeto através do Microsoft Project e também a partir do Microsoft Excel.

Work Item

O que é um Work Item?

Um Work Item pode ser considerado como uma atividade em seu projeto. Work Items são tarefas de trabalho que servem como base ao gerenciamento e rastreabilidade dos projetos dentro da estrutura do Visual Studio Team System.

Figura 5.1

Os Work Items estão intimamente ligados aos processos baseados no Microsoft Solutions Framework, podem ser implementados de acordo com a necessidade de cada processo e foram criados com o objetivo de atender a todos os papéis existentes no MSF que, conseqüentemente, são a base do Team Foundation Server.

Tipos de Work Item

Os Work Items com base do MSF For Agile e For CMMI podem ser:

TIPO	MSF For Agile	MSF For CMMI
Bug	Define falhas no sistema	
Quality of Service	Define necessidade requisito de qualidade	Não aplicável
Task	Define tarefa que será atribuída a algum profissional da equipe	
Risk	Define risco encontrado no sistema que deverá ser verificado	
Requirement	Não aplicável	Define requisito funcional a ser criado
Change Request	Não aplicável	Não aplicável
Issue	Não aplicável	Define problema encontrado
Scenario	Define um cenário	Não aplicável
Review	Não aplicável	Define revisão executada

Criando um Work Item

Para cadastrar um *Work Item*, abra o *Team Explorer* e depois abra o projeto escolhido. Clique com o botão direito sobre *Work Items* e depois clique em *Add Work Item.*

Explorando o Work Item

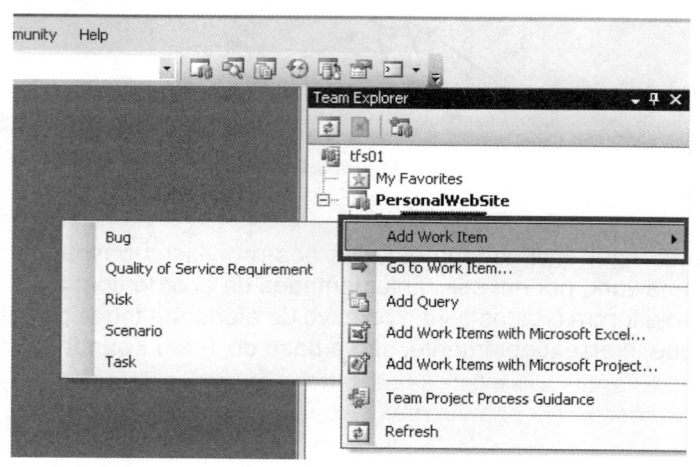

Figura 5.2

Escolha um tipo de *Work Item*. Por padrão, os tipos *Bug, Quality of Service Requirement, Risk, Scenario* e *Task* já estão criados. Escolha um deles clicando sobre o item desejado.

Em nosso exemplo estou utilizando o *Work Item* do tipo *Task*. Vamos analisar esse tipo:

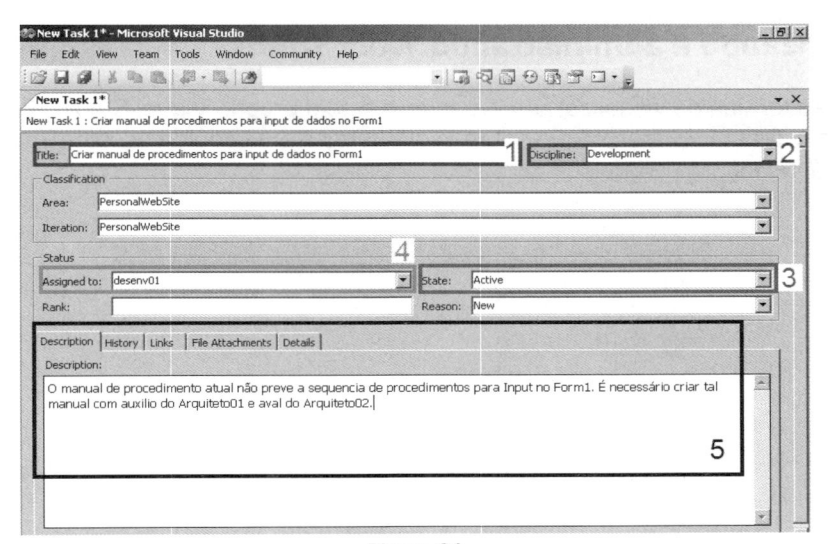

Figura 34

1) Nessa área digite o título de sua tarefa *(Task)*.

2) Escolha a área ou departamento do seu time que ficará responsável pela tarefa.

3) Defina o Status da tarefa, inicialmente está como Ativa, mas você pode criar novos Status se necessário.

4) Especifique, se necessário, qual pessoal especificamente será a responsável pela tarefa.

5) Descreva detalhes, históricos, links, anexe arquivos e demais informações pertinentes à tarefa.

Classification – Trata-se de uma área específica do cadastro de item destinado à escolha da área do projeto, ou seja, posso criar uma tarefa específica para um item de subpasta, por exemplo, e também definir por qual Iteração essa classificação vai passar.

Após o preenchimento, clique em *Salvar* e depois feche o item. Vamos agora visualizar/administrar esse item em diversas visões diferentes.

> **Nota**: Para evitar a repetição de operações com os outros tipos de *Work Items* foi escolhido o tipo *Task* para o exemplo. Todavia, para a criação de outros tipos de *Work Items* o padrão é sempre o mesmo, seguindo as particularidades de cada tipo.

Visualizando e administrando Work Items

Uma das formas de visualizar um Work Item é pelo próprio Visual Studio. Para isso, vá para o Team Explorer, clique sobre *Work Items* e em seguida escolha *Team Queries / All Tasks.*

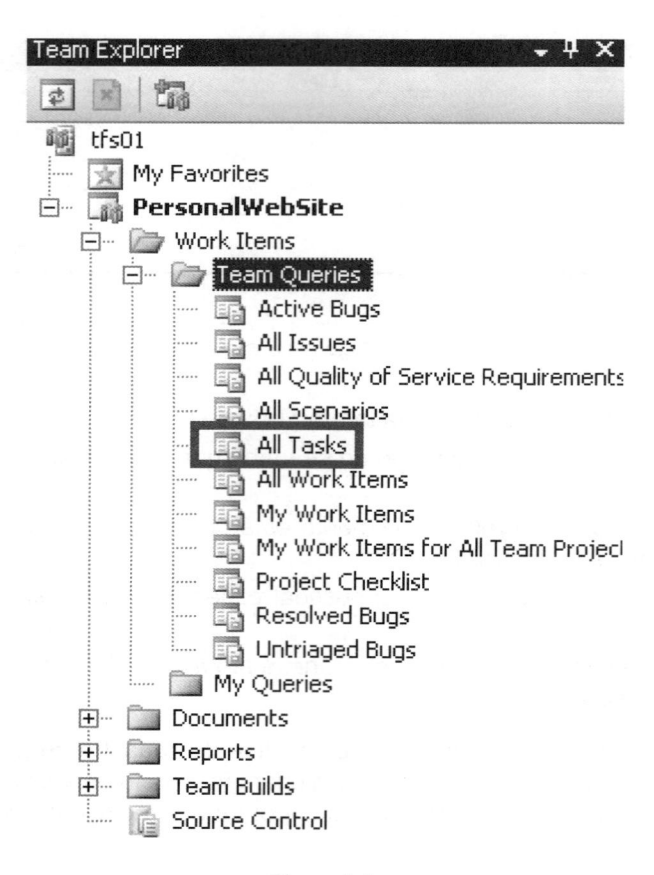

Figura 5.4

O *Team System* traz por padrão várias queries de visualizações padrões. Você pode escolher uma delas ou criar a sua própria, clicando com o botão direito do mouse sobre *Team Queries.*

Criando uma Query de consulta

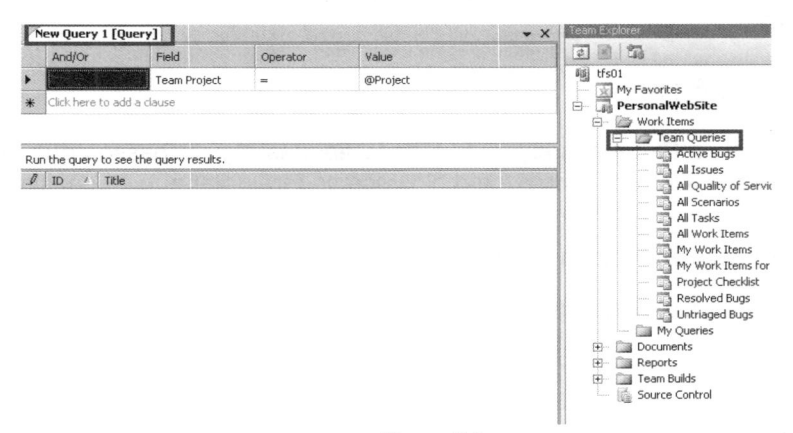

Figura 5.5

Ao escolher a opção *All Tasks*, clique com o botão direito do mouse sobre *View Results,* você tem acesso a todas as tarefas que estão pendentes no sistema e além, é claro, de poder fazer as devidas modificações no item.

Criando uma Query de consulta

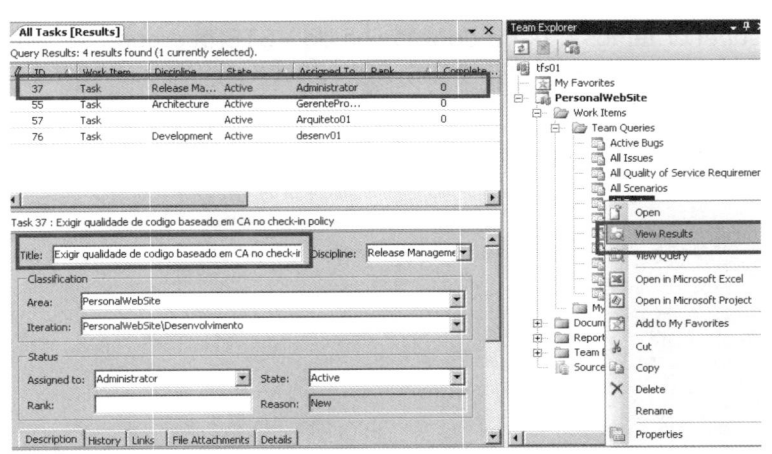

Figura 5.6

Gerenciando Work Items no Project e no Excel

Através de acesso via Microsoft Project e/ou Microsoft Excel é possível administrar um Work Item também. Para isso abra o Excel inicialmente, ou, se preferir, escolha a opção Open in Microsoft Excel localizado no menu de All Tasks conforme Figura 5.7.

No Microsoft Excel

A administração via Excel é simples, bastando apenas alguns passos que iremos descrever a seguir. Durante todo o exemplo você poderá notar que é bem simples e por diversas vezes bem intuitivo.

Visualizando e Administrando Work Items via Excel

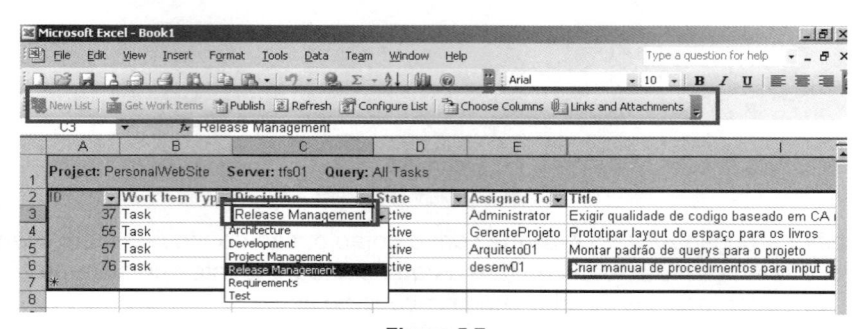

Figura 5.7

Na parte superior temos a barra de trabalho do VSTS que pode ser adicionada a partir da instalação desse *Add-On* que acompanha o *VSTF (Visual Studio Team Foundation)*. Nessa barra é possível:

 Conectar em um projeto de time já existente

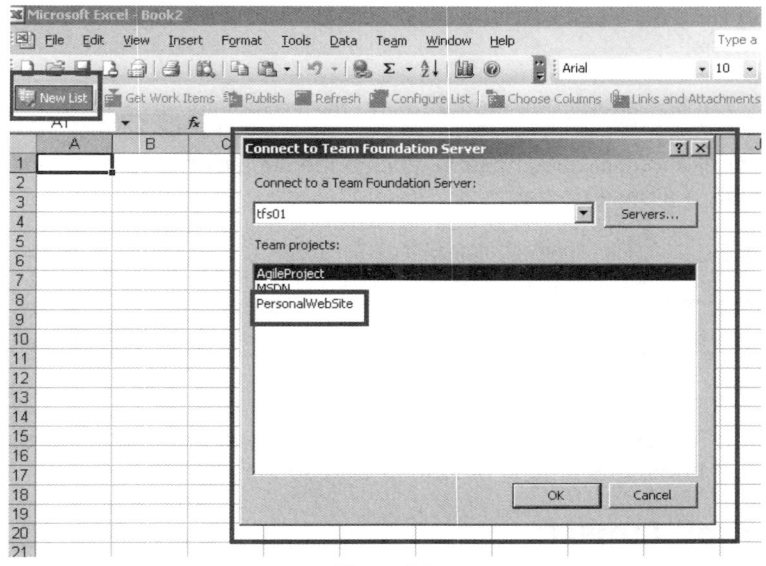

Figura 5.8

Escolha o projeto simplesmente clicando no item desejado, sendo na seqüência solicitada a escolha de uma query.

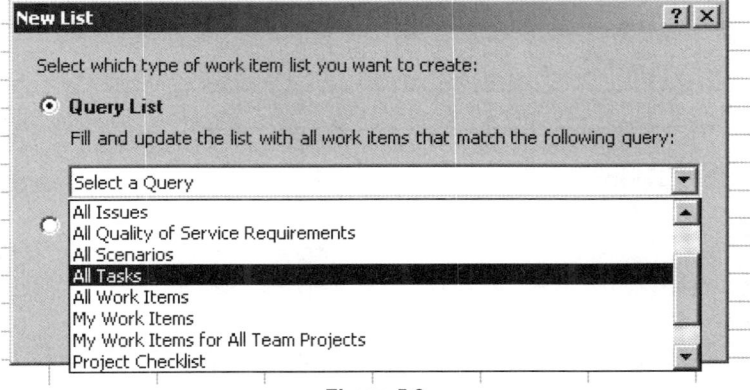

Figura 5.9

Ao escolher uma *New List* e uma *Query* automaticamente você tem a visualização dos Work Items.

Publish   Publica alterações efetuadas no Item escolhido

Após efetuar as modificações no item, você pode simplesmente clicar em publicar e o *VSTS* atualiza a base de dados do Projeto.

Figura 5.10

Ao clicar em *Publish,* note que a barra de *Status* da planilha indica a atualização. Portanto, isso prova que a base de dados está sendo alterada.

No Microsoft Project

No Project o processo é bem similar ao executado no *Excel*, bastando apenas ter o Add-On do TFS instalado no micro também. Porém, no Project é possível ter um ambiente bem mais amigável ao Gerente de Projetos, que pode, por exemplo, trabalhar os Milestones utilizando-se de recursos do tipo Drag and Drop.

Administrando Work Items no Microsoft Project

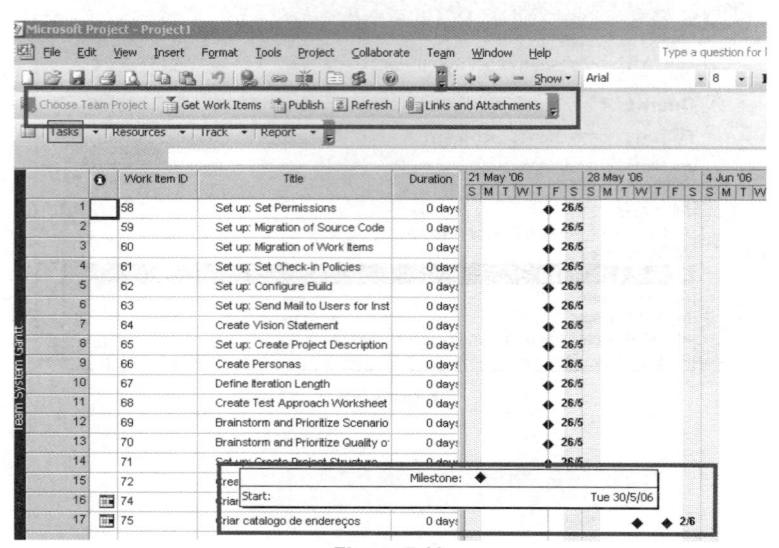

Figura 5.11

No Project Portal

Um dos recursos mais inovadores do VSTS é sem dúvida o Project Portal, que nos mostra em ambiente web, utilizando para isso o Sharepoint Services, toda a situação do nosso projeto, além de fornecer também toda a documentação default da metodologia de desenvolvimento escolhida para o projeto.

Visualizando o projeto pelo Project Portal

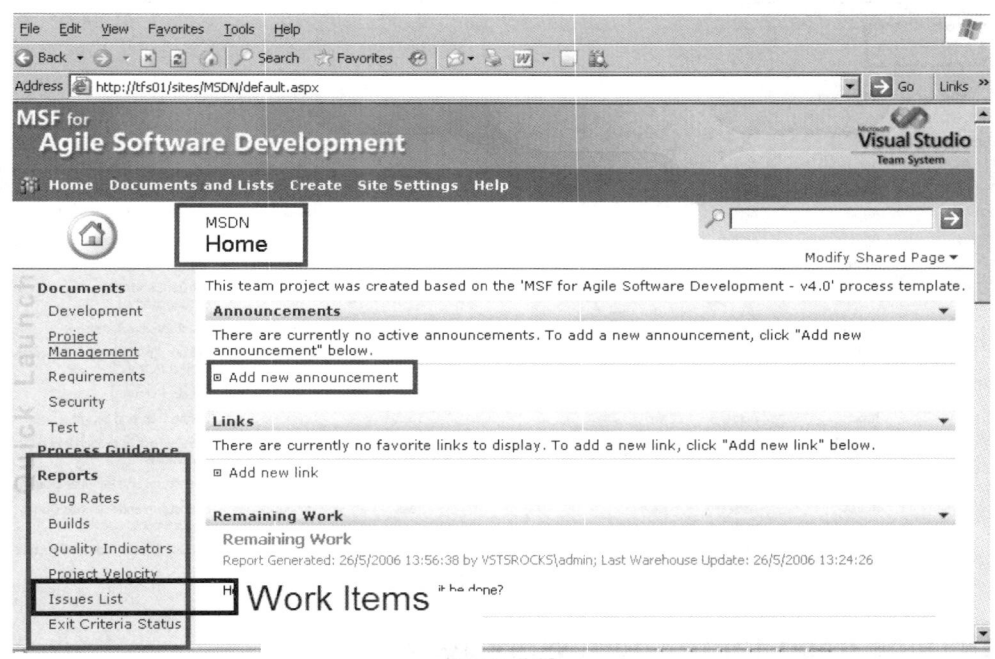

Figura 5.12

Entre as inúmeras opções podemos destacar os *Reports*, a área para adicionar notícias sobre o projeto *Announcements*, e também a *Issues List,* que traz para nós os *Work Items* atuais.

Visualizando Work Items pelo Project Portal

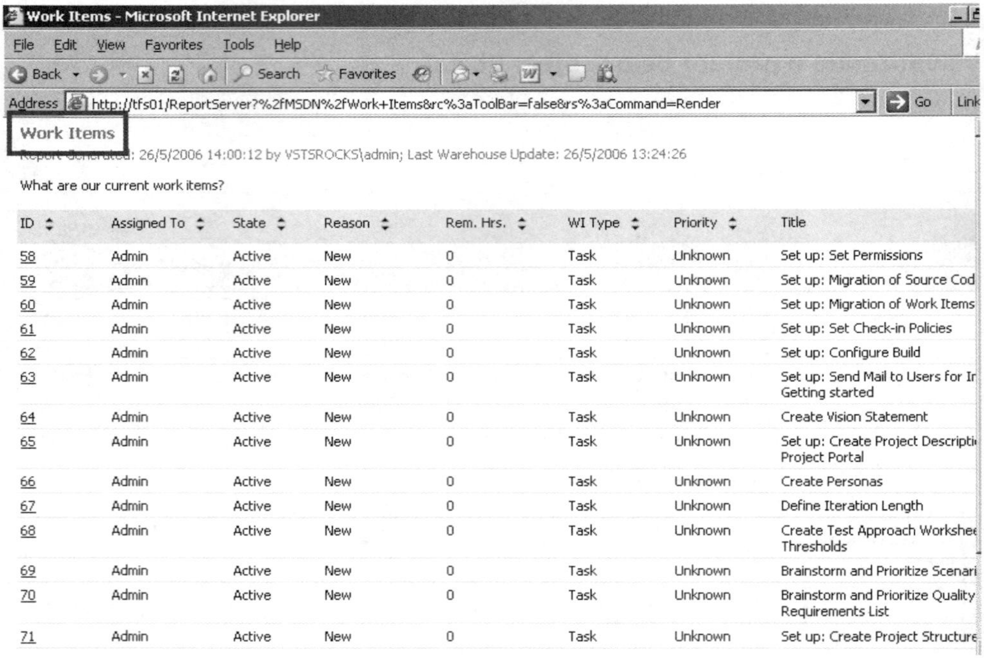

Figura 5.13

Detalhe importante sobre Work Item

Como um Work Item faz parte de uma ação, ele pode ser parte de um processo de work flow de uma empresa, sendo, assim, considerado como uma unidade muito importante que pode servir de ponte para outras ações, como, por exemplo, ter um Work Item de Cenário que, por sua vez, possui link para Work Items de várias tarefas e/ou outros artefatos.

É muito importante ficar entendido que o Visual Studio Team System respeita as normas das melhores práticas em MSF for Agile e MSF For CMMI, mas cabe a você saber implentar com êxito tais práticas considerando seu processo de desenvolvimento de software na empresa. Utilizar Work Items com sabedoria e cuidado pode resultar em ótima rastreabilidade de seu projeto, causando impactos minimizados.

Version Control

O que é Team Foundation Version Control?

Se alguma vez na sua vida profissional você já utilizou um Controle de Versões da Microsoft com certeza deve ter utilizado o Visual Source Safe, portanto, se ao falar de um novo Controle de versões você lembra logo dele, por favor esqueça! O Source Safe é um ótimo Controlador de Versões muito utilizado, massificado e capaz de cumprir totalmente seu propósito. A minha intenção não é falar mal do VSS, e sim apresentar para você uma nova tecnologia.

O Team Foundation Version Control, ou simplesmente chamado de TFVC, é muito mais que um Controle de Versões pois, além de fazer o óbvio, é o ponto inicial da integração com todo o SDLC – *Software Development Life Cycle* – baseado no Team Foundation Server. Além disso, as melhores práticas de SCM – *Software Configuration Management* – foram consideradas no TFVC. Apenas para você ter uma idéia do que é SCM, veja o que diz a Wikipedia (http://www.wikipedia.org):

"...Roger Pressman (em seu livro) Software Engineering: A Practitioner's Approach afirma que a gerência de configuração de software (GCS) é uma conjunto de atividades projetadas para controlar as mudanças pela identificação dos produtos do trabalho que serão alterados, estabelecendo um relacionamento entre eles, definindo o mecanismo para o gerenciamento de diferentes versões destes produtos, controlando as mudanças impostas e auditando e relatando as mudanças realizadas." Em outras palavras, GCS é uma metodologia para controlar e gerenciar um projeto de desenvolvimento de software.

O cerne da GCS está em responder a questão: alguém faz alguma coisa, como isto pode ser reproduzido? Freqüentemente o problema não envolve somente reproduzir algo de maneira idêntica, mas com mudanças controladas e incrementais. A resposta para a questão irá, portanto, se tornar a matéria de uma comparação de diferentes resultados e da análise de duas diferenças. Tradicionalmente, a GC tipicamente se foca no controle de criação de produtos relativamente simples. Atu-

almente, implementadores de GCS deparam-se com a mudança do comportamento como incrementos relativamente menores sobre seu próprio controle, no contexto de sistemas complexos inicialmente desenvolvidos...."

No trecho extraído da Wikipedia, o autor se refere à SCM como GCS, que na verdade é a sigla da tradução de SCM, ou seja, Gerência de Configuração de Software. A conclusão referente a esse texto a que podemos chegar é que controlar versões é crucial para não gerar retrabalhos excessivos e saber exatamente em que ponto você está do desenvolvimento de seu projeto e, caso tenha necessidade de voltar para alguma situação passada de codificação, poder fazê-lo sem grandes impactos.

Visual Source Safe x Team Foundation Version Control

Vamos agora fazer uma rápida comparação entre o VSS e TFVC a fim de deixar claras as principais características dessa nova tecnologia.

O TFVC foi construído totalmente do zero, reescrito de forma a ser muito mais robusto e capaz de suprir eventuais necessidades que o Visual Source Safe não tinha condições de fazer. Veja o quadro comparativo a seguir:

Item	TFS	VSS
Modelo padrão de check-out	Copy-modify-merge	Lock-modify-unlock
Transacional?	Sim, commit atômico	Não
Changesets	Sim	Não
Acesso remoto	http, firewall-friendly	Windows Share requer VPN
Remover arquivos	Sim	Não

Figura 6.1

Item	TFS	VSS
Back end	SQL Server	Sistema de arquivos
Segurança	Integração ao Windows	Não
Integração com issue tracker	Sim, completamente integrado ao work itens	Não
Check in policy	Sim	Não
Shelveset	Sim	Não

Figura 6.2

Além disso, o TFVC:

- Supera deficiências do SourceSafe
- É integrado a rastreamento e reportagem de Work Items
- Sua base está em um SQL Server
- É implementado como um Web Service no VS Team Foundation
- A parte cliente (TFC) está no Visual Studio

Como ativar o Team Foundation Version Control

Por default, na maioria das vezes essa opção já está ativa, mas caso não esteja, faça o seguinte:

Abra o Visual Studio e clique em Tools/Options/SouceControl e escolha *Plug-in Se-lection* conforme Figura 6.3 e aponte para a opção *Visual Studio Foundation Server*.

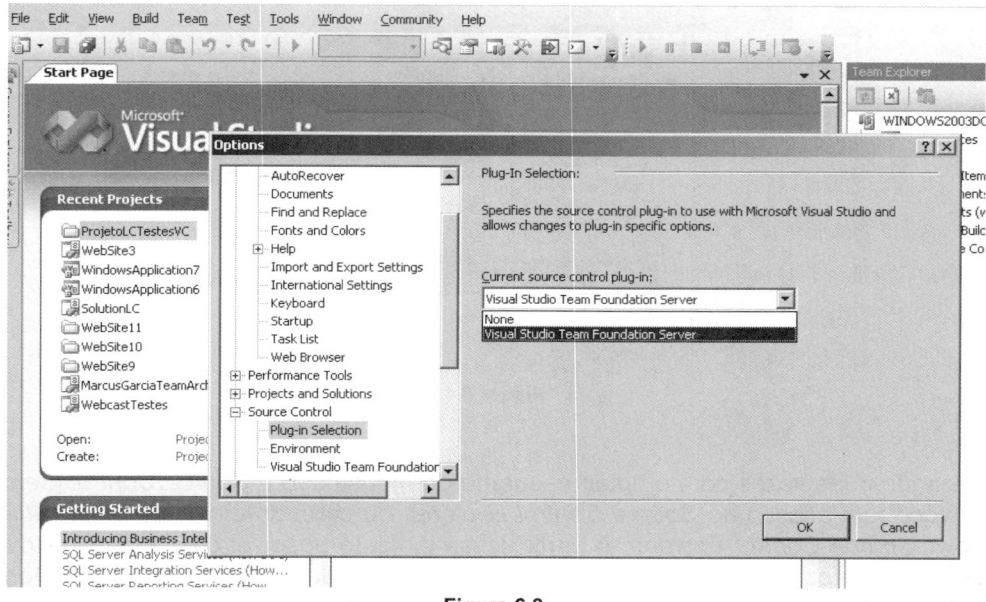

Figura 6.3

Já com o TFVC ativo em seu Visual Studio você precisa entender como utilizar seus principais benefícios. Vamos lá!

Preparando seu ambiente para trabalhar com o Team Foundation Version Control

Para começar a trabalhar de fato com o TFVC você precisa criar uma pasta local de trabalho, conhecida como *Workspace* (Figura 6.4 - item 2) e também adicionar arquivos às pastas locais. É preciso estar ciente de que o TFVC somente atualiza o lado servidor após a confirmação do Check-in. Portanto, executar um Check-in é uma tarefa que necessita de cuidados e regras e nesse quesito o TFVC pode ajudar bastante, como você vai ver a seguir.

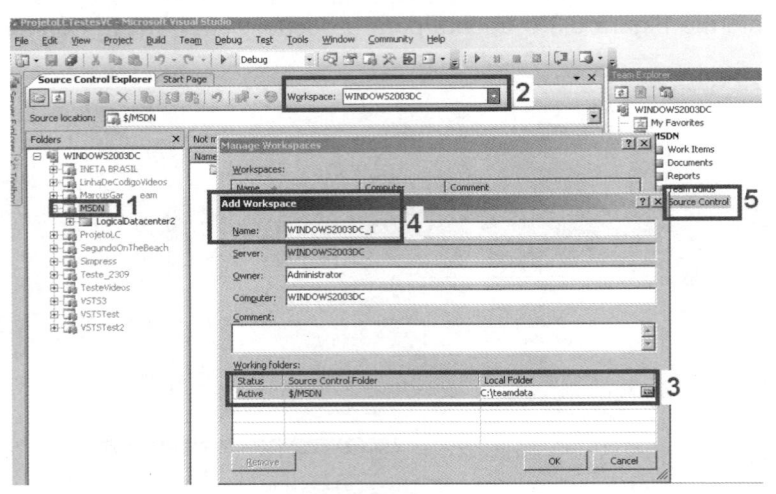

Figura 6.4

Clicando duas vezes com o botão esquerdo do mouse sobre *Source Control* (item 5) você tem acesso ao *Source Control Explorer,* ou clicando em *View/Other Windows/Source Control Explorer.* A partir dessa janela é possível criar e administrar *Workspaces* como pode ser visto nos itens 1, 2 e 4. Ainda na parte de baixo de *Add Workspace* você faz o mapeamento entre sua pasta virtual de projeto e a pasta local, desta forma apontando o local em seu computador onde ficará a cópia do projeto.

Vinculando um projeto ao Team Foundation Server

Já sabemos que a grande vantagem de ter um *Team Project* é poder participar de todo SDLC *(Software Development Life Cycle)* ativamente. A partir do momento que uma solução ou projeto passa a fazer parte de um Projeto de Time, podemos rastrear, reportar, atualizar e, claro, controlar versões. Para tanto, é necessário fazer esse vínculo que acontece no momento em que inserimos um projeto/solução ao Team Project escolhido ou quando criamos um projeto/solução (Figura 6.5).

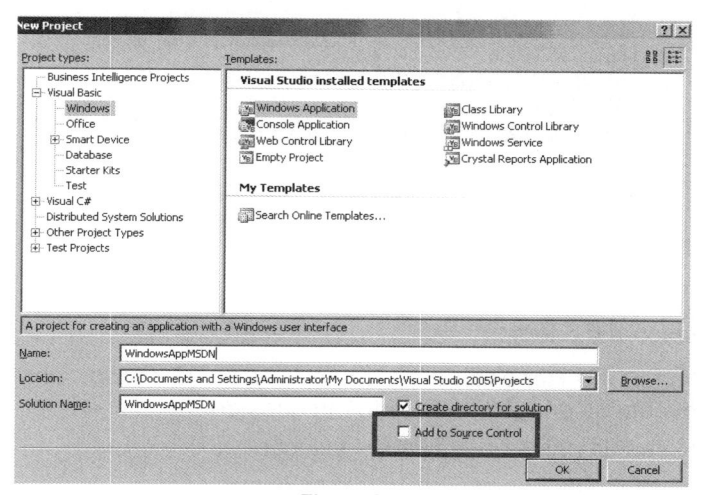

Figura 6.5

Ao clicar em *File/New Project/WindowsApplication* você deve clicar em *Add to Source Control*. Você será enviado para uma nova janela onde deve ser definido qual projeto de time será utilizado para controlar seu novo projeto que está sendo criado (Figura 6.5).

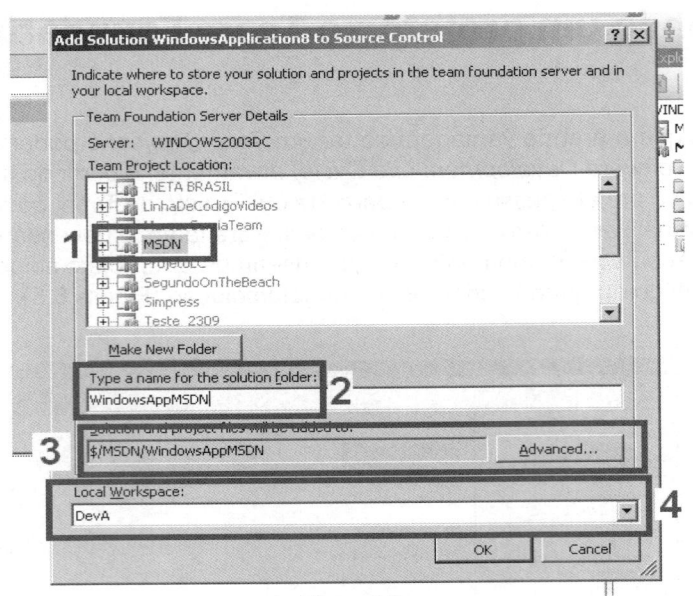

Figura 6.6

Na janela da Figura 6.6 temos:

1. Janela do Repositório de *Team Projects* já criados anteriormente ao evento da criação do Projeto em questão
2. Nome da pasta onde ficará a solução
3. Caminho da solução no *Version Control*
4. Em qual pasta local *(workspace)* será adicionado o projeto

Logo após, clique em OK, visualize o *Solution Explorer* (Figura 6.7) e você notará que existe um sinal de (+) na frente de cada item do projeto.

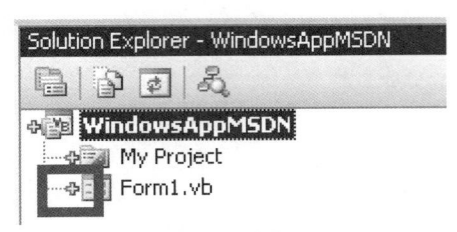

Figura 6.7

Esse sinal de (+) indica que, seguindo o princípio de que todo item somente faz parte integral do *Team Foundation Version Control* quando é efetuado o *Check-in,* é preciso executá-lo nesse momento clicando com o botão direito do mouse sobre o projeto/solução e clicando em *check-in.*

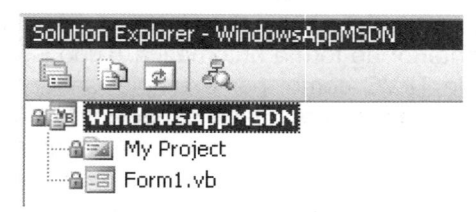

Figura 6.8

Feito isso, conforme mostra a Figura 6.8 seu projeto está sob o *Team Foundation Version Control* e conseqüentemente passando agora a ser controlado pelo projeto de time *Team Project* correspondente (Item 1 da Figura 6.6).

Clique agora na janela *Team Explorer* e depois escolha *Source Control* dando um duplo clique, e no projeto correspondente (Figura 6.9) você poderá ver o vínculo criado e, portanto, a partir desse momento conferir a integração entre sua solução/ projeto e o Team Project.

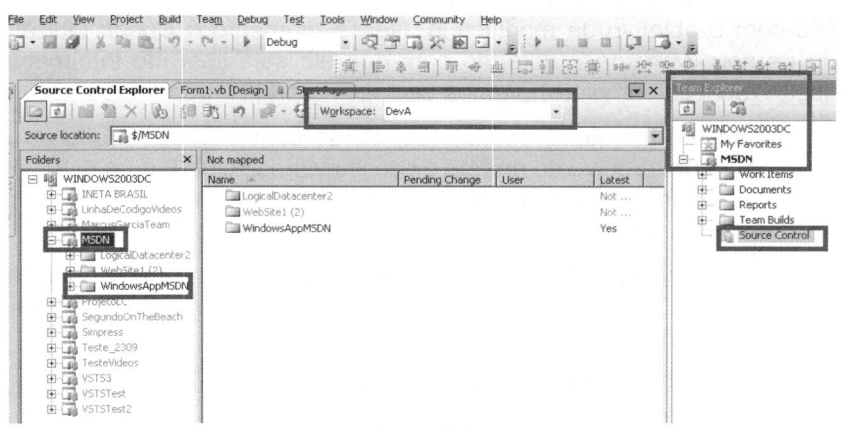

Figura 6.9

Recursos do Team Foundation Version Control

Até agora você viu apenas como fazer seu projeto passar a ser controlado pelo TFVC e também como criar o vínculo com o TFS. Evidemente, somente o fato de estar sendo controlado pelo TFVC já nos traz grandes benefícios que devem refletir totalmente no SDLC, uma vez que podemos vincular um *Check-in* a um ou vários *Work Items* que, por sua vez, são gerenciados pelo PM (*Program Manager*), que pode utilizar a integração com o Microsoft Office e dessa forma utilizar o Project e o Excel para atualizar *Milestones*, *Work Items* e toda e qualquer informação pertinente ao projeto. Podem-se gerar relatórios desse projeto através do *Project Portal* e saber, por exemplo, em qual versão está o sistema, já que o mesmo foi gerado *build* durante a noite anterior de forma automática. Tudo isso sem falar das possibilidades específicas do TFVC como, por exemplo, saber detalhadamente quem fez uma determinada alteração numa linha específica de uma classe através do *Anotate*, ou então fazer um *Branching*, que deverá terminar em determinado dia quando iniciará um *Branching* de outro *Branching*, que por sua vez lhe obrigará a colocar em *Shelving* várias classes dos seus projetos, pois quando for fazer um *Merging* acontecerão problemas que somente serão possíveis de resolver através de uma análise de *Changesets*.

Confusão total, não é? Inicialmente parece confuso sim, mas nas páginas a seguir, meu objetivo será explicar cada uma das funcionalidades descritas nesse exemplo maluco que criei para, ao final deste capítulo, você ser capaz de implementar cada uma delas.

Check-out

O *Check Out* é utilizado toda vez que você precisa acessar algum arquivo que esta no projeto com o objetivo de modificá-lo. Nesse momento o *Check Out* efetiva o conteúdo de seu *Workspace* fazendo com que ele seja liberado totalmente para manipulação (acesso completo). Vamos ver isso na prática agora mesmo:

1) Com um projeto já versionado, clique com o botão direito do mouse sobre um arquivo do projeto e escolha Check Out (Figura 6.10 – itens 1, 2 e 3), aparecerá uma janela para você solicitando que seja escolhida uma das 3 opções, que são: (Figura 6.10 – item 4).

- **None** – Não impede que outros usuários façam Check In ou Check Out, ou seja, mantem compatilhado o arquivo escolhido;

- **Check Out** – Não compartilha esse arquivo com ninguém, fica exclusivo com você até executar o próximo Check In;

- **Check In** – Permite que outro usuário que já tenha efetuado Check Out antes de você ou outros usuários que tenham necessidade de utilizar esse mesmo arquivo façam uso do mesmo, porém, não permitindo Check In.

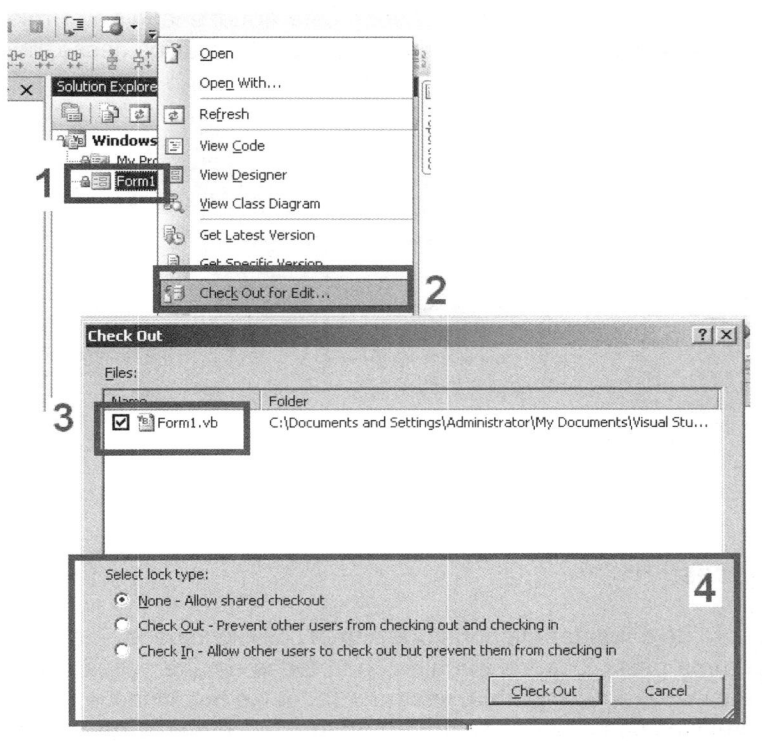

Figura 6.10

2) Escolha a opção *None* em nosso exemplo (Figura 6.11) até o próximo Check In.

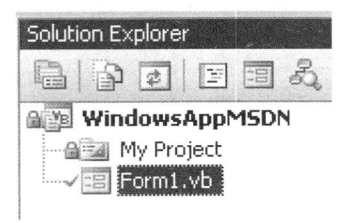

Figura 6.11

Para entender melhor o que aconteceu basta, você acessar a janela *Team Explorer,* escolher *Source Control* (Figura 6.12 – item 1), dar um duplo clique e será remetido para o *Source Control Explorer.* Observe que o Workspace escolhido é o DevA (Figura 6.12 – item 2), ou seja, a pasta local de armazenamento de projetos chama-se

DevA. Agora, observe o *Team Project* onde está armazenado seu Projeto (Figura 6.12 – item 3) e o estado em que se encontram seus arquivos nesse momento (Figura 6.12 – item 4), ou seja, em *Check Out*.

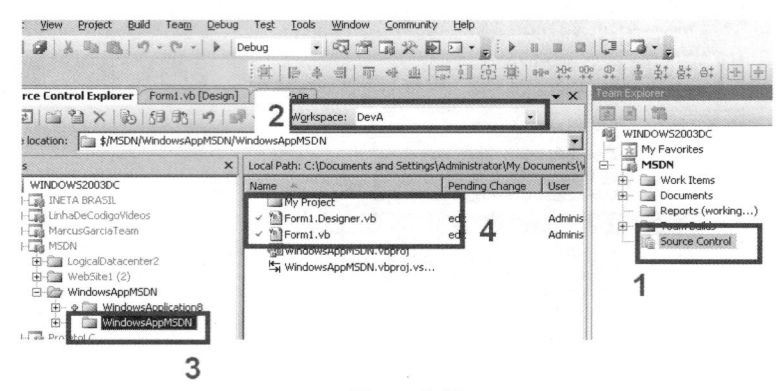

Figura 6.12

Workspaces

Chegou a hora de entender melhor o que vem a ser *Workspace*. Ter um *Workspace* significa ter uma pasta local de trabalho onde todas as alterações que você como desenvolvedor efetuar ficam armazenadas. Todas as modificações que são efetuadas nos arquivos dos projetos ficam em Status de Pendente no Servidor até que você efetue o *Check In* que, dessa forma, efetuará o update no TFS.

Para acessar a janela que controla os *Workspaces*, vá para *Source Control Explorer* e acesse a *Combo Box* indicada na Figura 6.13.

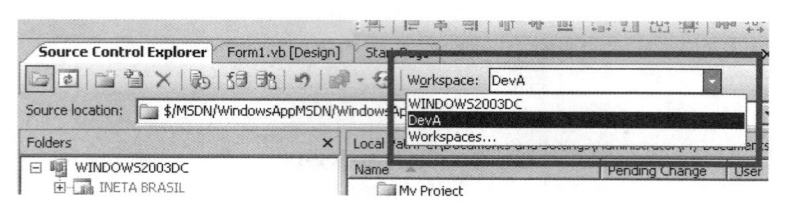

Figura 6.13

Na indicação você vê a *Combo Box* que dá acesso ao gerenciamento de *Workspaces.* De acordo com o padrão de boas práticas, não é viável que você tenha mais que um *Workspace* por computador, mas podem existir situações onde seja necessário comparar mais de uma versão de código ao mesmo tempo e nesse caso torna-se interessante a prática de ter mais de um *Workspace* na mesma máquina.

Administrando seu Workspace

Ao clicar na palavra *Workspaces* dentro da *Combo Box* você é direcionado para a Janela *Manage Workspaces* (Figura 6.14), que lhe oferece a possibilidade de ver todos os *Workspaces* que estão configurados dentro do TFS referido e também de remover, adicionar ou editar seus *Workspaces*.

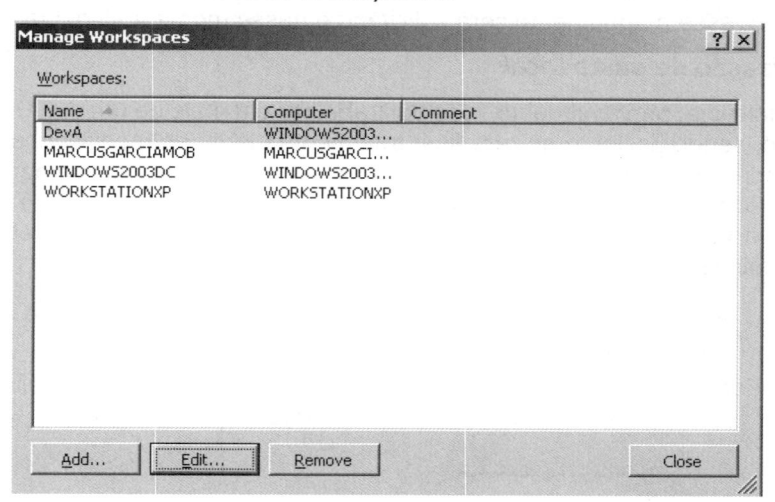

Figura 6.14

Ao escolher um dos *Workspaces* já configurados, nesse caso o DevA, você pode ver e editar os mapeamentos que já foram criados para esse *Workspace* (Figura 6.15).

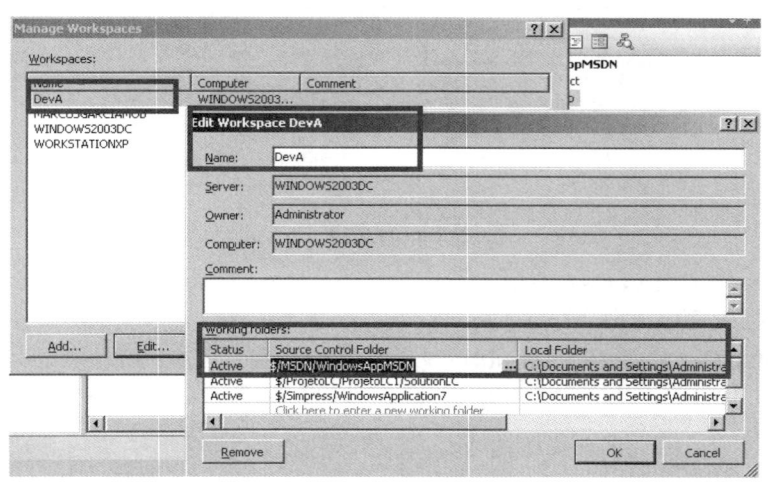

Figura 6.15

Entendendo mapeamentos

Os mapeamentos são indicações de locais onde estão as pastas do TFVC correspondentes aos *Team Projects* e suas versões locais (em seu computador) referentes a esses mesmos projetos. A quantidade de mapeamentos é ilimitada; sua edição, exclusão e alteração também. Sempre que for sincronizar pela primeira vez seu projeto, esse mapeamento será solicitado e nesse momento indique o local.

Sincronização de pasta local

No seu dia-a-dia, provavelmente você vai trabalhar em mais de um projeto ao mesmo tempo, sendo assim, precisará ficar totalmente atento às modificações que outros membros da equipe estão fazendo ou já fizeram. Portanto, sempre que for trabalhar localmente é necessário sincronizar seu projeto para ter certeza de que está com a versão mais atual. Nesse sentido o TFVC conta com o método *GET*. Existem dois tipos de *GET*:

- *Get Latest Version*
- *Get Specific Version*

Ambos podem ser acessados a qualquer momento, tanto pelo botão direito do mouse sobre o projeto, como pelo *Source Control Explorer* (Figura 6.16)

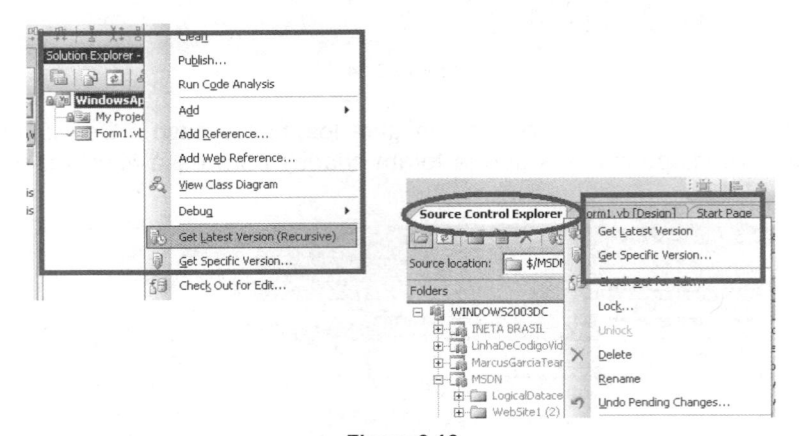

Figura 6.16

Ao executar o **Get Latest Version** você sincronizará sua cópia local com a última versão que existe no TFVC.

Ao executar **Get Specific Version** você será apontado para outra janela onde necessitará informar o tipo de versão que gostaria de sincronizar, que pode ser: (Figura 6.17).

1. *Changeset*
2. *Date*

3. *Label*
4. *Latest Version*
5. *Workspace Version*

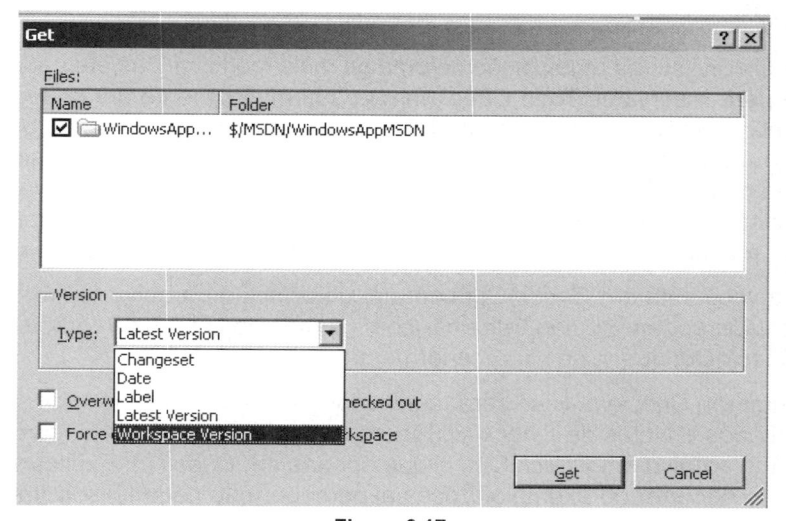

Figura 6.17

Nesta tela também você encontra duas possibilidades opcionais que são: (Figura 6.18)

- *Overwrite writeable files that are not checked out*
- *Force get of file versions already in workspace*

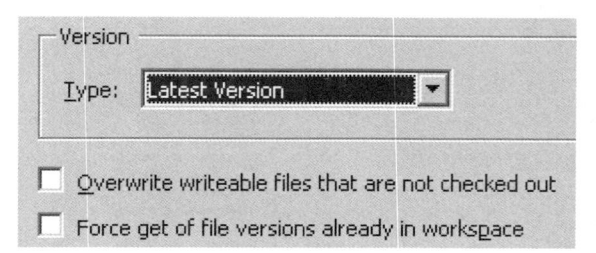

Figura 6.18

Na primeira opção *(Overwrite writeable files that are not checked out)*, se ativada, será ignorado qualquer arquivo local que não esteja em modo de edição garantindo que seu conteúdo considerado em Check In é idêntico ao do TFVC.

Na segunda opção *(Force get of file versions already in workspace)*, se ativada, será forçada a atualização no workspace em uso, mesmo que você possua arquivos idênticos desde a última atualização.

Check In

O *Check In* consiste na atualização de uma ou mais modificações efetuadas em sua máquina para o servidor. Todo *Check In* cria automaticamente um *changeset* que tem sua numeração controlada pelo TFS, não podendo haver dois *changesets* com o mesmo número num mesmo servidor. Mas o que é um *changeset?* Basicamente é o conjunto de modificações encontradas no ato do *Check In*, que você vai entender em detalhes no próximo tópico. Com relação ainda ao *Check In*, sempre que ele acontece, é inserida no histórico do TFVC mais uma entrada de *changeset*.

Enquanto você está em *Check Out* com um determinado arquivo, outros membros de sua equipe podem ou não trabalhar com os mesmos arquivos como descrito na Seção *Check Out* que você viu anteriormente.

Ao executar um *Check In* você será "convidado" a associá-lo a um *Work Item*, inserir comentários e Notas de *Check In* (Figura 6.20). Nesse momento, com o projeto aberto e um arquivo em *Check Out,* clique apenas em *Check In*. Explicarei maiores detalhes no decorrer do exemplo. Você vai perceber que nada foi solicitado e pode concluir sua operação sem maiores problemas.

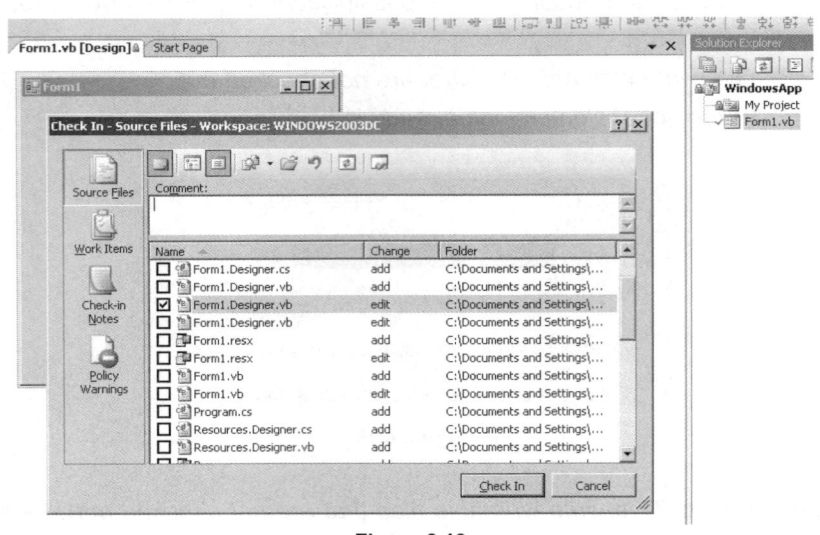

Figura 6.19

Mas o que isso quer dizer afinal?

Quer dizer na prática que:

1. Você solicitou um arquivo ao servidor *(Check oout)*
2. Seu diretório local em sua pasta base recebeu esse arquivo e respeita suas restrições para outros usuários *(Pending Changes)*
3. Você executou as modificações e devolveu para o Servidor *(Check In)*
4. E a partir desse momento o Servidor verificou se existe alguma regra para validar esse *Check In* e efetivou a transação.

Regras para Check In (Check In Policies)

Como você pôde acompanhar no exemplo anterior, em nossa operação não foi solicitada nenhuma verificação de validação do Check In porque nenhuma regra estava ativa. Para definir regras, você deve fazer o seguinte:

Figura 6.20

1) Clique com o botão direito do mouse no nome do projeto
2) Escolha *Team Projects Setting*
3) Clique em *Source Control*
4) Aparecerá a janela da Figura 6.21 para você ...

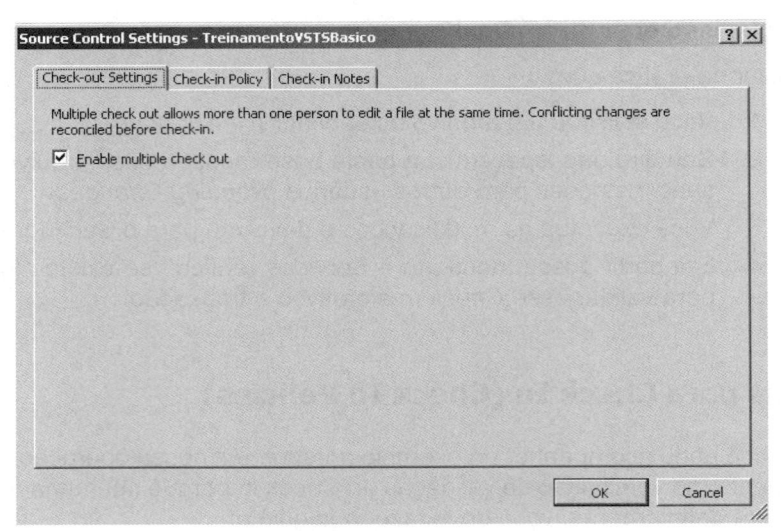

Figura 6.21

5) Nessa janela você verá três abas:

Check-out Settings/Check -In Policy/Check-in Notes

Quando a primeira opção *(Check-out Settings)* está ativa, significa que vários usuários podem abrir o arquivo e utilizá-lo, cabendo a quem for fazer *Check-in* executar as conciliações necessárias para sanar eventuais conflitos.

6) Agora clique na aba *Check-in Policy* e na seqüência escolha *Add* e será aberta outra janela para você, que é a *Add Check-in Policy*. (Figura 6.22)

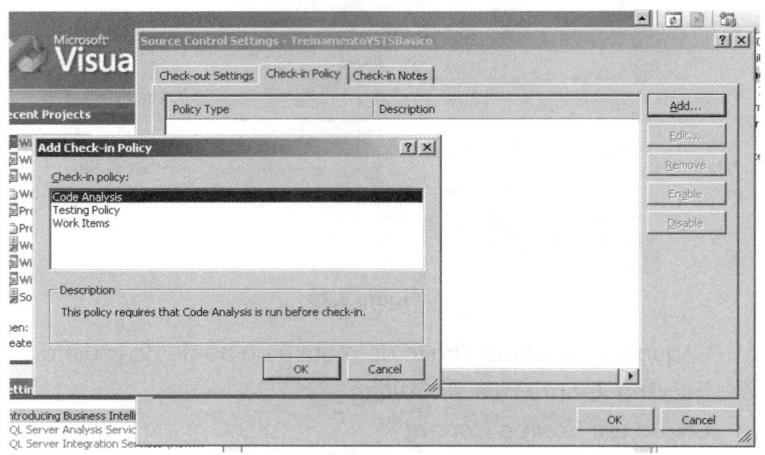

Figura 6.22

7) Nessa opção você pode tornar obrigatório no ato do *Check-in* uma das três ações por default ou as três, que são:

- Code Analysis: Torna obrigatório executar a análise de código previamente determinada por você nas opções como se pode ver na Figura 6.23.

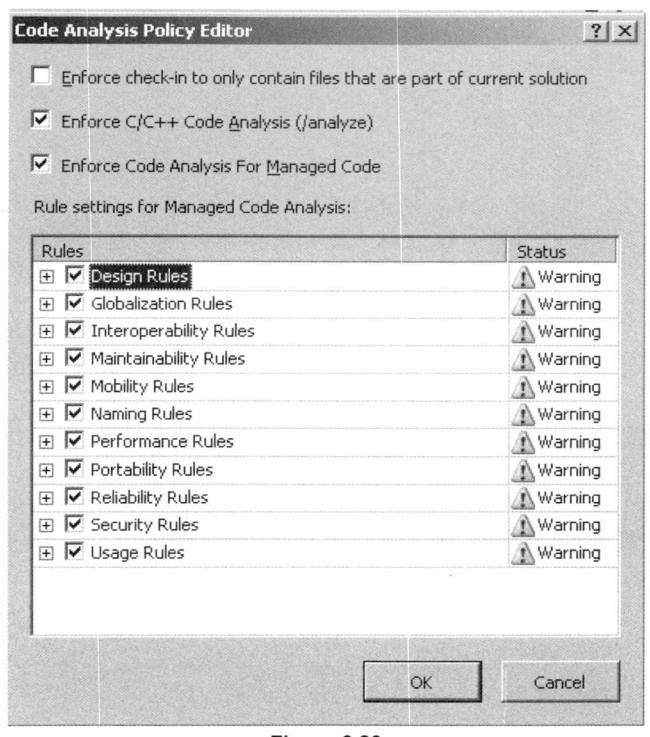

Figura 6.23

Ao definir determinadas análises prévias ao executar o *Check-in,* o usuário será alertado quanto à "prática ruim" de desenvolvimento de acordo com padrão preestabelecido.

- Testing Policy: Através de arquivos de *Metadados* você pode tornar obrigatória também a execução de um determinado teste (Figura 6.24)

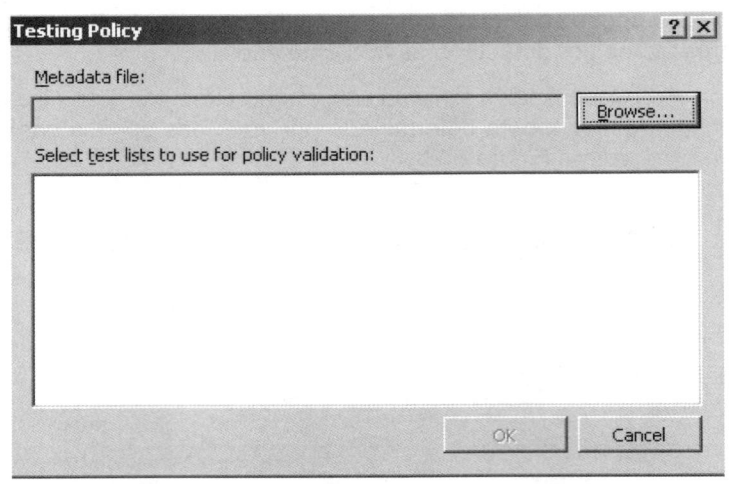

Figura 6.24

- Work Items: Ao escolher *Work Item*, sempre que for executado um *Check-in* torna-se obrigatório associá-lo a um *Work Item*.

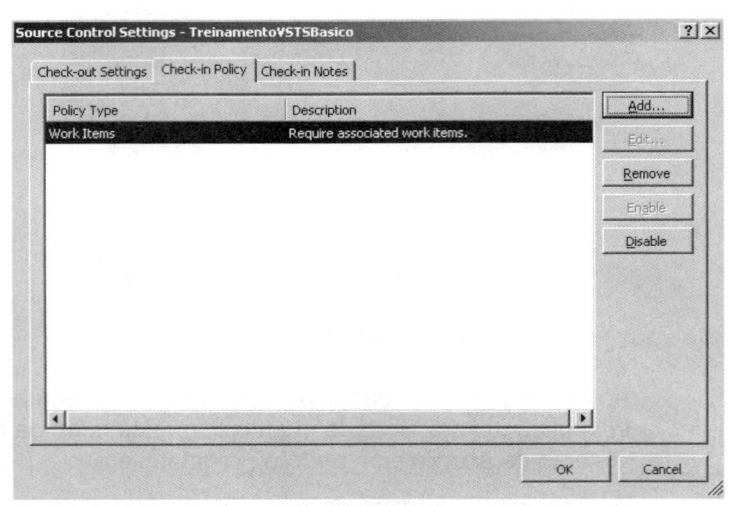

Figura 6.25

Essa obrigatoriedade pode ser contornada no ato do *Check-in*, bastando para isso, quando da solicitação, clicar na opção *Override policy failure and continue Checkin* e descrever a razão *(Reason)* pela qual está sendo tomada essa atitude. (Figura 6.26)

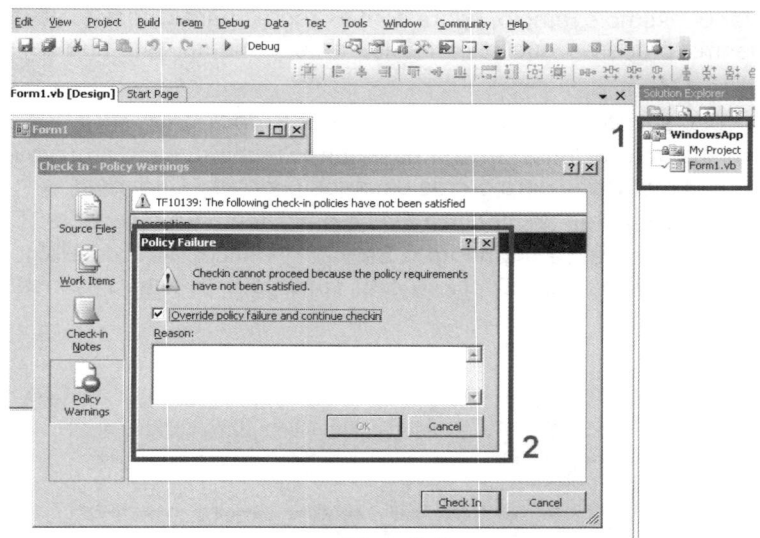

Figura 6.26

8. Ao escolher a última aba *(Check-in notes)* você tem acesso à tela que torna obrigatório definir o Revisor de código, segurança e desempenho.

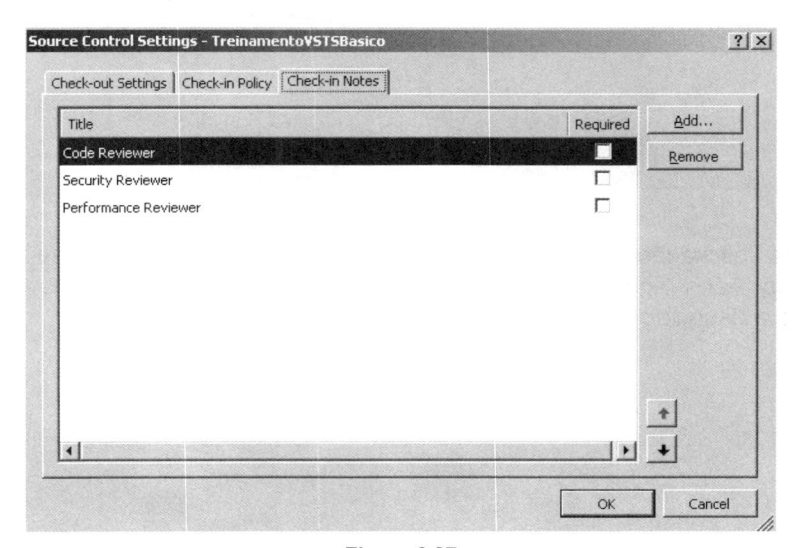

Figura 6.27

Para executar o mesmo exemplo, agora com as regras para *Check-in* ativas, vamos utilizar o mesmo processo que executamos anteriormente, que são as seguintes etapas:

1) Você solicitou um arquivo ao servidor *(Check-out)*
2) Seu diretório local em sua pasta base recebeu esse arquivo e respeita suas restrições para outros usuários *(Pending Changes)*
3) Você executou as modificações e devolveu para o servidor *(Check-In)*
4) E a partir desse momento o Servidor verificou se existe alguma regra para validar esse *Check-in* e aí começa a solicitar respostas (Figura 6.28).

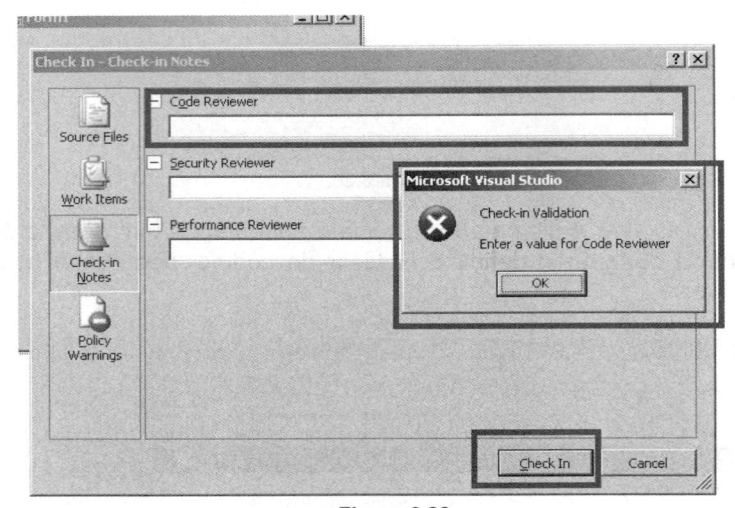

Figura 6.28

A primeira solicitação, conforme eu defini nas *policies,* é digitar um nome de Revisor de Código. Após digitar um nome de revisor, e clicar em Check-in novamente, é solicitada a associação a um Work Item, conforme Figura 6.29.

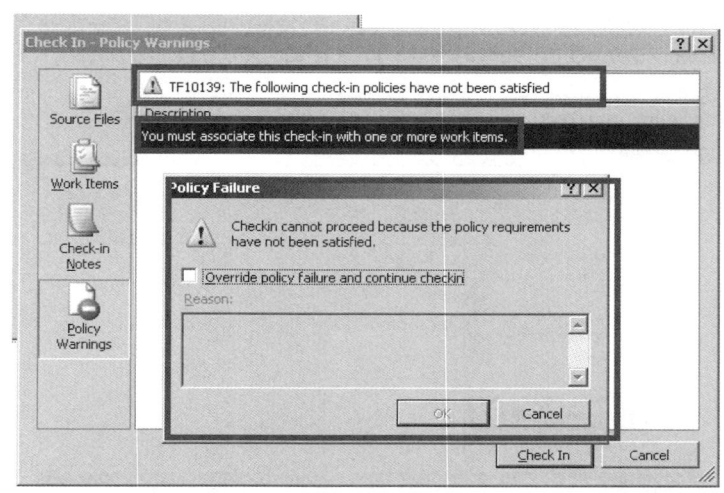

Figura 6.29

Nesse momento você tem a possibilidade de "dar um *Overrride*" ou clicar em *Cancel* e escolher um *Work Item* para associação (Figura 6.30).

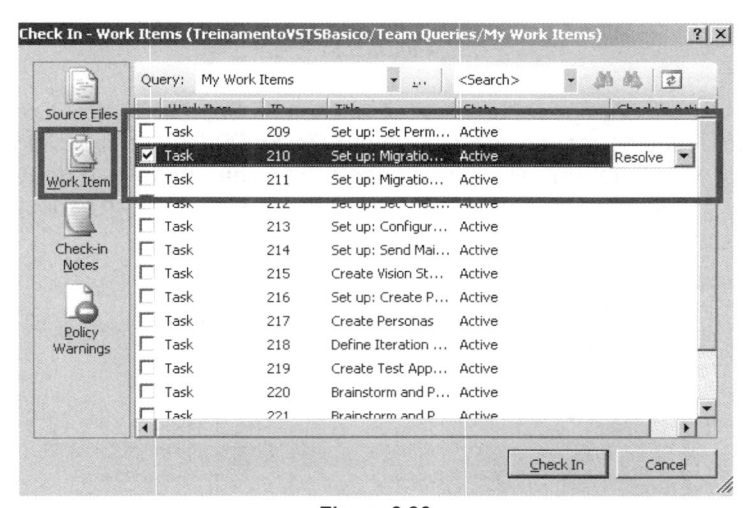

Figura 6.30

Changesets

Utilizando a seguinte frase, podemos definir *changesets*: "Todo *Check-in* gera um *changeset*, cada changeset é uma coleção de *Check in*". Portanto, é importante você ter em mente que o *changeset* torna-se, dessa forma, um elemento chave quando falamos em recuperar "momentos específicos" dentro do projeto. Um "*Changeset*" é um conjunto de alterações que representa um determinado *"Check-in"*, que recebe um número único dentro do servidor de TFS (Figura 6.31).

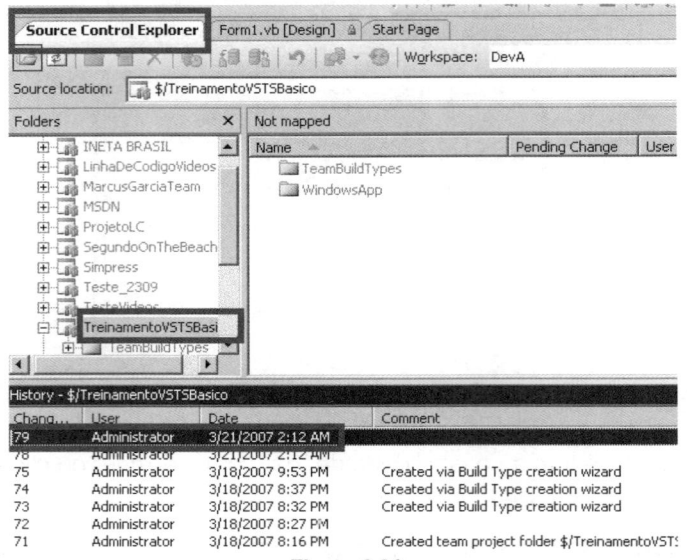

Figura 6.31

Para visualizar um *changeset* basta você acessar o *Source Control Explorer,* clicar com o botão direito do mouse sobre o projeto *(Team Project)* em questão e escolher *History*. Você vai visualizar vários *changesets*. Escolha um deles e dê um duplo clique para ver o conteúdo do *changeset* referente àquele *Check-in* específico (Figura 6.32).

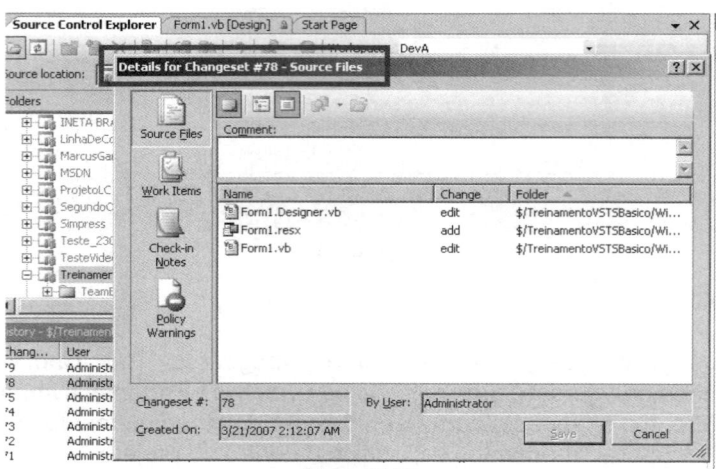

Figura 6.32

Check in Atômico

Não há como falar de *changesets* e não falar de *Check in Atômico*. Por diversas vezes, ao se alterar um determinado arquivo, o mesmo reflete modificações em outros arquivos que estão co-ligados, seja por uma chamada de método, seja por atualização de uma determinada página ou *Windows Form* ou etc., portanto, ao executar um *Check in* existem grandes chances de seu conteúdo não ter somente o arquivo que foi alterado diretamente, mas também muitos outros arquivos.

Label

Um *Label* nada mais é que um rótulo que você adiciona num conjunto de arquivos/diretórios do seu TFVC. A grande vantagem de usar um *Label* está totalmente relacionada à criação de *"marcos"* em seus projetos. Partindo do princípio de que projetos geram versões e que existam versões que devem ser consideradas referências em seus projetos, o Label pode adicionar uma grande vantagem no quesito controle, já que se pode atribuir um *Label a Changesets/History* e *Views* além de arquivos e diretórios do TFVC como descrito no início deste item. Falando do conceito de *"marcos"* dentro de seus projetos, estamos nos referindo aos *Milestones,* que são utilizados para indicar objetivos alcançados até um determinado momento dentro de projetos de software.

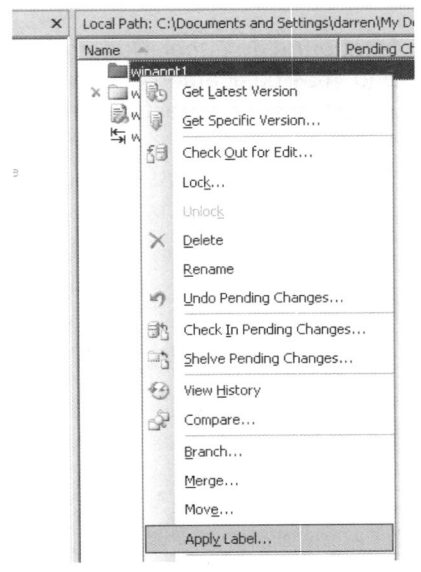

Figura 6.33

Clique em Apply Label.

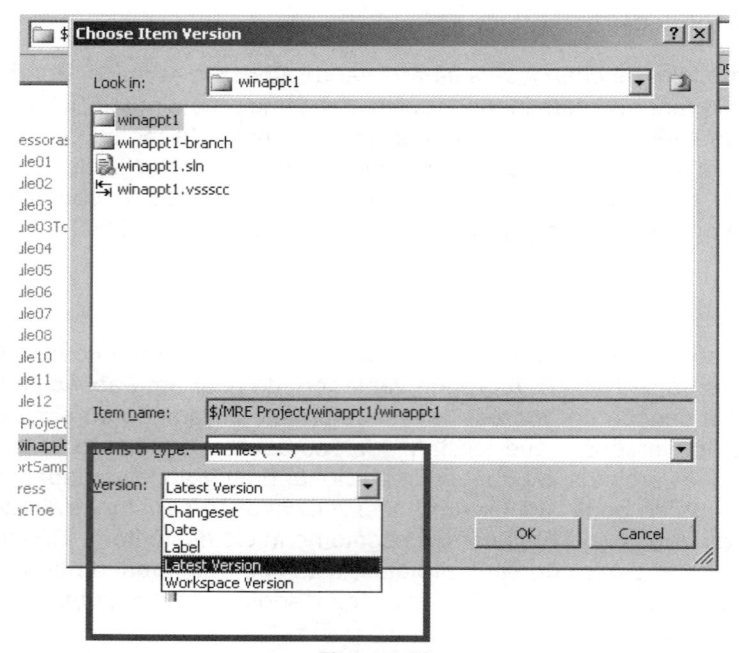

Figura 6.34

Escolha os itens que vão fazer parte do *Label*. Podemos considerar como um Label até outro *Label* se necessário, mas basicamente sempre é escolhido *Latest Version* ou alguma das versões que aparecem em destaque no retângulo da Figura 6.34.

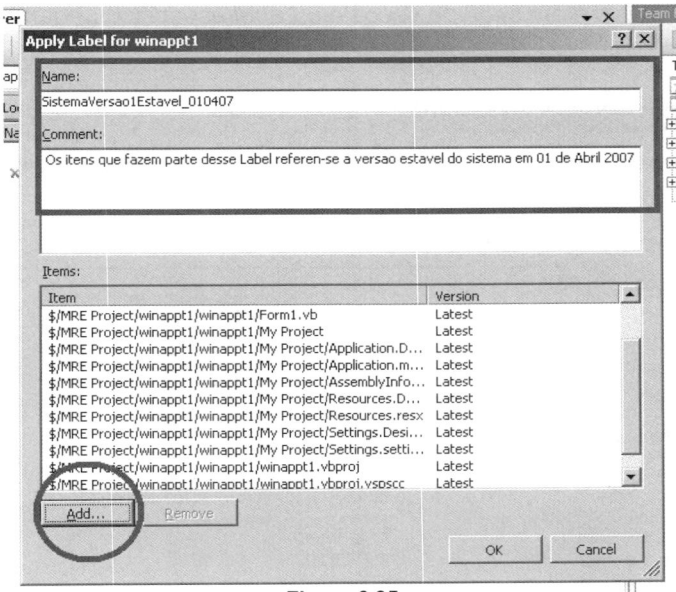

Figura 6.35

Na seqüência é solicitado que você digite um nome para o *Label* e uma possível descrição, dando também a possibilidade de adicionar mais arquivos que estejam sobre o *Team Foundation Server* se necessário (Figura 6.35).

Recuperando um Label

Para que seja possível recuperar uma eventual *baseline* que foi criada através de um *Label* em seu projeto, basta clicar com o botão direito do mouse sobre o projeto e escolher *Get Especific Version* (Figura 6.36).

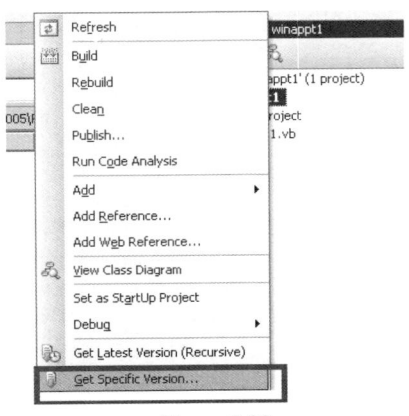

Figura 6.36

Escolha o tipo *Label* e em seguida escolha o *Label* específico (Figura 6.37).

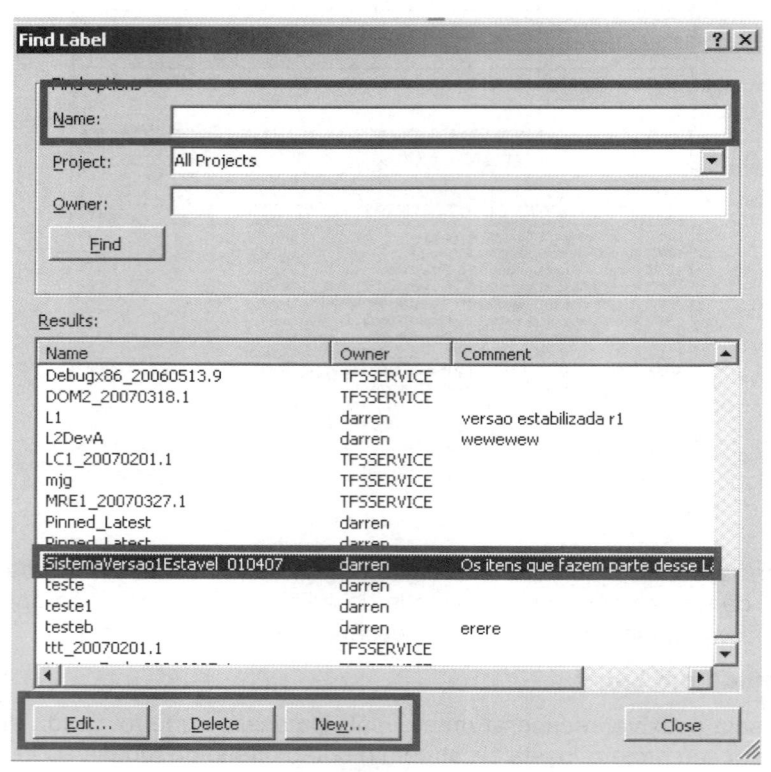

Figura 6.37

É importante saber que nessa tela é possível filtrar, por exemplo, o usuário para facilitar a procura do *Label* e, também, editar, deletar e criar novos *Labels*. Basta agora clicar em *Get* e os arquivos serão restaurados para o local indicado (Figura 6.38).

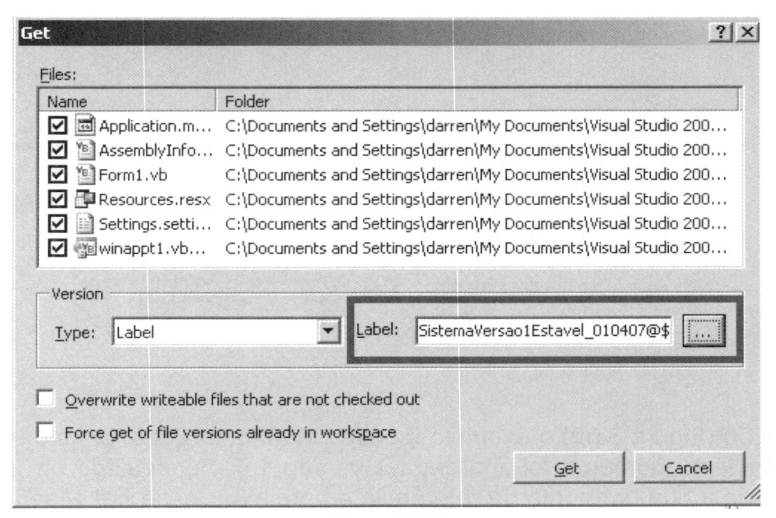

Figura 6.38

Branching

Utilizar técnicas de *Branching* pode trazer um ótimo auxílio ao desenvolvimento de software, já que possibilita trabalhar em paralelo num mesmo projeto em versões diferentes ao mesmo tempo. Mas, afinal, o que quer dizer "fazer um *Branching*"?

Branching é uma cópia fiel da versão principal de seu projeto que foi copiada para fins exclusivos de desenvolvimento em paralelo. Uma típica situação onde se pode utilizar um *Branching* facilmente seria a seguinte: Sua equipe está desenvolvendo a segunda versão do sistema, a primeira versão está em produção e durante o dia-a-dia dos trabalhos os usuários descobriram uma determinada falha, o que fazer agora? Fazer um *Branching*!

Por quê? Porque ao executar um *Branching* você vai ter a possibilidade de, a partir de um marco definido em seu projeto para marcar a versão 1, gerar uma cópia fiel desse momento e destiná-la ao grupo que executará as devidas correções sem atrapalhar o andamento normal dos trabalhos (Figura 6.39).

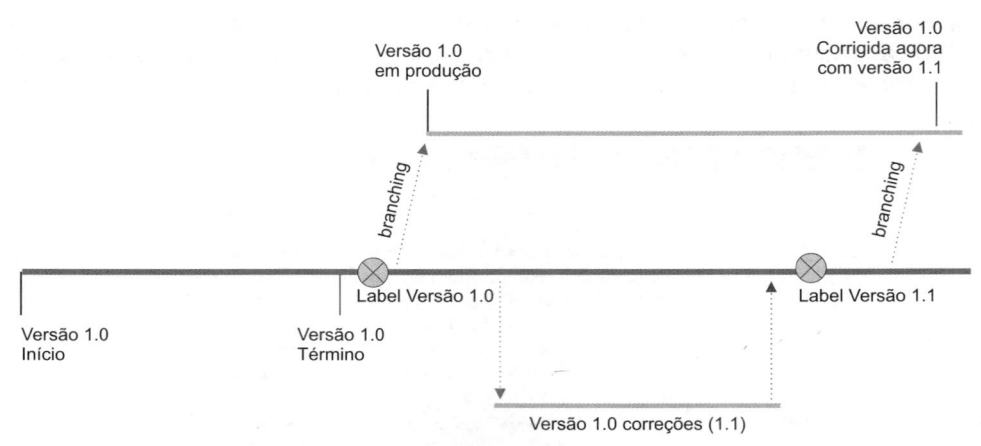

Figura 6.39

Na ilustração (Figura 6.39) o exemplo mostra claramente que o projeto teve início, em determinado momento foi finalizada a versão 1.0 e executado um *Label* que marca a fase e cria um ponto de referência ao projeto. Nesse *Label* será considerada a versão estável até o momento da criação do mesmo. Após isso é executado um *Branching* para ser disponibilizado o projeto para a produção, ou seja, aos usuários finais que, por sua vez, detectam erros no sistema. Imediatamente é criado um novo *Branching*, agora para os desenvolvedores, com o objetivo de resolver os erros detectados e, após as resoluções dos problemas, é executado um *Merge* para o projeto principal que, por sua vez, cria novo *Label* assinalando com isso um novo marco do sistema, denominado agora Versão 1.1. Após o Label criado é feito novo *Branching* para Produção que, por sua vez, disponibiliza a mesma aos usuários.

Criando um Branching

A criação de um *Branching* não é difícil, mas é importante saber de fato qual estratégia será utilizada em sua empresa nesse quesito. Para entender mais sobre estratégias de *Branching*, acesse o site: **http://www.microsoft.com/brasil/msdn/ teamsystem/** ou visite **http://www.teamsystem.com.br**.

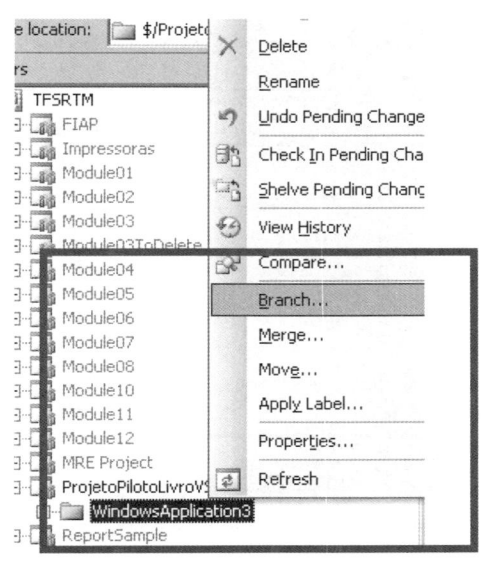

Figura 6.40

Ao clicar com o botão direito do mouse sobre a aplicação (Figura 6.40) escolha *Branch.*

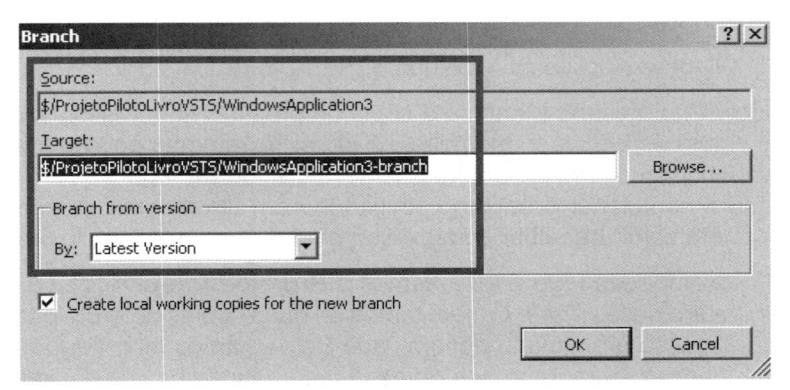

Figura 6.41

Será solicitado o local de destino da cópia do projeto (Figura 6.41) e qual tipo de *Branch* deverá ser efetuado *(Latest Version, Changeset, Label, Branching etc.).* Escolha o *default* e clique em OK. Uma nova cópia de seu projeto será criada sob a pasta de versionamento criada (Figura 6.42).

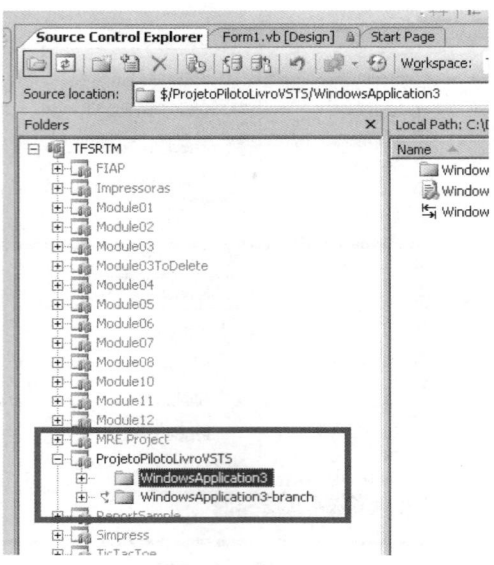

Figura 6.42

Agora você pode notar que temos:

- WindowsApplication3

- WindowsApplication3-branch

Onde WindowsApplication3-branch é a cópia do projeto WindowsApplication3, que deverá em algum determinado momento se juntar novamente ao WindowsApplication3 (Principal). Como já vimos anteriormente, a grande vantagem de um *Branching* é justamente proporcionar o trabalho simultâneo em um mesmo projeto, portanto vamos ver agora como trabalhar com os *Branchings* em um exemplo prático.

Utilizando o exemplo da Figura 6.42, temos o **ProjetoPilotoLivroVSTS**. Como se pode notar, dentro desse *Team Project* temos as duas cópias do projeto *WindowsApplication*. Utilizando um usuário denominado DevA, vamos usar WindowsApplication3-branch para executar uma determinada manutenção no código: logando com o usuário referido (DevA), acesso o Team Explorer e, na seqüência, clicando sobre o TeamProject ProjetoPilotoLivroVSTS, dou um duplo clique em *Source Control* e *Source Control Explorer* é aberto (Figura 6.43).

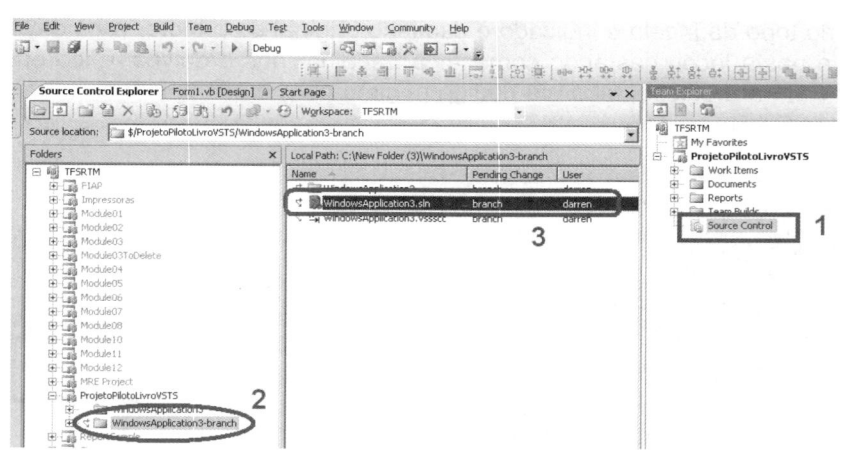

Figura 6.43

1. Clique duplo em Source Control do Team Project escolhido
2. Project em *Branching*
3. Abrindo Aplicação em *Branching*

Ao clicar com o botão direito do mouse sobre o projeto, e após clicar em *Get Latest Version*, será solicitada a pasta local em que deverá ficar o projeto no micro local. Crie uma pasta e observe um detalhe (Figura 6.44):

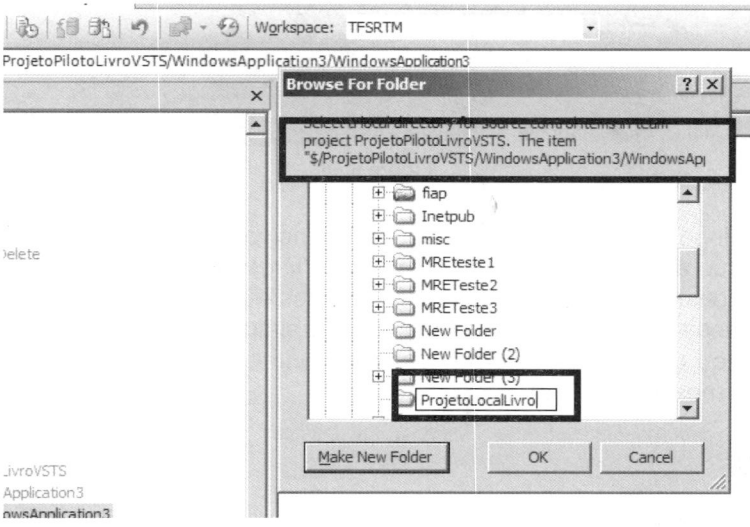

Figura 6.44

Como no topo da janela é indicado o caminho original do projeto, você deve agora definir a pasta local, bastando começar a trabalhar nos arquivos. Clico então em *Check Out* para edição, faço um código mínimo para o exemplo e clico em *Check In* (Figura 6.45).

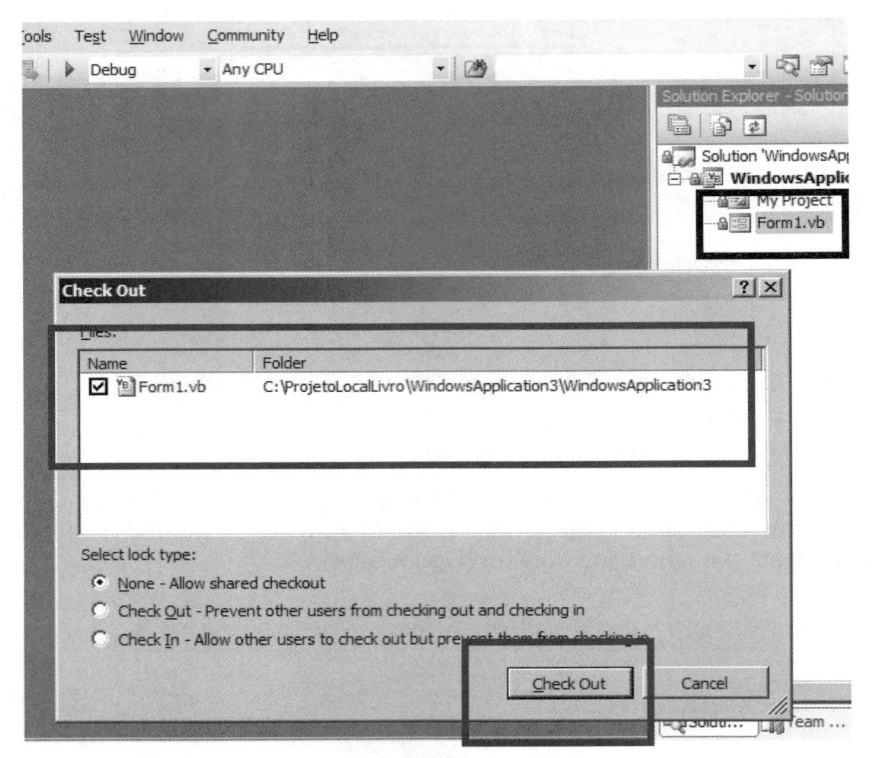

Figura 6.45

Após isso, logo novamente com o usuário principal e faço nova modificação no projeto só que agora não mais na cópia (*Branching*) e sim no original. Esse tipo de situação é considerado normal em muitos projetos e assim sucessivamente, proporcionando dessa forma total facilidade na criação simultânea de códigos num mesmo projeto, sendo que, ao final, será necessário juntar tudo o que foi feito. Para isso precisamos mesclar *(Merge)*.

Merging

Sempre que efetuamos modificações em nossos projetos onde existe mais de uma pessoa trabalhando simultaneamente, a necessidade de *Merge* é quase inevitável. O *Merge,* que é considerado o ato de mesclar documentos, é utilizado por tecnologias altamente difundidas em âmbito mundial, por exemplo, o Microsoft Word disponibiliza esse recurso há muito tempo.

Utilizando-se do exemplo com o projeto **ProjetoPilotoLivroVSTS**, vamos agora executar um *Merge* e dessa forma exemplificar tudo isso. A partir do *Source Control Explorer* vá para o projeto em questão e escolha entre mesclar do Projeto em *Branching* para o Projeto Principal ou do Projeto Principal para um Projeto em *Branching*.

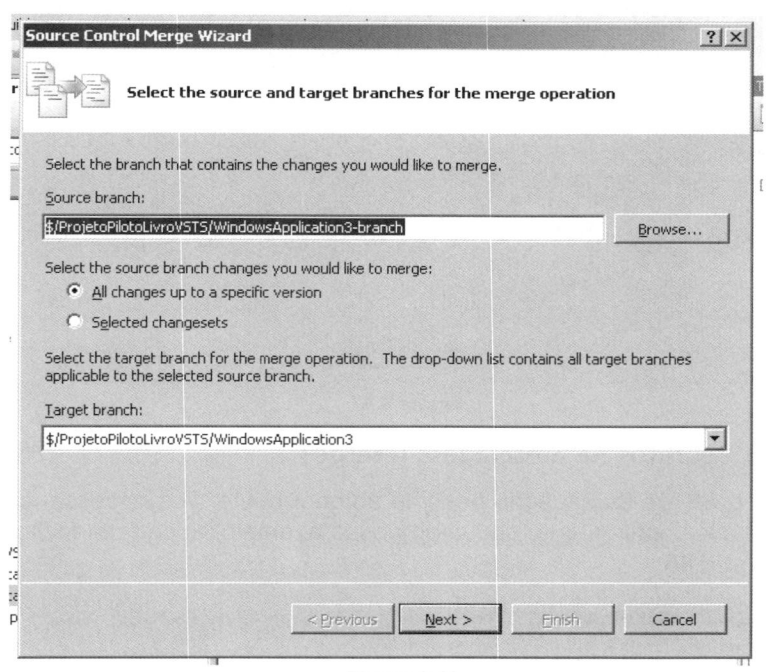

Figura 6.46

Clique em *Next*, escolha o tipo de versão (Figura 6.47) e clique em *Finish*. Caso não haja situações conflitantes, situação difícil de acontecer se você estiver trabalhando em um time que compartilha um mesmo projeto, será finalizado o processo.

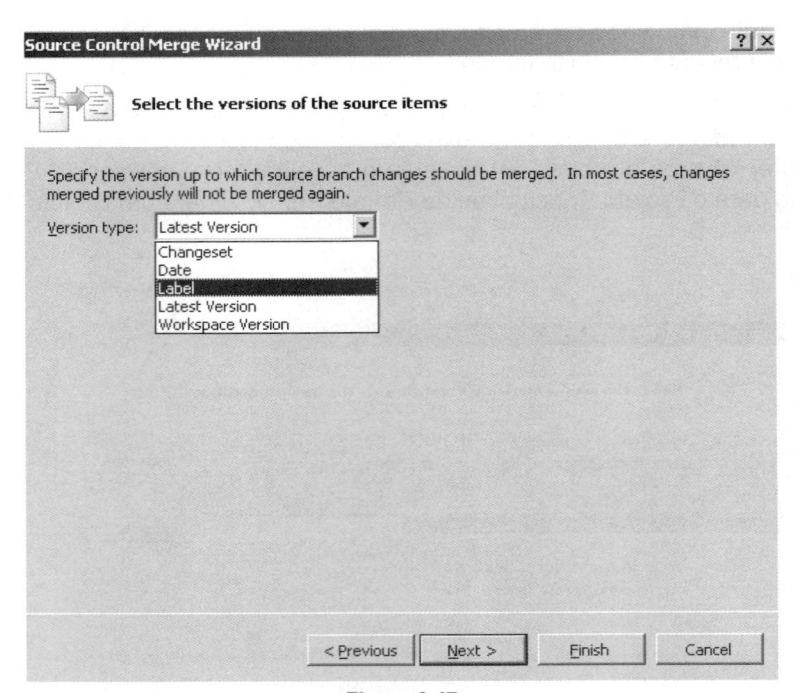

Figura 6.47

Resolvendo Conflitos na mesclagem (Merge)

Ao executar o *Merge* da situação descrita anteriormente, fica necessário resolver alguns prováveis conflitos que, seguindo nosso exemplo, você teria facilmente resolvido (Figura 6.48).

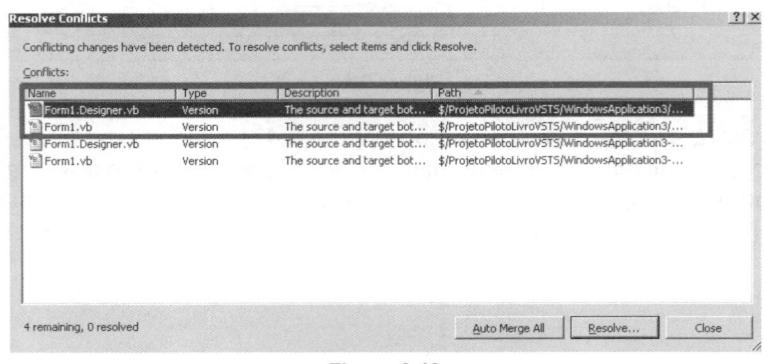

Figura 6.48

Os conflitos aqui descritos se referem ao nosso exemplo: quando eu tentei executar o *Merge* foi indicada a janela de conflitos (Figura 6.48) que preciso resolver para efetuar a total mesclagem. Clicando em *Auto Merge All* (Figura 6.49), o próprio Version Control se encarrega de verificar as diferenças entre os arquivos e executa as modificações necessárias.

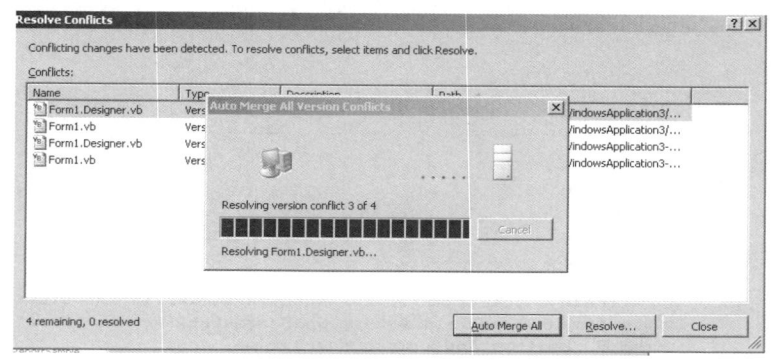

Figura 6.49

Mas se mesmo assim persistirem algumas modificações que não foram feitas automaticamente, clique em *Resolve* e faça as observações necessárias.

Caso não queira optar por *Auto Merge All* escolha *Resolve* e faça manualmente as modificações (Figura 6.50).

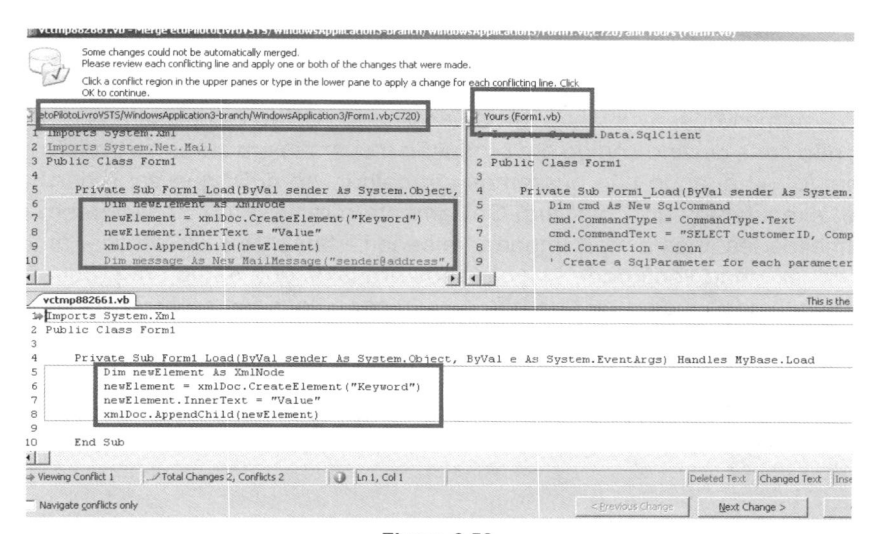

Figura 6.50

A resolução dos conflitos é altamente intuitiva, podendo você considerar ou não todas ou apenas alguma modificação no projeto. Com a possibilidade inclusive de adicionar código no ato do *Merge* (Figura 6.51).

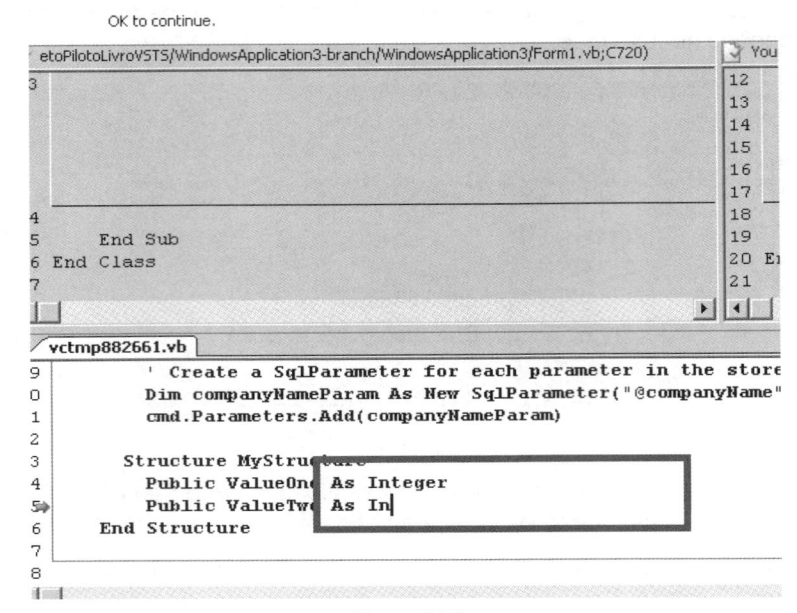

Figura 6.51

Shelving

Quando estamos desenvolvendo um determinado código e precisamos, por algum motivo, não considerar o código em produção na versão em curso do projeto naquele momento, ou quando não queremos atrapalhar um *build* que vai rodar naquele instante, executamos um *Shelving*. Obviamente o recurso de *Shelving* tem muitas outras finalidades, mas a mais importante seria justamente o ato de criar uma "Prateleira virtual" onde você pode colocar seus arquivos que estão em produção, nos quais só você deve mexer ou que não devem ser colocados no *build* em questão.

Executando um Shelveset

Clique com o botão direito do mouse sobre o arquivo em questão e depois escolha *Shelve Pending Changes* (Figura 6.52).

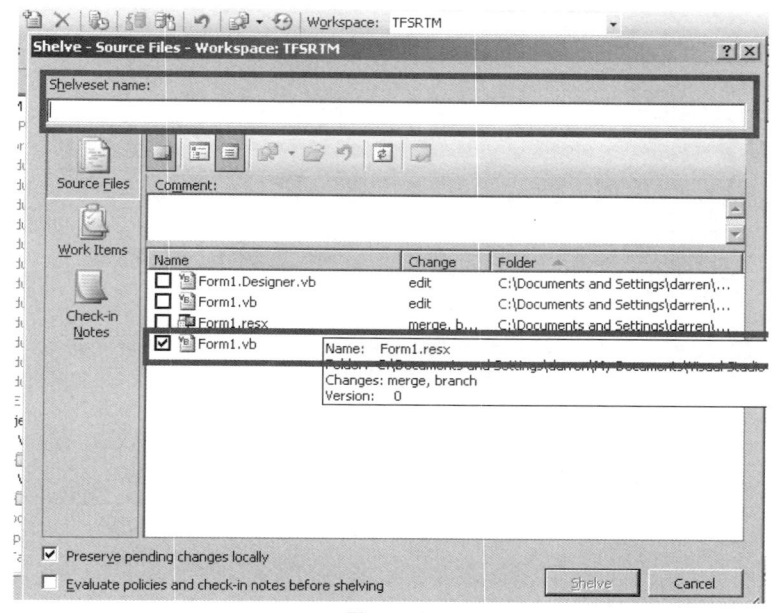

Figura 6.52

Digite o Nome do *Shelveset* e os arquivos que irão fazer parte dele e, na seqüência, clique em *Shelve*. A partir desse momento o(s) arquivo(s) não será(ão) considerado(s) em seus *builds* valendo, é claro, sempre a última versão que está no servidor.

Mas como isso é possível?

Quando você cria um *Shelveset* você está avisando o servidor para não utilizar essa determinada versão de arquivo passando nesse momento a considerar apenas a última marcada como *Check In*.

Unshelve

Para retirar um arquivo da "Prateleira virtual" basta você com a Solução aberta escolher *Unshelve Pending Changes* com o botão direito do mouse (Figura 6.53) e na seqüência filtrar por usuário ou escolher diretamente o *Shelveset* (Figura 6.54). Para saber seu conteúdo, clique em *Details* ou simplesmente em *Delete* ou *Unshelve*.

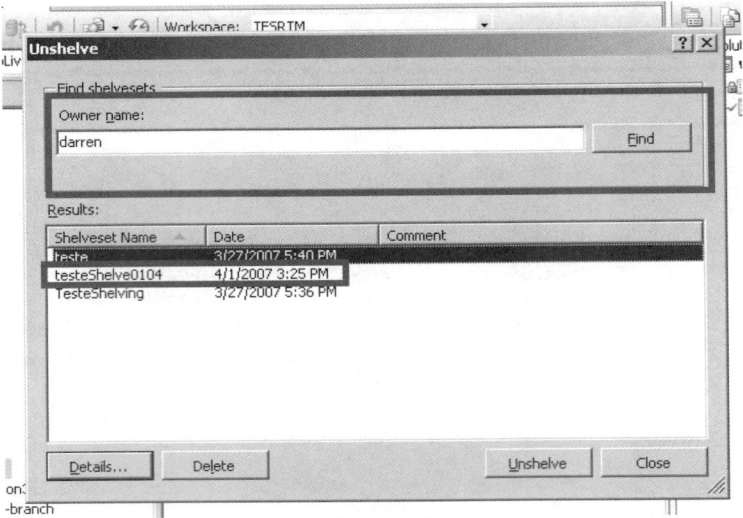

Figura 6.53

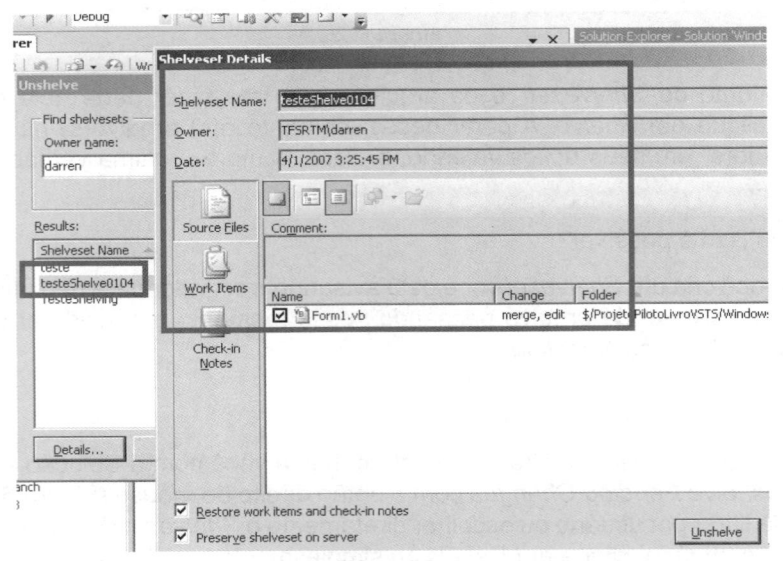

Figura 6.54

Note que, clicando em *Shelveset,* temos data, horário e proprietário. Também podemos restaurar *Work Items* e Notas de *Check In referentes* ao conjunto do *Shelve,* além de poder manter o *Shelveset* no servidor (Figura 6.54).

Gerenciamento de Conflitos (mais recursos)

Sempre que executamos um *Merge* que foi proveniente geralmente de um *Branch* ou simplesmente de um *Check In* onde existia mais de um desenvolvedor trabalhando no mesmo arquivo, temos a necessidade de verificar e consistir os dados e fazer o referido aceite do que deve ou não deve ser considerado numa determinada versão. Seguindo os conceitos do SCM *(Software Configuration Management)* é muito prudente ter um responsável direto por tais aceites e conciliações. O TFS nos fornece várias formas de rastrear o código para averiguar o que deve ou não deve entrar em determinada versão, ou quem fez tal implementação, ou mesmo quem não fez e deveria ter feito, comparações etc. Você vai ver a seguir esses recursos sintetizados em exemplos.

Compare

O *Compare,* ou comparação em português, pode ser executado diretamente sobre o Histórico de modificações (Figura 6.55).

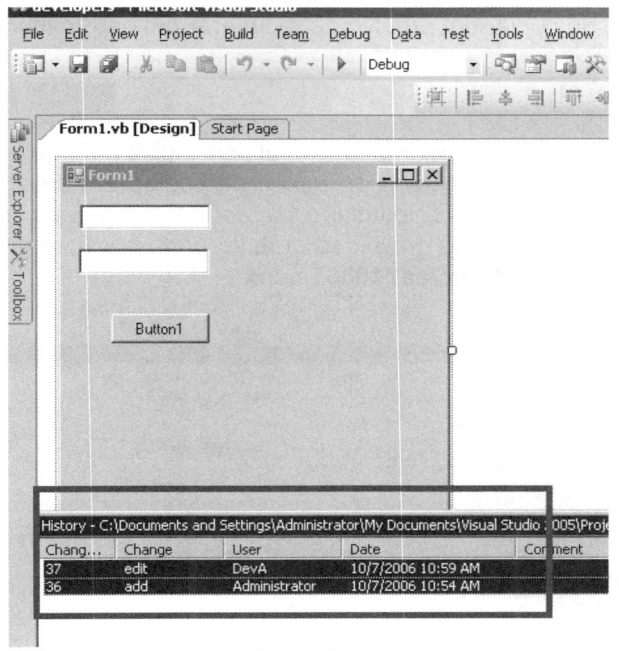

Figura 6.55

Marque dois *Changesets,* clique com o botão direito do mouse, escolha *Compare* e aparecerá a seguinte janela (Figura 6.56).

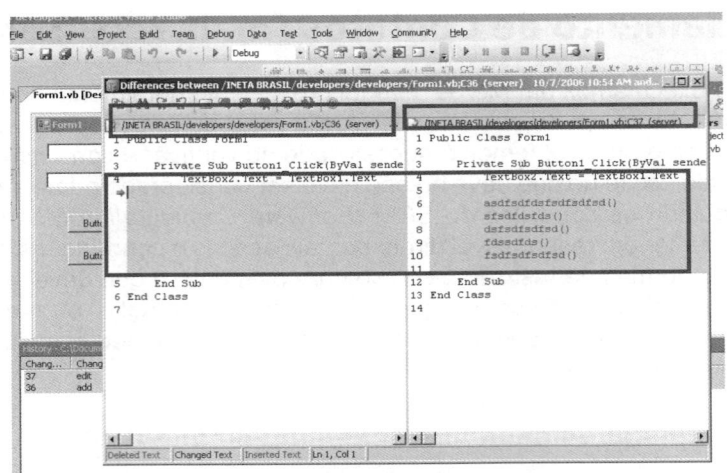

Figura 6.56

A partir da comparação tomam-se as providências necessárias caso haja necessidade, por exemplo, de copiar um arquivo ou recuperar um determinado *Changeset*.

Annotate

O recurso *Annotate* é extremamente funcional pois indica quem exatamente alterou ou incluiu qualquer linha de código ou trecho de código em determinado arquivo. Esse recurso faz parte do *Toolkit* intitulado *Microsoft Visual Studio 2005 Team Foundation Server Power Tool* cujo download gratuito pode ser feito em **http://msdn2. microsoft.com/en-us/vstudio/aa718351.aspx** .

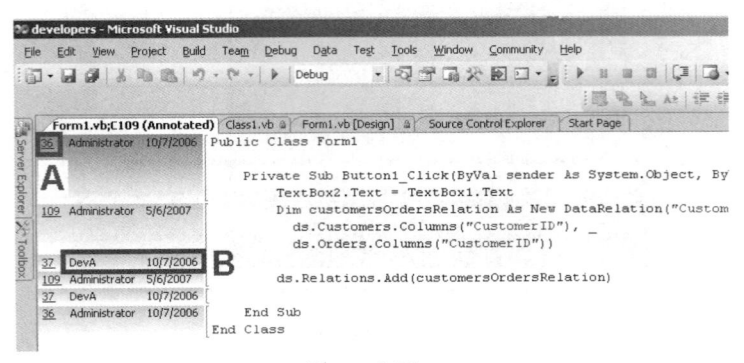

Figura 6.57

No "Item A" da Figura 6.57 você tem o *Changeset* referente à modificação/inclusão que houve no código. Lembrando que um *Changeset* refere-se ao conjunto de arquivos que foram considerados em um determinado *Check in*. Ao clicar sobre o link, em nosso caso do exemplo, o número 36, você tem acesso ao *Check in* referente àquele momento (Figura 6.58).

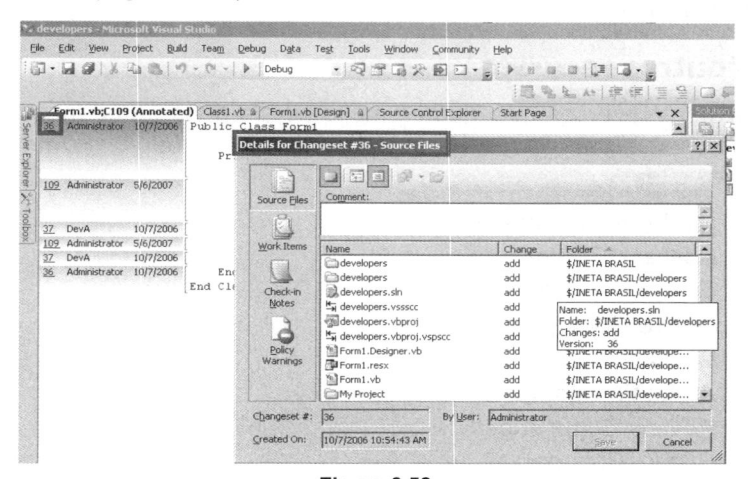

Figura 6.58

No "Item B" da Figura 6.59 você tem quem exatamente executou a inclusão/alteração no código.

Resumindo: É possível com uma simples análise do código saber a real situação do código em determinado momento (Figura 6.59).

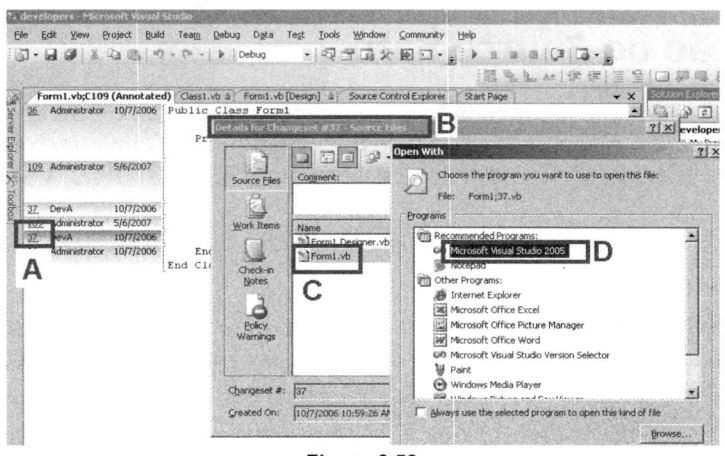

Figura 6.59

A. Changeset

B. Detalhe do Changeset

C. Arquivos que fizeram parte do Check-in que faz parte do Changeset

D. Possibilidade de abrir um cópia do arquivo no estado do momento do Check-in

Toolkit (outros recursos)

Existem diversos recursos que ajudam muito no dia-a-dia e que fazem parte também do *Microsoft Visual Studio 2005 Team Foundation Server Power Tool*. Entre eles podemos citar:

- Unshelve Command
- Rollback Command
- Online Command
- GetCS Command
- UU Command
- Annotate Command
- Review Command
- History Command
- Workitem Command
- Query Command
- TreeDiff Command
- Treeclean Command

Lembrando que para fazer o download do toolkit basta acessar o link: **http://msdn2. microsoft.com/en-us/vstudio/aa718351.aspx**.

Migração de Source Safe

Como todos sabemos, a quantidade de usuários que utilizam o *Source Safe* é muito grande; pensando nisso, a Microsoft desenvolveu o *VSSConverter,* que possibilita a conversão total de seu Controle de versões em VSS para TFVC. Veja como fazer isso:

Preparativos

Antes de iniciar o aplicativo que faz a migração é necessário se prevenir quanto a eventuais problemas que podem acontecer durante o processo de migração. Portanto:

- Faça cópia de segurança de seus arquivos de *Visual SourceSafe*

- Resolva possíveis problemas de integridade do Visual Source Safe com a ferramenta Visual Source Safe Analyze

- Execute a ferramenta de conversão para analisar todas as informações

- Especifique quais as pastas do Visual Source Safe que serão migradas

- Crie um usuário no Team Foundation Server que seja capaz de enxergar o diretório do Visual Source Safe

- Tenha instalado o Team Explorer no computador de destino logado com conta que tenha direitos administrativos

- Tenha, no mínimo, o SQL Server Express instalado

Para maiores informações de como migrar do *Visual Source Safe* acesse o link: **http://msdn2.microsoft.com/en-us/library/ms181246.aspx**.

O VSSConverter geralmente está localizado em <drive>:\Program Files\Microsoft Visual Studio 8\Common7\IDE.

Conectando o TFVC com outros clientes

Para conectar o TFVC com versões anteriores do Visual Studio como, por exemplo, o Visual Studio 6, 2002 e 2003, a Microsoft criou o MSSCCI (Microsoft Source Code Control Interface), que é um aplicativo que trabalha em linha de comando para realizar a conexão com todos os recursos de versionamento. Esse Provider chamado MSSCCI pode ser encontrado no site da Microsoft pelo seguinte link:

http://www.microsoft.com/downloads/details.aspx?familyid=87E1FFBD-A484-4C3A-8776-D560AB1E6198&displaylang=en.

Além das versões referentes ao Visual Studio, é possível conectar também as seguintes IDE's:

Borland C++ Builder (v3 a v6)	Epocalipse SourceConneXion + Microsoft Team Foundation Server MSSCCI Provider
Borland Delphi (v3 a v7)	Epocalipse SourceConneXion + Microsoft Team Foundatio n Server MSSCCI Provider

Borland Developer Studio (2005, 2006)	Epocalipse SourceConneXion + Microsoft Team Foundation Server MSSCCI Provider
Eclipse	Teamprise
Microsoft Access 2003	Access 2003 Add-in: Source Code Control + Microsoft Team Foundation Se rver MSSCCI Provider
Microsoft SQL Server 2005 Management Studio	Microsoft Team Foundation Server MSSCCI Provider
Microsoft Visual Basic 6.0	Microsoft Team Foundation Server MSSCCI Provider

Evidentemente utilizando os métodos específicos para cada uma delas. Por exemplo, no caso do Delphi é necessário ter o Epocalipse SourceConneXion+MSSCCI para conseguir acesso.

Epocalipse SourceConneXion

O Epocalipse SourceConneXion pode ser encontrado pelo link: **http://www.epocalipse.com/scx.htm**, onde poderá ser adquirido.

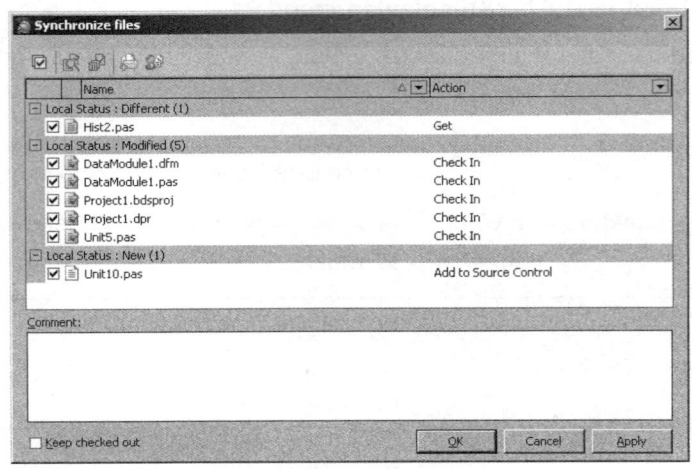

Figura 6.60

Teamprise

Quer controlar projetos baseados em *Java?* A proposta do *Teamprise* é justamente conectar o ambiente Eclipse ao *Team Foundation Server,* proporcionando dessa forma acesso a desenvolvedores tanto de ambiente Java como também aos que trabalham baseados em Linux ou Mac (Figura 6.61).

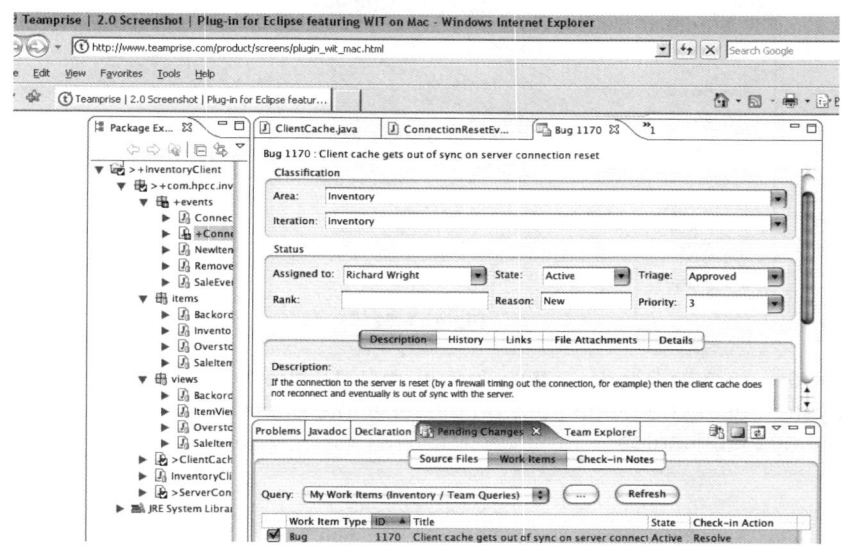

Figura 6.61

Para maiores informações visite: **http://www.teamprise.com**.

Teamplain

O *Teamplain* é a maneira mais fácil de você acessar os recursos do Team Foundation Server através da Web, proporcionando dessa forma maior qualidade de operação remota de seus projetos. O *Teamplain* foi recentemente adquirido pela Microsoft e encontra-se até a data da publicação desse livro totalmente gratuito, podendo ser baixado pelo link do próprio produto, que é: **http://www.teamplain. com** (Figura 6.62).

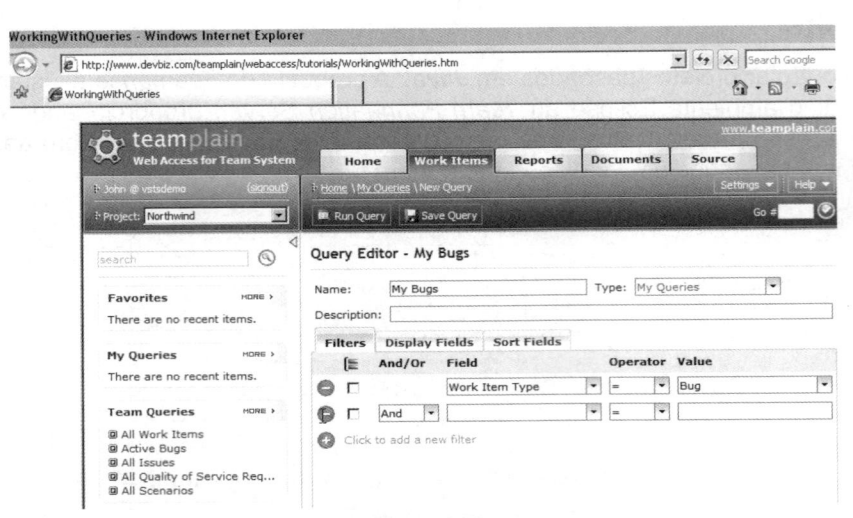

Figura 6.62

Os tipos de conexão citados são a prova real de que a tecnologia Visual Studio Team System está chegando para promover a interoperabilidade em produtos dos mais variados fabricantes.

7

Automação de Builds (Team Build)

Automatizar *build* significa automatizar a ação que empacota o produto final do seu desenvolvimento, mesmo que esse pacote seja parcial. Além de ser um processo chave de seu projeto, quando utiliza metodologias ágeis, o *build* garante a qualidade, uma vez que todo esse processo é totalmente dependente do *Visual Studio Team System* através de opções predefinidas de Best-practices e testes. O nome do aplicativo responsável pelos builds no VSTS é *Team Foundation Build*.

A automatização de *build* no VSTS passa por algumas etapas que são consideradas importantes pelo VSTS (Figura 7.1).

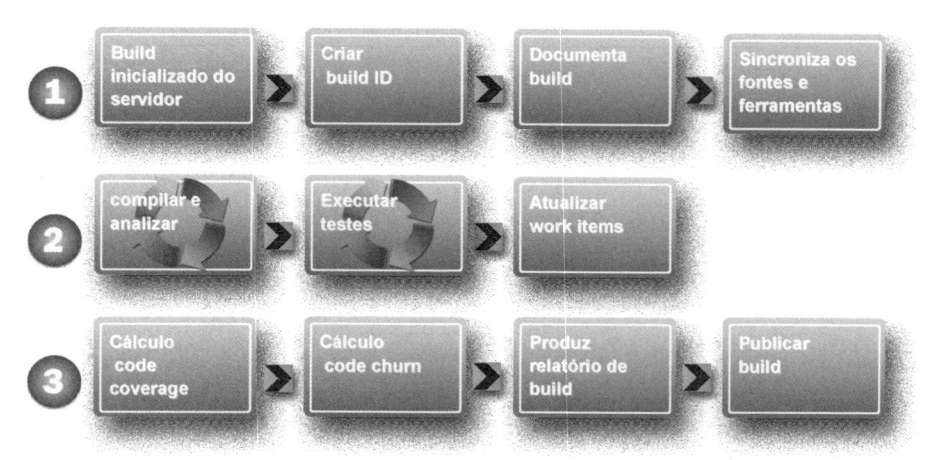

Figura 7.1

As etapas descritas na Figura 7.1 são compostas de testes, compilações, criação de relatórios estatísticos e *updates* nas bases de dados do *Team Foundation Server*.

Arquitetura do Team Build

Os componentes a seguir fazem parte arquitetura do Team Build.

COMPONENTE	CAMADA	DESCRIÇÃO
Buid Type e Buid Reports	Team Explorer	Relatórios de build e informações de progresso de build no Team Explorer usando o Team Build Browser. Novos tipos de builds podem ser criados utilizando o **New Team Build Type Creation Wizard** de como criar um Build.
Source Control	Camada Aplicação Camada Dados	Armazena todos os dados.
Build Web Service	Camada Aplicação	O Web service roda sobre a camanda de aplicação que aceita requisições de clientes e coordenadas para execução passo a passo dos builds.
Build Service	Build em computador separado	O service roda sobre o computador de build que está separado do servidor que pode rodar o passo-a-passo de intruções do Team Build Web service.
Build Store	Camada Dados	O banco de dados SQL aguarda as gravações dos dados que serão considerados no processo do build.

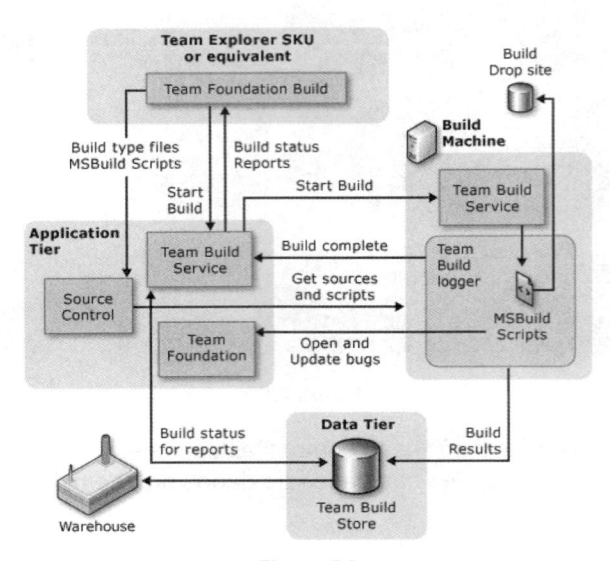

Figura 7.2

Criando um Build Type

O primeiro passo para criação de *build* é justamente criar um tipo de *build*. O *Build Type* é o processo que o *build* deverá executar. Para tanto, precisamos predefini-lo e deixá-lo armazenado para utilizar quando necessário.

Abra o *Team Explorer* e escolha um *Team Project* (Figura 7.3). Dê um duplo clique em *Team Builds*.

Figura 7.3

Caso algum *Build Type* já tenha sido criado, será listado abaixo de *All Build Types* (Figura 7.4)

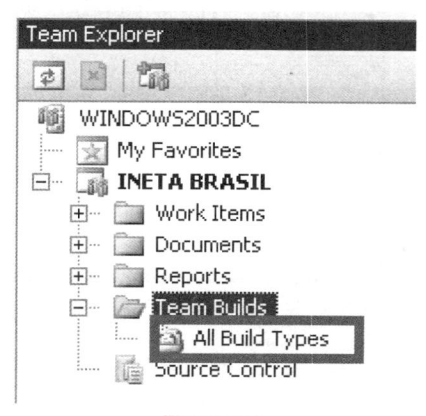

Figura 7.4

Agora clique com o botão direito do mouse sobre *Team Builds* e escolha *New Team Build Type* para a criação de um novo processo (Figura 7.5).

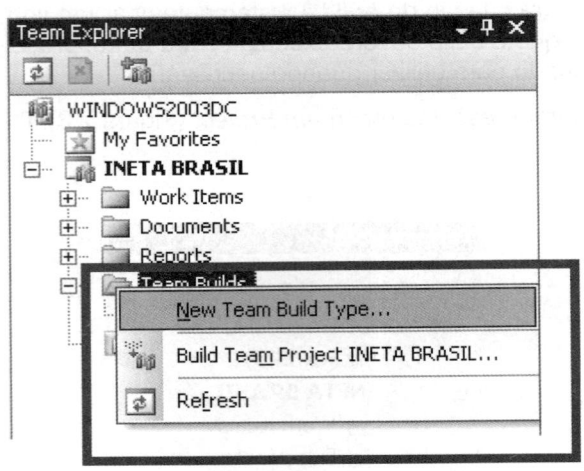

Figura 7.5

O Modo *Wizard* será iniciado, a partir do qual o processo de criação será totalmente guiado (Figura 7.6).

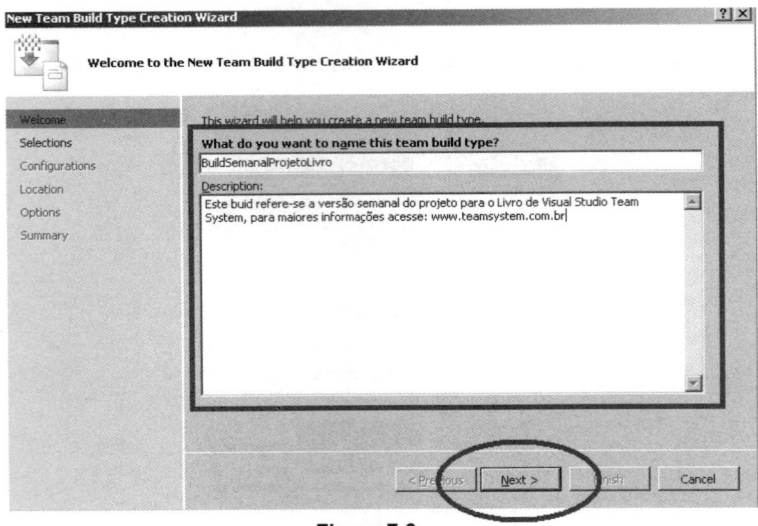

Figura 7.6

Após definir um nome para o processo e sua descrição, você deve agora definir quais os projetos que farão parte desse *build* automatizado (Figura 7.7).

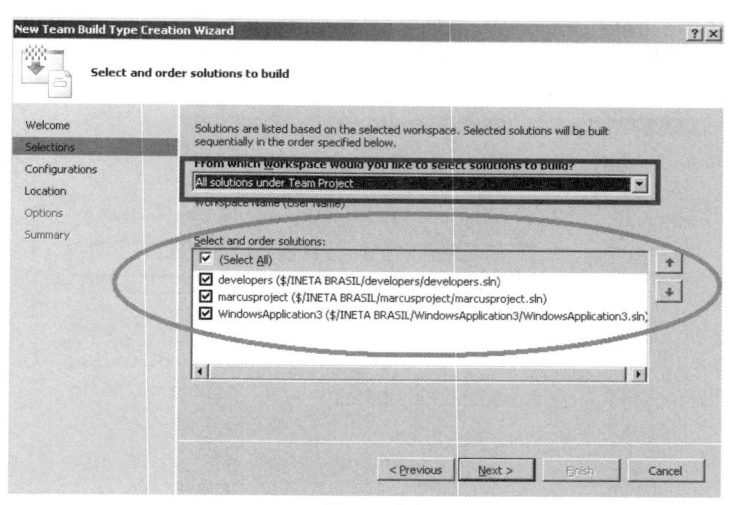

Figura 7.7

Nesta etapa é importante notar que aparecerão para você somente as soluções que estejam controladas pelo *Team Project* escolhido (Figura 7.3). Você deve escolher pelo menos uma solução. Caso não apareça nenhuma, verifique se o projeto que está querendo que faça parte já está sendo controlado pelo *Team Project* em questão.

Você deve escolher também o tipo de configuração na qual esse *build*, após estar funcional, deva rodar *(Release/debug)* e em qual plataforma (x86,x64,.NET etc.), conforme Figura 7.8.

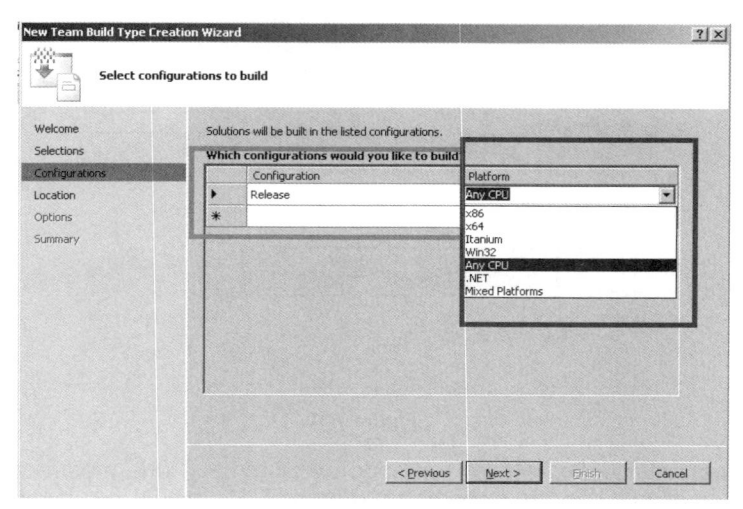

Figura 7.8

A próxima etapa trata do local onde será criado o *build* após executado, qual o servidor ou máquina e também o local que receberá os *builds* em que ocorreram problemas (Figura 7.9).

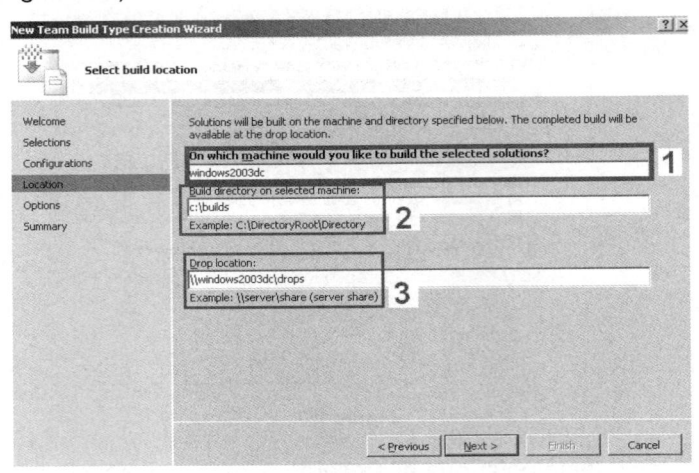

Figura 7.9

Em *Options*, que é a próxima tela, você pode considerar determinados testes que devem rodar antes de começar a gerar o *build*. Você também pode forçar o *build* a considerar regras de análise de código que você definiu anteriormente no Team Project referente (Figura 7.10).

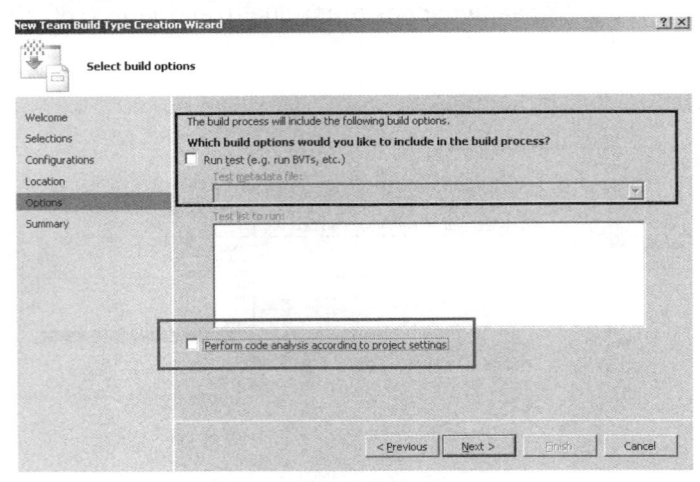

Figura 7.10

Clique no penúltimo *Next* e será remetido ao Summary, que mostra a você todas as definições escolhidas até o momento (Figura 7.11) inclusive o local onde estará sendo gravado fisicamente o "projeto de build" definido até agora.

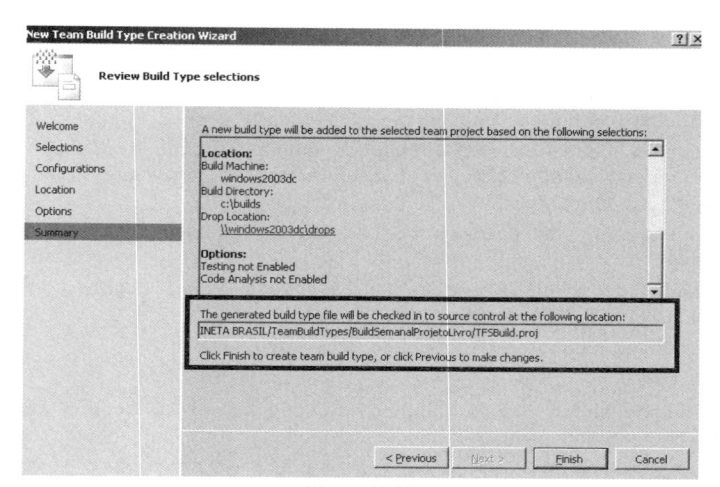

Figura 7.11

Finalmente temos um Processo de *build* criado (Figura 7.12) e a partir dele podemos analisar o código que foi criado e que será considerado toda vez que for ativado esse processo.

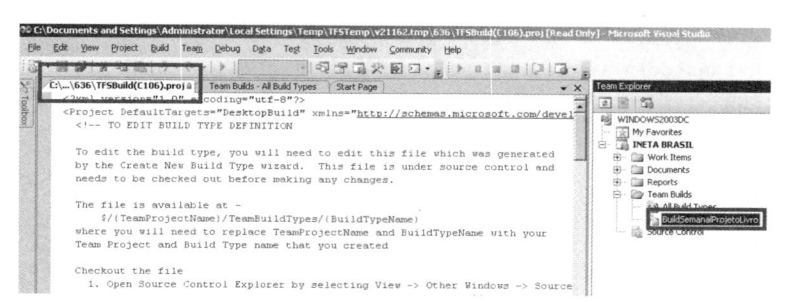

Figura 7.12

Observe o código gerado a partir de suas definições de processo:

```
<?xml version="1.0" encoding="utf-8"?>
<Project DefaultTargets="DesktopBuild" xmlns="http://schemas.microsoft.com/
developer/msbuild/2003">
<!-- TO EDIT BUILD TYPE DEFINITION
To edit the build type, you will need to edit this file which was generated
by the Create New Build Type wizard. This file is under source control and
needs to be checked out before making any changes.
The file is available at -
     $/{TeamProjectName}/TeamBuildTypes/{BuildTypeName}
  where you will need to replace TeamProjectName and BuildTypeName with your
```

Team Project and Build Type name that you created

Checkout the file

1. Open Source Control Explorer by selecting View -> Other Windows -> Source Control Explorer

2. Ensure that your current workspace has a mapping for the $/{TeamProjectName}/TeamBuildTypes folder and that you have done a "Get Latest Version" on that folder

3. Browse through the folders to {TeamProjectName}->TeamBuildTypes->{BuildTypeName} folder

4. From the list of files available in this folder, right click on TfsBuild.Proj. Select 'Check Out For Edit...'

Make the required changes to the file and save

Checkin the file

1. Right click on the TfsBuild.Proj file selected in Step 3 above and select 'Checkin Pending Changes'

2. Use the pending checkin dialog to save your changes to the source control

Once the file is checked in with the modifications, all future builds using this build type will use the modified settings

```
-->
<!-- Do not edit this -->
<Import Project="$(MSBuildExtensionsPath)\Microsoft\VisualStudio\v8.0\
TeamBuild\Microsoft.TeamFoundation.Build.targets" />
<ProjectExtensions>
  <!-- DESCRIPTION
  The description is associated with a build type. Edit the value for
making changes.
  -->
  <Description>Este buid refere-se à versão semanal do projeto para o
Livro de Visual Studio Team System, para maiores informações acesse: www.
teamsystem.com.br</Description>
  <!-- BUILD MACHINE
  Name of the machine which will be used to build the solutions selected.
  -->
  <BuildMachine>windows2003dc</BuildMachine>
</ProjectExtensions>
<PropertyGroup>
  <!-- TEAM PROJECT
  The team project which will be built using this build type.
  -->
  <TeamProject>INETA BRASIL</TeamProject>
  <!-- BUILD DIRECTORY
  The directory on the build machine that will be used to build the
selected solutions. The directory must be a local path on the build
```

```
 machine (e.g. c:\build).
-->
<BuildDirectoryPath>c:\builds</BuildDirectoryPath>
<!-- DROP LOCATION
    The location to drop (copy) the built binaries and the log files after
the build is complete. This location has to be a valid UNC path of the form
\\Server\Share. The build machine service account and application tier
account need to have read write permission on this share.
-->
<DropLocation>\\windows2003dc\drops</DropLocation>
<!-- TESTING
Set this flag to enable/disable running tests as a post build step.
-->
<RunTest>false</RunTest>
<!-- WorkItemFieldValues
Add/edit key value pairs to set values for fields in the work item
created during the build process. Please make sure the field names are valid
for the work item type being used.
-->
<WorkItemFieldValues>Symptom=build break;Steps To Reproduce=Start the
build using Team Build</WorkItemFieldValues>
<!-- CODE ANALYSIS
    To change CodeAnalysis behavior edit this value. Valid values for
this can be Default,Always or Never.
    Default - To perform code analysis as per the individual project settings
    Always - To always perform code analysis irrespective of project settings
    Never - To never perform code analysis irrespective of project settings
    -->
<RunCodeAnalysis>Never</RunCodeAnalysis>
<!-- UPDATE ASSOCIATED WORK ITEMS
Set this flag to enable/disable updating associated workitems on a
successful build
-->
<UpdateAssociatedWorkItems>true</UpdateAssociatedWorkItems>
<!-- Title for the work item created on build failure -->
<WorkItemTitle>Build failure in build:</WorkItemTitle>
<!-- Description for the work item created on build failure -->
<DescriptionText>This work item was created by Team Build on a build
failure.</DescriptionText>
<!-- Text pointing to log file location on build failure -->
<BuildlogText>The build log file is at:</BuildlogText>
<!-- Text pointing to error/warnings file location on build failure -->
<ErrorWarningLogText>The errors/warnings log file is at:</
```

```
ErrorWarningLogText>
  </PropertyGroup>
  <ItemGroup>
    <!-- SOLUTIONS
    The path of the solutions to build. To add/delete solutions, edit this
value. For example, to add a solution MySolution.sln, add following line -
        <SolutionToBuild Include="$(SolutionRoot)\path\MySolution.sln" />
    To change the order in which the solutions are build, modify the order in
    which the solutions appear below.
    -->
    <SolutionToBuild Include="$(SolutionRoot)\developers\developers.sln" />
    <SolutionToBuild Include="$(SolutionRoot)\marcusproject\marcusproject.
sln" />
    <SolutionToBuild Include="$(SolutionRoot)\WindowsApplication3\
WindowsApplication3.sln" />
  </ItemGroup>
  <ItemGroup>
    <!-- CONFIGURATIONS
    The list of configurations to build. To add/delete configurations, edit
    this value. For example, to add a new configuration, add following lines
-
        <ConfigurationToBuild Include="Debug|x86">
            <FlavorToBuild>Debug</FlavorToBuild>
            <PlatformToBuild>x86</PlatformToBuild>
        </ConfigurationToBuild>
    The Include attribute value should be unique for each
ConfigurationToBuild node.
    -->
    <ConfigurationToBuild Include="Release|Any CPU">
      <FlavorToBuild>Release</FlavorToBuild>
      <PlatformToBuild>Any CPU</PlatformToBuild>
    </ConfigurationToBuild>
  </ItemGroup>
  <ItemGroup>
    <!-- TEST ARGUMENTS
    If the RunTest is set to true then the following test arguments will be
used to run tests.
    To add/delete new testlist or to choose a metadata file (.vsmdi) file,
edit this value.
    For e.g. to run BVT1 and BVT2 type tests mentioned in the Helloworld.
vsmdi file, add the following -
    <MetaDataFile Include="$(SolutionRoot)\HelloWorld\HelloWorld.vsmdi">
        <TestList>BVT1;BVT2</TestList>
    </MetaDataFile>
```

```
    Where BVT1 and BVT2 are valid test types defined in the HelloWorld.vsmdi
file.
    MetaDataFile - Full path to test metadata file.
    TestList - The test list in the selected metadata file to run.
    Please note that you need to specify the vsmdi file relative to
$(SolutionRoot)
    -->
    <MetaDataFile Include=" ">
      <TestList> </TestList>
    </MetaDataFile>
  </ItemGroup>
  <ItemGroup>
    <!-- ADDITIONAL REFERENCE PATH
    The list of additional reference paths to use while resolving references.
    For example,
        <AdditionalReferencePath Include="C:\MyFolder\" />
        <AdditionalReferencePath Include="C:\MyFolder2\" />
    -->
  </ItemGroup>
</Project>
```

Como o Ajudante de criação de processos até o momento da publicação deste livro não permite edição direta na ferramenta, sempre que for necessário mudar um processo de *build* é prudente fazer a alteração direto no código listado anteriormente ou simplesmente começar um novo processo.

Executanto um build e analisando resultados

Após a criação de um processo *(build type)* partiremos agora para a execução. Clique com o botão direito do mouse sobre o *Build Type* que acabou de criar e escolha *Build Team Project* Nome do Projeto (Figura 7.13).

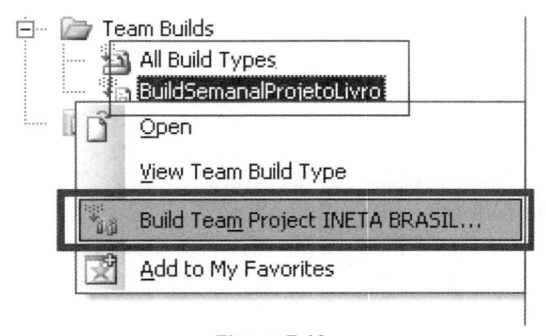

Figura 7.13

A próxima janela que aparecerá será justamente a tela de confirmação do *Build Type*, diretório do *build* e a *build machine* (máquina que receberá o *build*) de destino (Figura 7.14). Confirme e clique no botão *Build*.

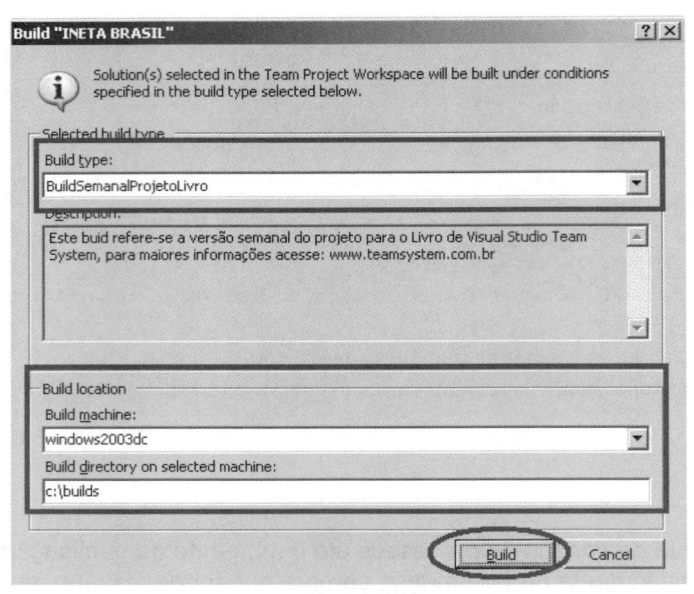

Figura 7.14

Exatamente! É simples desse jeito mesmo. Ao clicar em *build* o processo *(Build type)* definido anteriormente é iniciado. (Figura 7.15).

Figura 7.15

Já com o *build* realizado, vamos analisar agora o resultado. Na Figura 7.16 você pode observar a tela de resumo de um *build* que foi gerado. Poderá notar que especificamente nesse *build* problemas ocorreram (Figura 7.16 - item 1) e tais erros estão disponíveis para análise clicando sobre o link apresentado (Figura 7.16 - item 1). Você pode encontrar preliminarmente também o próprio *build* (.exe) que foi gerado no diretório que o link (Figura 7.16 - item 2) está indicando e por último poderá acompanhar o log de todas as etapas desse *build* no terceiro link indicado (Figura 7.16 - item 3).

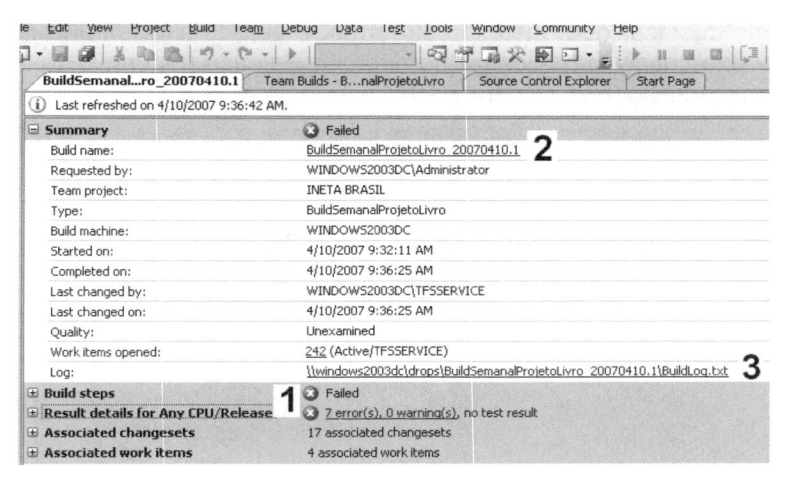

Figura 7.16

Figura 7.17 - Link de destino ao clicar na Figura 117-17.16 - item 1:

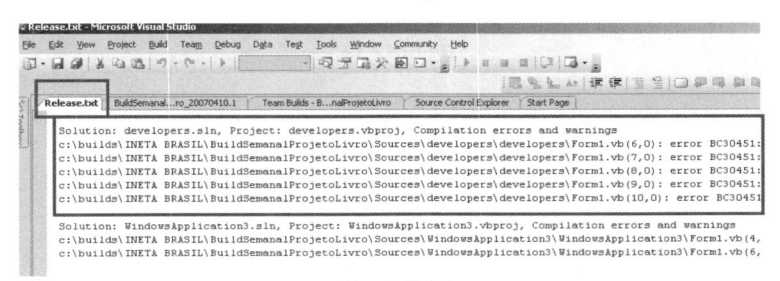

Figura 7.17

Figura 7.18 - Link de destino ao clicar na Figura 17.16 - item 2:

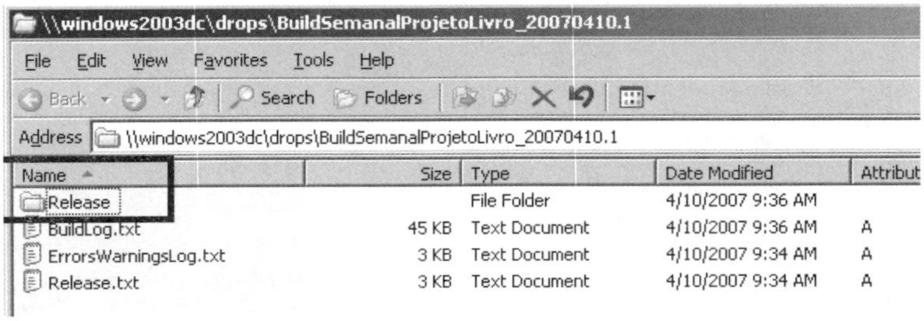

Figura 7.18

É importante destacar que, mesmo com erros, é gerada a versão do *build*. Para executar o .exe criado, basta entrar no diretório *Release* (Figura 7.18) e clicar no arquivo com extensão .exe. (Figura 7.19).

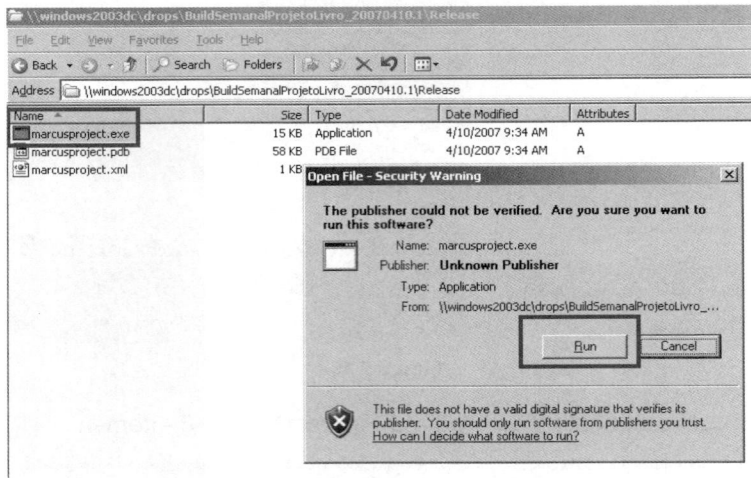

Figura 7.19

Outra parte desse resultado de *build* que podemos analisar diz respeito aos *changesets* e *work items* envolvidos durante a execução do processo (Figura 7.20). Você pode notar que no *build* de exemplo foram considerados vários *changesets* e *work items*.

Figura 7.20

Ao clicar no número de um *changeset* você é enviado aos arquivos que fizeram parte da operação de *Check-in* ao qual ele corresponde (Figura 7.21).

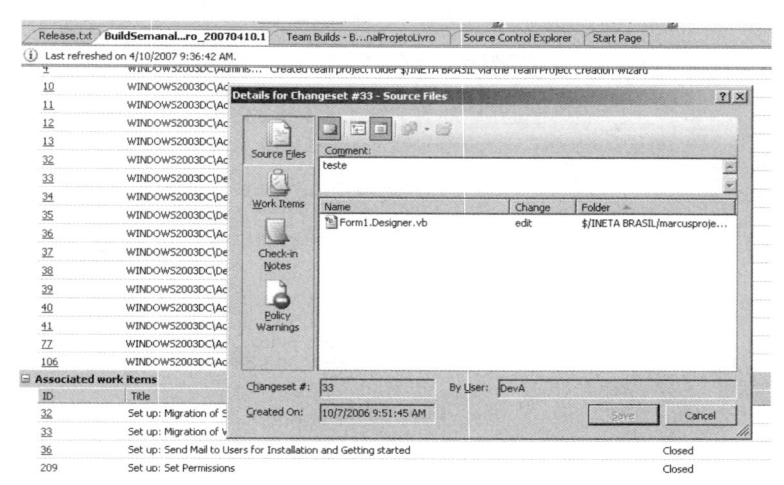

Figura 7.21

O mesmo acontece no caso dos *work items* (Figura 7.22). No exemplo cliquei sobre o ID 32 e o mesmo abriu o *work item* correspondente, sendo possível inclusive alterar o estado desse *work item* para ativo novamente. (Figura 7.23).

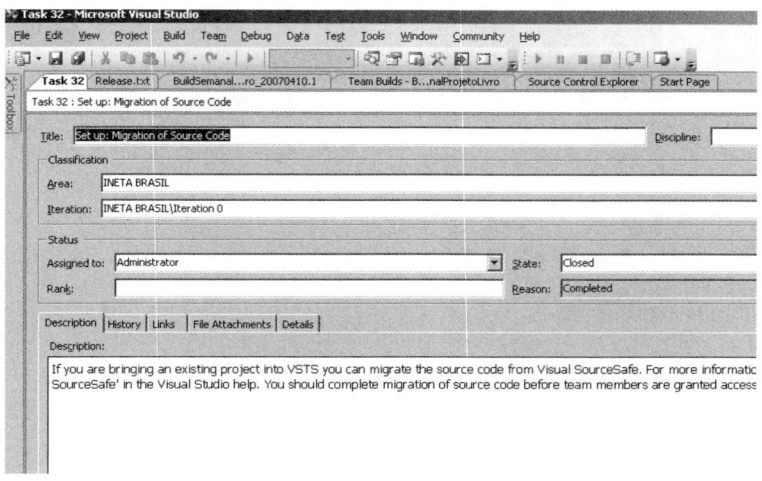

Figura 7.22

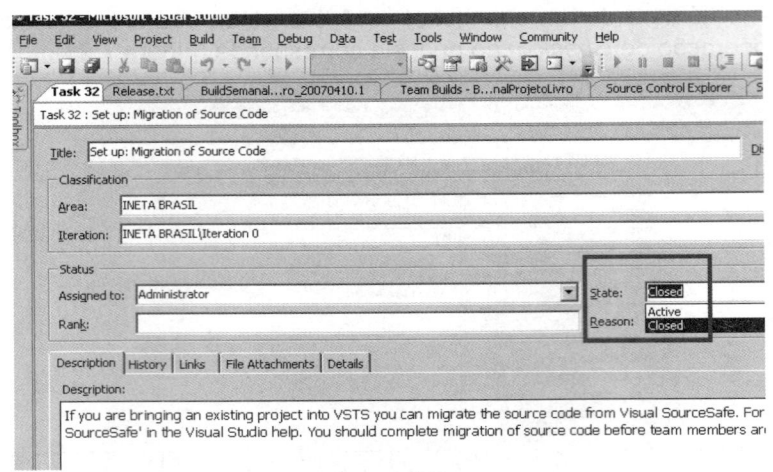

Figura 7.23

Neste capítulo, você pôde aprender o básico da geração de *build* no *Visual Studio Team System* e pôde notar também que gerar *builds* pode se tornar uma tarefa simples se bem estruturada dentro do seu SDLC *(Software Development Life Cycle)*.

Project Portal

Entendendo o conceito

Com o foco voltado totalmente à Colaboração, um dos trunfos do *Visual Studio Team System* é sem sombra de dúvidas o *Project Portal*. Esse Portal do Projeto que é automaticamente criado quando da construção de um Projeto de Time *(Team Project)* é o responsável por fazer o papel de repositório central de todas as informações da equipe que devam ser compartilhadas (Figura 8.1).

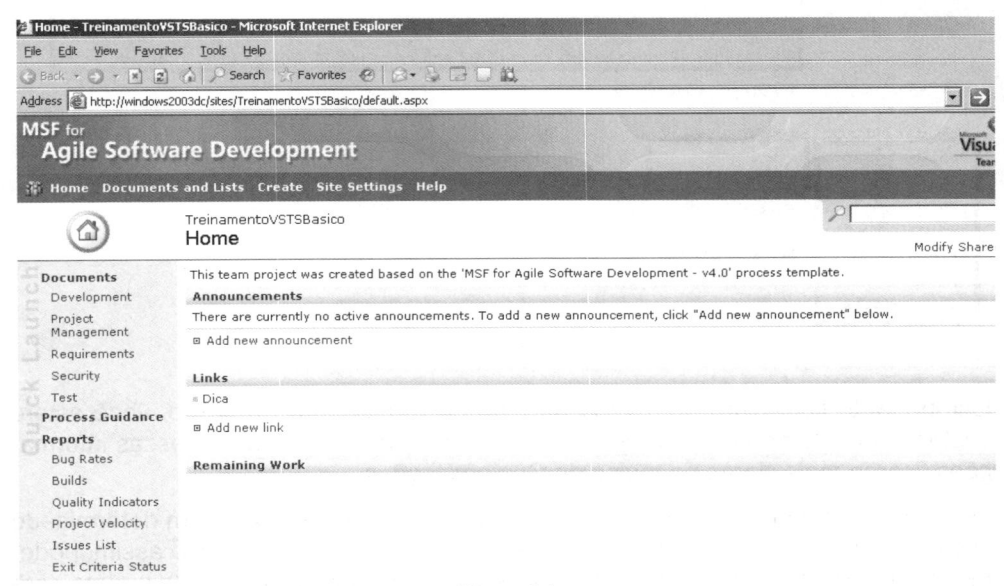

Figura 8.1

Tomando como base um dos princípios do VSTS que é a visibilidade, o *Project Portal* armazena informações sobre *builds, work items, changesets, general reports,*documentos etc.

Uma vez que o *Project Portal* é desenvolvido totalmente sobre o WSS (*Windows Sharepoint Services*), é possível customizá-lo a ponto de deixá-lo totalmente personalizado para sua empresa. Todos os princípios que são utilizados na concepção de um portal em WSS podem ser definidos aqui (Figura 8.2). Para saber mais sobre como customizar um *Process Template* que deve gerar páginas personalizadas de seu *Team Project* verifique o tópico referente a Customizações nesse livro.

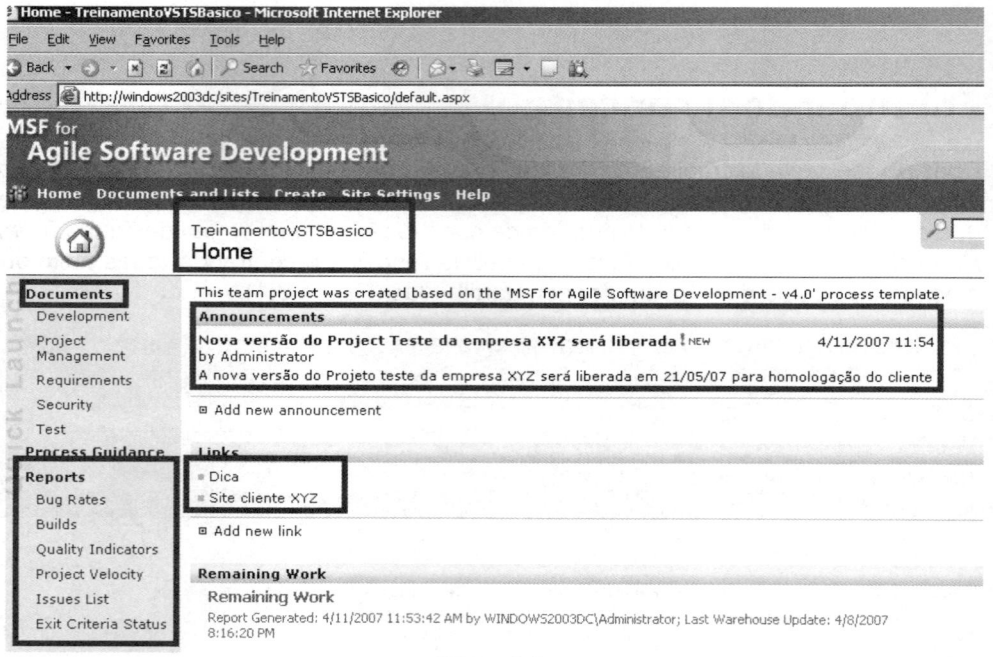

Figura 8.2

É importante ficar claro para você que, ao customizar um Processo, você estará customizando também um *template* para o WSS, mas, como disse, essas informações ficarão mais claras no tópico de Customizações.

Se estamos falando em WSS, estamos falando também em expor um determinado *Project Portal* ao mundo exterior (Internet) quando necessário. Sendo assim, podemos inclusive dar permissões de acesso aos nossos patrocinadores do projeto para que os mesmos possam acompanhar os acontecimentos em *real-time*, bastando para isso apenas dar permissões de acesso através das configurações do portal (Figura 8.3).

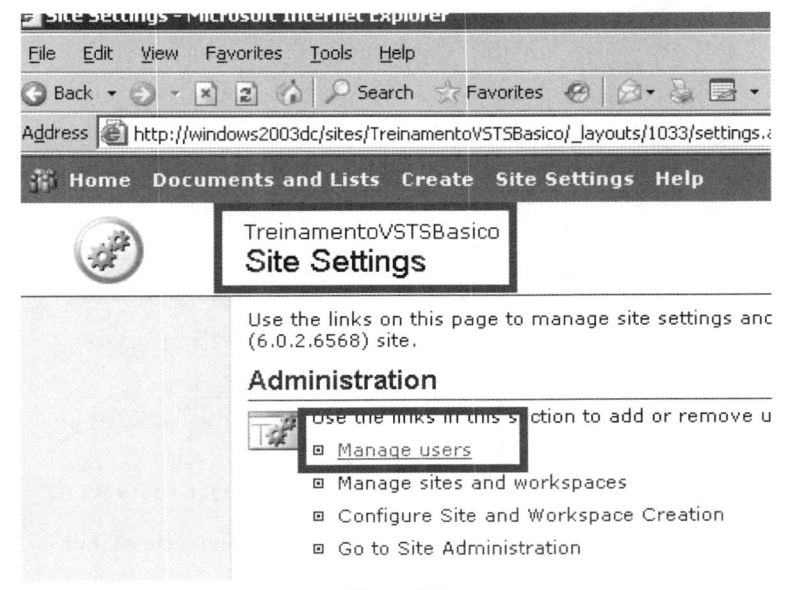

Figura 8.3

Você deve ter notado que é mostrado no *Project Portal* (Figura 8.4) o tipo de regras de processo que foi utilizado, portanto, todos os documentos referentes a esse tipo podem ser acessados pelo portal também (Figura 8.5).

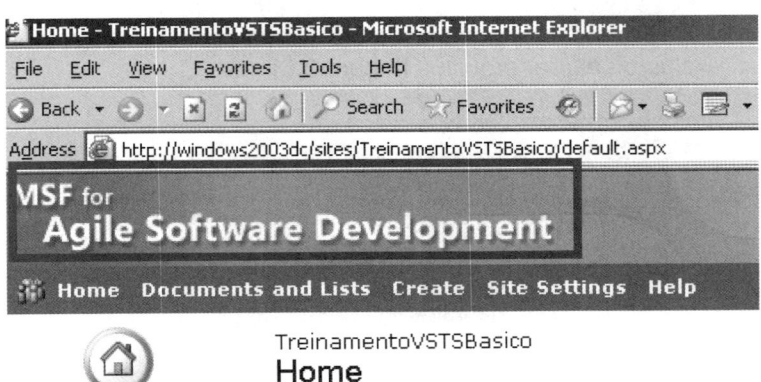

Figura 8.4

Figura 8.5

Ao clicar em um dos itens do menu, por exemplo, em *Requirements*, você vai aces-sar o diretório correspondente, podendo, inclusive, de acordo com as suas permis-sões, incluir, excluir ou alterar arquivos (Figura 8.6).

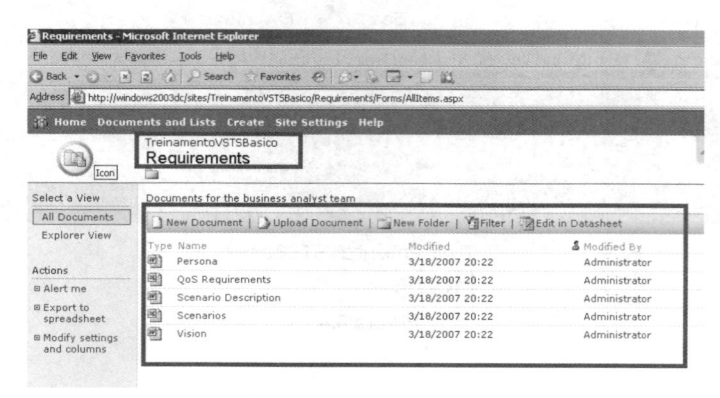

Figura 8.6

Voltando ao *Home* e clicando em *Process Guidance* você poderá ver todo o tipo de processo que escolheu no início do projeto (Figura 8.7).

Figura 8.7

Em que momento é criado um Project Portal

O *Team Portal* é criado no ato da criação do *Team Project* que inclusive permite a edição do nome do portal (Figura 8.8) e avisa qual o caminho http para acessá-lo.

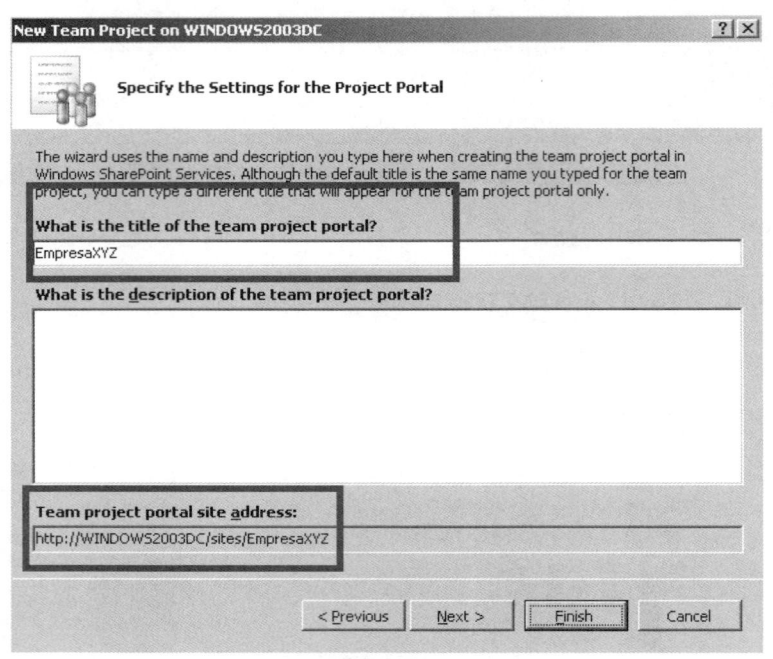

Figura 8.8

Essa é apenas uma das etapas da criação de um *Team Project*. Para maiores informações sobre Criação de *Team Projects* veja o capítulo referente neste livro.

Process Guidance + Project Portal = processo virtual personalizado

Pense nessa hipótese, pois, nas empresas em geral, ter um processo definido e disponível para todos os membros da equipe é muito difícil de prosperar. Se simularmos uma situação real, teremos o seguinte exemplo:

Um novo funcionário acaba de ser contratado e deverá desenvolver software baseado na metodologia criada na empresa, e essa metodologia está descrita no *Process Guidance* da nossa empresa dentro do Project Portal, utopia? Claro que não! Já pode se tornar uma realizade e você vai ver maiores informações sobre o assunto no tópico de customizações.

O simples fato de estarmos trabalhando com WSS e termos esse repositório baseado em SQL Server 2005 e também pelo fato de estarmos utilizando o Team Explorer, nos permite compartilhar documentos e outros arquivos facilmente. Não se esqueça que nesse ponto estou falando apenas da integração natural entre os ambientes Microsoft, ou seja, Windows 2003 Server, SQL Server e Visual Studio 2005.

Team Reporting

É impossível falarmos em *Project Portal* e não falarmos em *Reports* pois, como você sabe, todos os relatórios que podem ser extraídos do VSTS são baseados em Reporting Services, que é uma tecnologia baseada totalmente em SQL Server; portanto, Team Portal e *Reporting Services* estão intrinsecamente ligados.

O VSTS já traz através do TFS uma grande coleção de relatórios prontos que podem ser utilizados a qualquer momento (Figura 9.1) e muitos outros que podem ser criados, uma vez que foi aplicado no TFS todo o conceito de *Business Intelligence* através de um Data Warehouse poderoso que lhe permite analisar informações das bases de dados de maneira simples. O TFS utiliza nesse caso as práticas de Cubos OLAP, onde é possível extrair, através de suas dimensões, todos os tipos de informações que podem ser usadas em Pivot Tables com o Microsoft Excel ou diretamente em relatórios gerados através do *Reporting Services*.

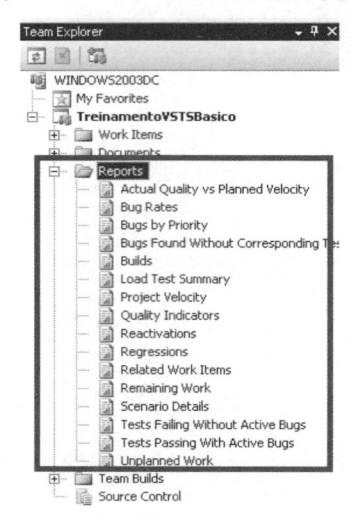

Figura 9.1

Arquitetura

Antes de você começar a explorar os recursos que os relatórios podem lhe fornecer é necessário entender como tudo isso funciona (Figura 9.2). Cada *adapter* é capaz de extrair e transformar dados tanto para um Data Warehouse relacional ou através de cubos OLAP. A partir dessa unificação de arquitetura é possível cruzar informações em todas as direções e dimensões de um projeto, inclusive estendendo a *adapters* de terceiros.

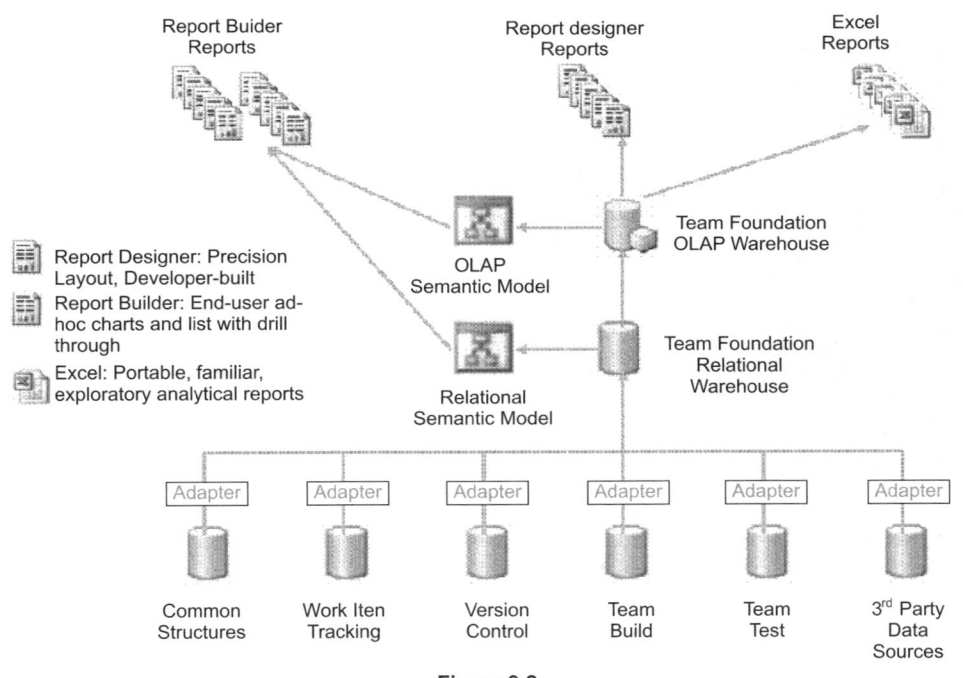

Figura 9.2

Portanto, podemos concluir que é possível construir relatórios e exportar dados das mais variadas formas através da estrutura do Team Foundation Server utilizando-se do seu *Warehouse* e seus cubos (Figura 9.3).

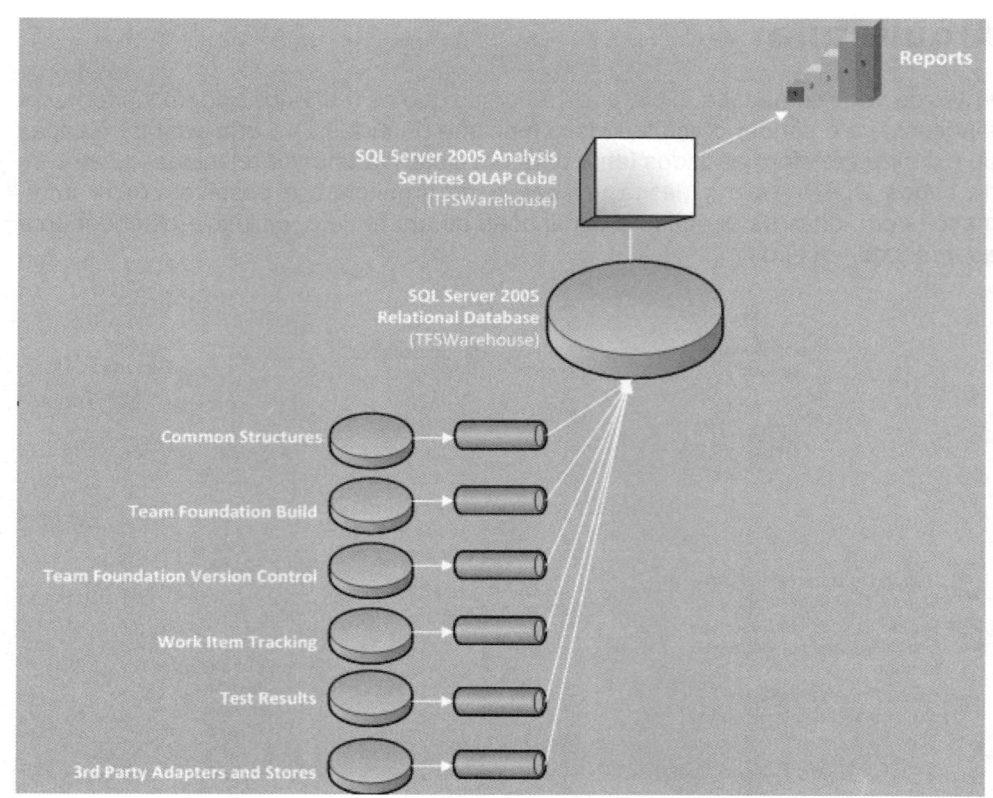

Figura 9.3

Para ter acesso ao *Report Site do Reporting Services*, basta clicar com o botão direito do mouse sobre *Reports* (Figura 9.4).

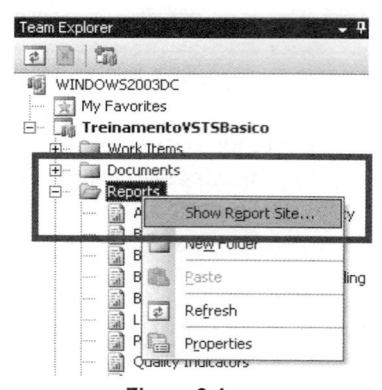

Figura 9.4

No portal, você pode administrar os relatórios atuais e gerar novos (Figura 9.5).

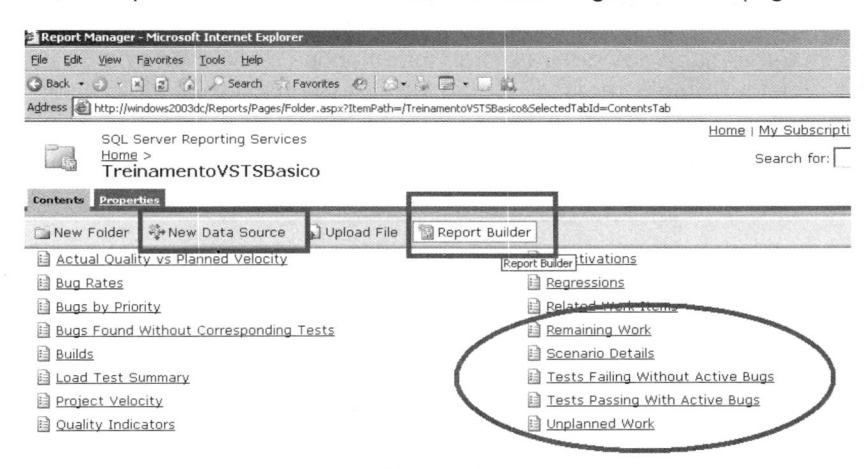

Figura 9.5

Ao escolher, por exemplo, *Report Builder* você será enviado ao *Report Builder IDE*, onde poderá começar a criar seus novos relatórios ou criar os mesmos através do Visual Studio e depois fazer *Upload*. Caso queira visualizar um dos relatórios padrão, basta clicar em cima dele e o mesmo será aberto (Figura 9.6).

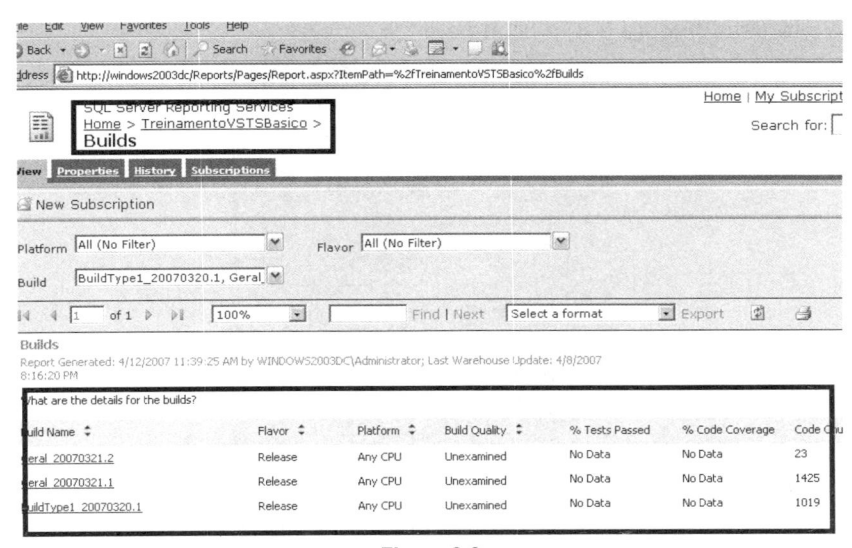

Figura 9.6

Criando um relatório novo

Vamos imaginar que você queira extrair informações de *Work Items* de um determinado projeto. Como fazer isso? Como incluir esse novo relatório em seu Projeto
de Time?

Primeiro inicie um novo relatório (Figura 9.7).

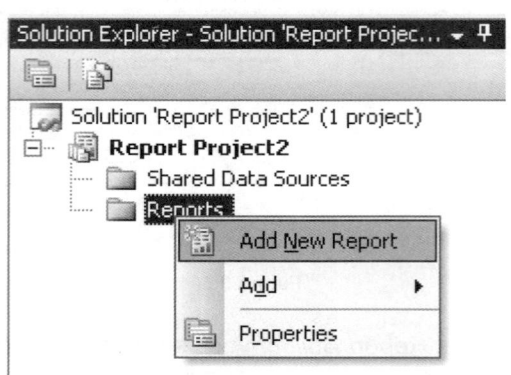

Figura 9.7

Configure as informações que forem solicitadas, indique o Server Name com o
nome do Servidor do Team Foundation Server, escolha o banco de dados do TFS
que lhe interessa (Figura 9.8) e clique em Ok.

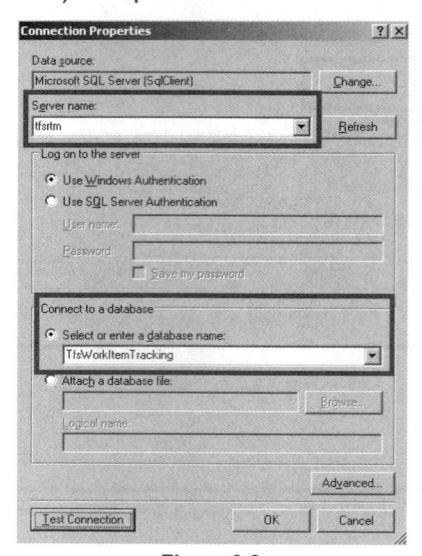

Figura 9.8

Na seqüência, defina um *Query* e filtre um pouco sua pesquisa (Figura 9.9) para dessa forma ter uma melhor visualização do resultado.

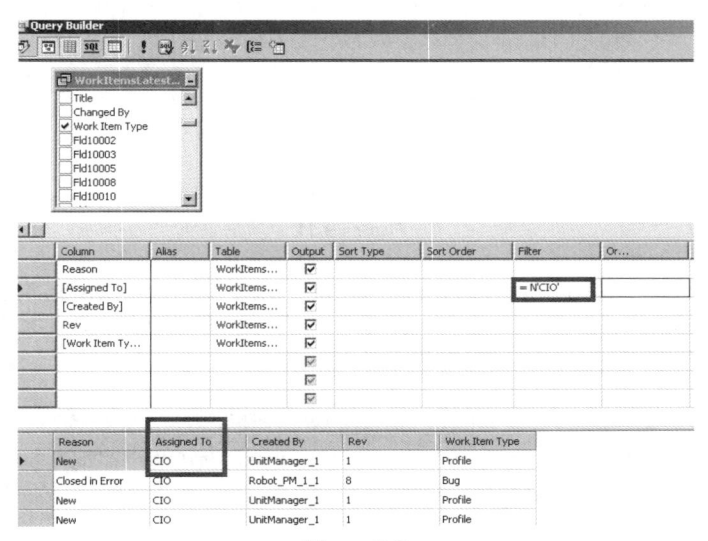

Figura 9.9

Passe por todas as etapas e no final (Figura 9.10) você poderá obter um resumo de tudo que foi feito e visualizar "sua obra prima" (Figura 9.11).

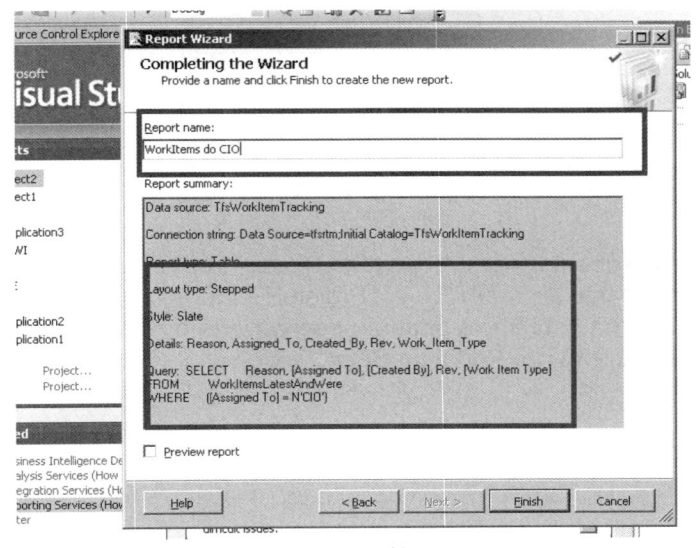

Figura 9.10

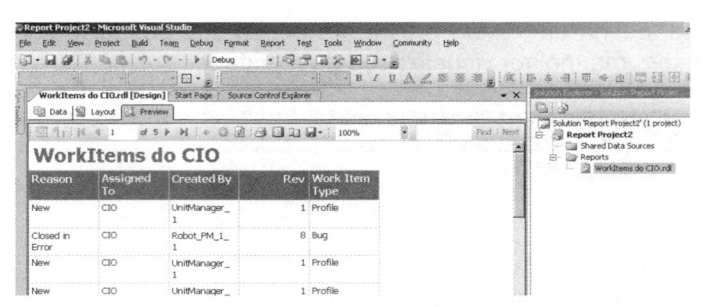

Figura 9.11

A próxima etapa é fazer com que esse relatório faça parte efetiva do Team Project e para isso basta você acessar o *Report Site* no *Team Project* onde você quer inserir o relatório e executar *o Upload* (Figura 9.12).

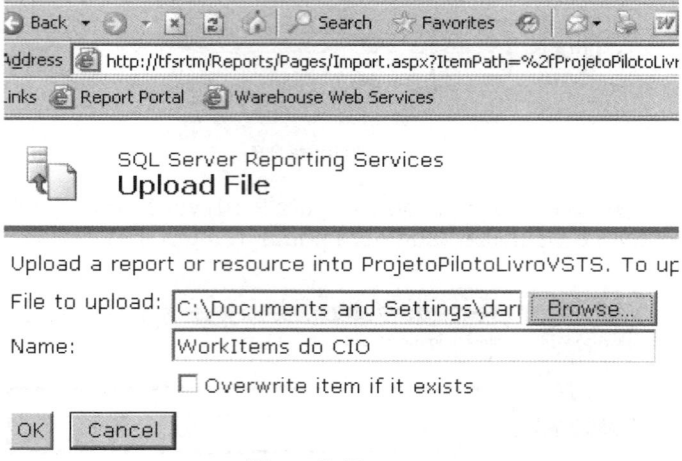

Figura 9.12

Ao clicar em OK você enviará o novo relatório ao repositório do *Team Foundation Server* correspondente ao *Team Project* ProjetoPilotoLivroVSTS (conforme indicado na Figura 9.12) e na seqüência poderá observar que o relatório agora é indicado como novo (Figura 9.13) no Portal de Relatórios.

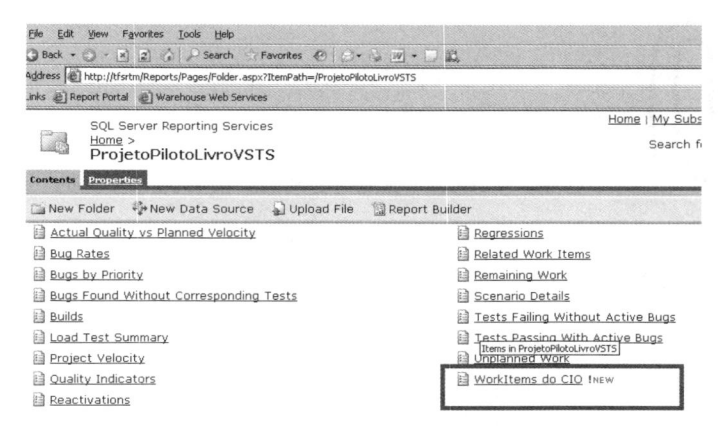

Figura 9.13

Para ver se o mesmo relatório está realmente no repositório do *Team Project*, vá agora para *Team Explorer*, dê um *Refresh* e em seguida vá para a pasta *Reports* e procure o novo relatório que, em nosso exemplo, chama-se WorkItems do CIO (Figura 9.14).

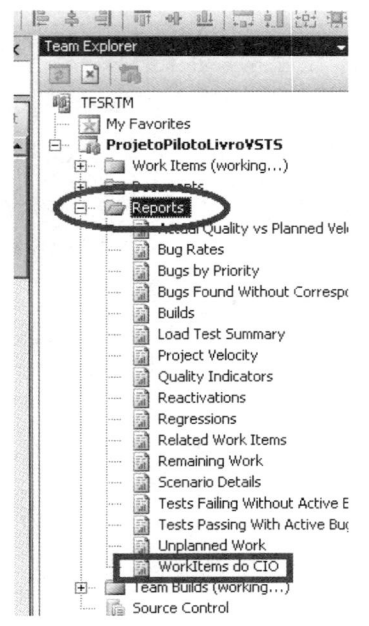

Figura 9.14

Dessa forma podemos concluir que é possível não só utilizar e editar os relatórios existentes, como também criar novos a partir de *queries* nas bases de dados do *TFS*.

10

Team Explorer

Falar do Team Explorer é falar efetivamente do Team Foundation Server. Como você pode notar, se chegou até aqui em sua leitura, já entendeu que o Team Explorer é o elo entre sua IDE, seja ela qual for, e a base de dados dos seus projetos de time. Claro que, ao dizer seja qual for sua IDE, estou pressupondo que o "Front-end" para conexão com o TFS tenha compatibilidade com o mesmo.

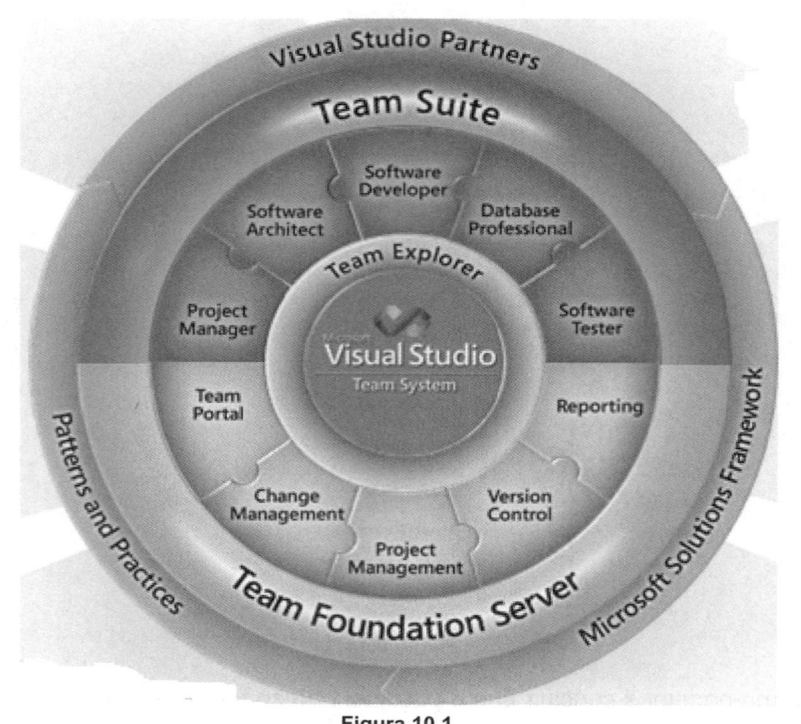

Figura 10.1

Como se pode notar na Figura 10.1 o *Team Explorer* é um "Conector universal" do Visual Studio Team System.

Tomando como exemplo a utilização da plataforma Visual Studio como IDE de desenvolvimento, o *Team Explorer* pode ser acionado através do Menu *View* de seu Visual Studio em *View Team Explorer*.

Arquiteturalmente, o Team Explorer é um plugin que tem como pré-requisito básico o *.NET Framework 2.0*.

Como você já viu anteriormente nesse livro, todos os usuários que pretendem utilizar o *Team Foundation Server* devem tê-lo instalado em suas máquinas para obter todos os recursos da tecnologia.

11

Command Line no TFS

Introdução

A grande maioria dos comandos de Administração do Team Foundation Server passam ainda pelo advento da linha de comando. Devido ao tempo de vida da tecnologia que ainda é recente, bem como às necessidades encontradas nas muitas funções administrativas, que dependem totalmente do conhecimento nesse segmento, vou descrever nesse capítulo muitos comandos utilizados no dia-a-dia de um administrador de Team Foundation Server.

Quando utilizar?

O momento certo da utilização de um *command line* pode variar muito, mas geralmente acontece quando precisamos interferir em algo sem interface gráfica ainda; nesse momento, conhecer recursos de *command line* é crucial. A Microsoft dividiu a administração do TFS via *command line* em várias partes, que são:

- TFSAdminUtil
- TFSSecurity
- TFSDeleteProject
- TFSReg
- TFSFielMapping
- Witimport
- Witexport
- Witfields
- Glimport
- Glexport
- SetupWarehouse
- Team Foundation Build Commands

> **Atenção**: Esta parte do livro foi extraída e resumida do site da MSDN através do endereço: **http://msdn2.microsoft.com/en-us/library/ms253088(VS.80).aspx**. Claro que existem muito mais comandos de prompt, aqui serão mostrados alguns dos mais comuns.

TFSAdminUtil

Quando você precisa modificar informações sobre contas de serviços, senhas de aplicativos, renomear usuários internos, deletar, ou seja, administrá-los, deve utilizar este comando. Ele está dividido em:

ChangeAccount Command

- Você deve utilizá-lo quando pretender trocar a conta de todos os serviços
- Requer permissão de Administrador
- Parâmetros são:

Argumento	Descrição
oldacct	Nome de conta antiga
newacct	Nome de conta nova
newpwd	Nova senha de conta

- Sintaxe
  - ✓ TFSAdminUtil ChangeAccount oldacct newacct newpwd
- Exemplo
  - ✓ TFSAdminutil.exe changeaccount [minhasenhavelha] [minhanova] [senha123]

ChangePassword Command

- Você deve utilizá-lo quando pretender trocar a senha para todos os serviços
- Requer permissão de Administrador
- Parâmetros são:

Argumento	Descrição
account	Nome da conta
newpwd	Nova senha

- Sintaxe
  - ✓ TFSAdminUtil changepassword account newpwd
- Exemplo
  - ✓ TFSAdminUtil.exe changepassword MinhaConta novasenha123

Sid Command

- Você deve utilizá-lo quando pretender listar todos ou algum identificador registrado específico.
- Requer permissão de Administrador
- Parâmetros são:

Argumento	Descrição
source	Usado com **/Change** para instruir o Comando **Sid** para trocar os SIDs dos usuários correntes na integração do banco de dados do Team Foundation Server que estão no domínio ou computador de um grupo de trabalho especificado pelo **source**.
target	Usado com **/Change** para instruir o Comando **Sid** para trocar os SIDs no Active Directory do domínio ou computador de um grupo de trabalho especificado pelo **target**.
account	Usado com **/Change** para instruir o Comando SIDs a atualizar as contas especificadas pelo **account**.
Opcional	**Descrição**
/Change	Sincroniza o SID no banco de dados do Team Foundation Server com o SID do Windows. Se eles são diferentes, atualiza o SID do Team Foundation Server para todos (**/All**) ou especifica uma conta de usuário (**account**). Esta opção somente funciona em ambientes de WorkGroup. Se **/Change** não for especificado, o Comando **Sid** default listará os SIDs.

- Sintaxe
  - ✓ Sid [/noprompt | /i] [/Change source target] [account]
- Exemplo
  - ✓ TFSAdminUtil.exe sid

RenameDT Command

- Você deve utilizá-lo quando precisar mudar o nome do Servidor da camada de dados do Team Foundation Server
- Requer permissão de Administrador
- Parâmetros são:

Argumentos	Descrição
servername	Especifica o nome do computador destino da camada de dados. O computador pode ser identificado pelos seguintes tipos: • IP address IP address precisa ser no formato: *aaa.bbb.ccc.ddd*. • Computer name Sem espaços ou caracteres especiais, como ";:<>*, apenas [A-Z	0-9	-] caracteres são permitidos, desde que não sejam completamente números inteiros e tendo no máximo 15 caracteres. • Domain address Por exemplo, *Myserver.location.mycompanyt.com*.

- Sintaxe
  - ✓ TFSAdminUtil RenameDT servername
- Exemplo
  - ✓ TFSAdminUtil RenameDT NewName

ActivateAt Command

- Você deve utilizá-lo quando pretender ativar um computador local como um servidor de camada de dados
- Requer permissão de Administrador
- Parâmetros são:

Argumento	Descrição
serverName	É opcional. É o nome do Servidor da camada de aplicação. Se o nome do servidor for omitido, o nome default será o nome corrente do computador conforme o NETBIOS.

- Sintaxe
  - ✓ TFSAdminUtil [/noprompt | /i] ActivateAT [serverName]
- Exemplo
  - ✓ TFSAdminUtil.exe activateAT

Status Command (TFSAdminUtil)

- Você deve utilizá-lo quando quiser exibir informações de uma conta específica do Team Foundation Server.
- Requer permissão de Administrador
- Parâmetros são:

Argumento	Descrição
account	Nome da conta. Precisa ser no format domain\user, por exemplo: *mylocation\tfssvc*.

- Sintaxe
  - ✓ TFSAdminUtil Status account
- Exemplo
  - ✓ TfsAdminUtil.exe status myLocation\tfssvc
    Resultado:

```
LoginName                          SID
-----------------------------------------------------------------

MYLOCATION\TFSSVC       S-1-5-21-2127521184-1604012920-1887927527-2435684
DBName                             UserName              UserOrAlias
-----------------------------------------------------------------

STS_Config                         db_owner              MemberOf
STS_Config                         MYLOCATION\TFSSVC     User
STS_VSE2017_1                      db_owner              MemberOf
```

STS_VSE2017_1	dbo	User
TfsActivityLogging	MYLOCATION\TFSSVC	User
TfsActivityLogging	TFSEXECROLE	MemberOf
TfsBuild	MYLOCATION\TFSSVC	User
TfsBuild	TFSEXECROLE	MemberOf
TfsIntegration	MYLOCATION\TFSSVC	User
TfsIntegration	TFSEXECROLE	MemberOf
TfsVersionControl	MYLOCATION\TFSSVC	User
TfsVersionControl	TFSEXECROLE	MemberOf
TFSWarehouse	MYLOCATION\TFSSVC	User
TFSWarehouse	TFSEXECROLE	MemberOf
TfsWorkItemTracking	MYLOCATION\TFSSVC	User
TfsWorkItemTracking	TFSEXECROLE	MemberOf
TfsWorkItemTrackingAttachments	MYLOCATION\TFSSVC	User
TfsWorkItemTrackingAttachments	TFSEXECROLE	MemberOf

Account status on application tier (IIS application pools):
MyServiceAccountComputer.

3 app pool(s) are running under given account: myLocation\tfssvc.

Name	Status
TFS AppPool	Running
TFWSSc86e	Running
WSSc86eAdm	Running

Account status on application tier (Windows services):
MyServiceAccountComputer.

3 Windows service(s) are runing under given account: myLocation\
tfssvc.

Name	DisplayName	Status
SPTimer	SharePoint Timer Service	Running
coveran	Code Coverage Analysis Service	Stopped
TFSServerScheduler	TFSServerScheduler	Running

TFSSecurity

Você deve usar o comando TFSSecurity quando quiser criar, modificar e/ou deletar grupos e/ou usuários bem como suas permissões. Opcionalmente você pode usar /? para acessar seu help como qualquer outro comando de *prompt*.

Especificador da identidade	Descrição	Exemplo
sid: *sid.*	Referência de identidade com o SID especificado	**sid:S-1-5-21-2127521184-1604012920-1887927527-588340**
n:[*domain*]*name*	Referência de identidade com o nome especifícado. Para Windows, *name* é o nome do *Logon*. Se o *domain* for omitido e o catálogo global (GC) está disponível, a operação será executada pelo GC. Se *domain* é omitido e o GC não está disponível, o domain default de contexto é utilizado. Para grupos de aplicação, *name* é o nome do grupo exibido. Se *domain* é omitido, o escopo global é assumido.	**n:DATUM1\jpeoples** **n:jpeoples** **n:"Full-time Employees"** **n:00a10d23-7d45-4439-981b-d3b3e0b0b1ee\Vendors**
n:*dn*	Referências de identidade com o nome distinguido. O nome distinguido pode ser identificado plo prefix **LDAP://**.	**dn:CN=John Peoples,CN=Users,DC=Datum1,DC=com** **dn:LDAP://CN=Developers,OU=Groups,DC=Datum1,DC=com**
dm:[*scope*]	Referência de grupo Administrativo para o escopo. O parâmetro opcional *scope* é um projeto URI ou GUID. Se o escopo é omitido, O Escopo Global é assumido.	**dm:Team Foundation Administrators**
srv:	Referências do grupo de aplicação de serviço.	NA
string	Referência com *string* desqualificada. Se a string começa com **S-1-**, ele é identificado como um SID. Se *string* inicia com **CN=** ou **LDAP://** ele é identificado como um nome distinguido. Caso contrário, *string* é identificado com um nome.	**"Team testers"**

Tipos de Marcadores

Identidades

Tipos de Marcadores	Descrição
U	Windows user.
G	Windows group.
A	Team Foundation Server application group.
a [A]	Administrative application group.
s [A]	Service application group.
X	Invalid identity.
?	Unknown identity.

Controle de acesso

Typo de Controle de Acesso	Descrição
+	ALLOW entrada de controle de acesso
-	DENY entrada de controle de acesso
* [ ]	Entrada de controle de acesso herdado

TFSDeleteProject

Você deve usar o comando quando precisar deletar um projeto no Team Foundation Server. Este comando não remove de fato os dados do banco e também não libera espaço em disco. Não remove os dados armazenados no projeto de time.

- Requer permissão de Administrador
- Parâmetros são:

Argumento	Descrição
Team project name	Nome do projeto. Use aspas se houver espaços no nome.
servername	O nome do servidor. Use aspas se houver espaços no nome.

Opção	Descrição
/q	Usa o modo silencioso. Não avisa o usuário para confirmação.
/server: servername	Nome da camada de aplicação do Team Foundation onde o Team Project está localizado. Isto é requerido em ambientes de multi-servidores.
/force	O programa é executado mesmo que algumas informações não sejam persistidas.

- Sintaxe
  - ✓ TFSDeleteproject [/q] [/force] [/server:servername] team project name
- Exemplo
  - ✓ TFSDeleteProject /server:MarcusgarciaProject StoreFront

TFSReg

Você deve utilizar este comando quando precisar modificar, atualizar ou deletar todas as entradas de configuração de arquivos de configuração no Team Foundation Server.

- Requer permissão de Administrador
- Parâmetros são:

Argumento	Descrição
ConfigFile	Nome de arquivo de configuração de conexões.
TFSIntegrationDBServer	Nome do banco de dados da camada de dados.
TFSIntegrationDBName	Nome do banco de dados de integração. Opcional.
/D	Esta opção é usada para deletar todas as entradas do arquivo de configuração de conexões.

- Sintaxe
  - ✓ TFSReg [/D] ConfigFile TFSIntegrationDBServer [TFSIntegrationDB-Name]
- Exemplo
  - ✓ TFSReg [/D] MyConfigFile MyDataTier IntegrationDB

TFSFielMapping

Você deve utilizar esse comando quando necessitar trocar ou customizar o mapeamento XML de um arquivo quando estiver criando um Team Project.

- Requer permissão de Administrador ou de Administrador de Projetos
- Parâmetros são:

Argumento	Descrição
serverurl	URL do servidor.
projectname	Nome do Team Project .
Filepath	Nome e arquivo do caminho de mapeamento de arquivo.

- Sintaxe
  - ✓ TFSFieldMapping upload | download serverurl projectname filepath
- Exemplo
  - ✓ TFSFieldMapping download http://TeamFoundationServer Marcus-Garcia C:\MappingFile.xml

Witimport

Você deve utilizar este commando para validar e importar um *work item Type* de uma arquivo *XML* para um *Team Project* de um *Team Foundation Server*. Se você tentar importar um tipo de *Work Item* já existente e especificado num *Team Project*, um aviso de prompt perguntará se você quer sobrescrever o tipo de *Work Item* existente.

- Parâmetros são:

Parâmetro	Descrição
/f filename	Arquivo de definição *XML* que contém o tipo de *Work item* a ser importado.
/t tfs	Nome do computador do Team Foundation Server para cada tipo de *Work item* que será importado.
/p teamproject	O projeto para cada tipo de *Work item* será importado. Este projeto precisa existir no Team Foundation Server especificado.
/e Encodingname	O tipo especificado será usado para importar o *Tipo de Work item XML*. Se argumentos não forem especificados o *witimport* usa o padrão UTF-8.
/?	Exibe o help de contexto.

- Sintaxe
  - ✓ witimport /f filename /t tfs /p teamproject [/v] [/e encodingname]
- Exemplo
  - ✓ witimport /f myworkitem.xml /t AdventureWorksServer /p AdventureWorks /e utf-7

Witexport

Você deve utilizar este comando para exportar uma definição de arquivo XML para um tipo de Work Item, para um Team Foundation Server e também para imprimir a definição de um XML

- Parâmetros são:

Parâmetro	Descrição
/f filename	O arquivo de destino XML para cada tipo de Work Item pode ser exportado. Se você omite este parâmetro, o tipo de Work item é exportado.
/t tfs	Nome do computador do Team Foundation Server de cada um dos tipo de Work item exportados.
/p teamproject	O Team Project de cada tipo de Work Item pode ser exportado. Este team project precisa existir no Team Foundation Server.
/n witname	O nome do tipo de Work Item pode ser exportado. Este tipo de Team Project precisa existir no Team Project exportado.
/e Encodingname	A codificação específica será usada para exportar um tipo de Work Item no formato XML. Se esse argumento não é especificado, witimport usa UTF-8 por default.
/?	Exibe o help de contexto.
/exportgloballists	Exporta a lista global de definições para exportação de um tipo de Work Item referenciado.

- Sintaxe
  - ✓ witexport [/f filename] /t tfs /p teamproject /n witname [/exportgloballists] [/e encodingname]
- Exemplo
  - ✓ witexport /f myworkitems.xml /t AdventureWorksServer /p AdventureWorks /n myworkitem

Witfields

Você deve usar este comando para administrar um campo de um tipo de Work Item para o Team Foundation Server.

- Requer permissão de Administrador ou de Administrador de Projetos, porém pode ser que o Administrador de Projetos não tenha acesso a todos os campos.
- Parâmetros são:

Parâmetros	Descrição
/s: tfs	Nome do computador onde o Team Foundation Server está instalado. Utilizado para ver ou editar campos.
refname	Nome de referência do campo de cada item.
/unused	Exibe todos os campos que não estão sendo usados por um tipo de Work Item no Team Foundation Server.
newname	Novo nome de campo.
dimension	Reporta o tipo usado (Integer, String, DateTime etc.).
detail	Reporta tipo usado (Integer, Double, String ou Date Time).
measure	Reporta tipo usado para um Integer e Double.
disable	Não suportado nessa versão.
sum	Tipo de agregração default por média.
count	Não suportado nessa versão.
distinctcount	Não suportado nessa versão.
avg	Não suportado nessa versão.
min	Não suportado nessa versão.
max	Não suportado nessa versão.
help	Exibe o help de contexto.
/?	Exibe o help de contexto.

- Sintaxes
  - ✓ witfields view /s:tfs [refname | /unused]
  - ✓ witfields rename /s:tfs refname newname
  - ✓ witfields report /s:tfs refname {dimension | detail | measure | disable}[: sum | :count | :distinctcount | :avg | :min | :max]
  - ✓ witfields delete /s:tfs refname
  - ✓ witfields rebuildcache /s:tfs

- Exemplo
  - ✓ witfields report /s:AdventureWorksServer AdventureWorks.Create-dOn dimension

Glimport

Você deve usar esse comando para importar uma lista global de um arquivo XML de um projeto de Team Foundation Server. Se você tentar importar uma lista que já existe e está especificada em um team project, um alerta será enviado avisando que haverá uma sobrescrita de lista global.

- Parâmetros são:

Parâmetro	Descrição
/f filename	A lista global de definição do arquivo XML a ser importado.
/t tfs	Nome do computador do Team Foundation Server de cada lista global que será importada.
/e encodingname	Especifica o formato do código usado para importar a lista global.
/?	Exibe o help de contexto.

- Sintaxe
  - ✓ glimport /f filename /t tfs [/e encodingname]
- Exemplo
  - ✓ glimport /f mygloballists.xml /t AdventureWorksServer

Glexport

Você deve usar este comando para exportar uma lista global de um arquivo XML de um projeto de Team Foundation Server. Se você tentar exportar uma lista que já existe e esta especificada em um Team Project, um alerta será enviado avisando que haverá uma sobrescrita de lista global.

- Parâmetros são:

Parâmetro	Descrição
/f filename	A lista global de definição do arquivo XML a ser exportado.
/t tfs	Nome do computador do Team Foundation Server de cada lista global que será exportada.
/e encodingname	Especifica o formato do código usado para exportar a lista global.
/?	Exibe o help de contexto.

- Sintaxe
  - ✓ glexport /f filename /t tfs [/e encodingname]
- Exemplo
  - ✓ glexport /f mygloballists.xml /t AdventureWorksServer

SetupWarehouse

Você deve usar este comando para executar o rebuild no OLAP (Online Analytical Processing) do bando de dados.

- Requer permissão de Administrador
- Parâmetros são:

Opção/Argumento	Descrição
-v	Opcional. Escreve um arquivo de log se usado com –l.
-o	Requerido. Quando essa opção é usada, somente o banco de dados de OLAP é criado. Somente o cube de warehouse é recriado (rebuild).
-s ServerName	Requerido. Nome do servidor da camada de dados.
-d Database	Requerido. Nome do banco de dados de warehouse.
-c ConfigFile	Requerido. Nome do arquivo de configuração XML (SCHEMA) do warehouse.
-a AccountName	Requerido. Nome da conta do service no domínio/usuário.
-ra DataReaderAccountName	Requerido. Nome da conta de leitura no domínio/usuário.
-l LogFile	Opcional. Arquivo de log para output.
-mturl MidTierUrl	Requerido. URL do domínio do Team Foundation Server, por exemplo http://machine1:8080.
-edt TeamBuildDbName	Requerido.. Nome do Servidor de Build do Team Foundation Build.
-rebuild	Requerido. Força um rebuild no banco de dados do warehouse.

- Sintaxe
  - ✓ SetupWarehouse [-v] [-o] -s ServerName -d Database -c ConfigFile -a AccountName -ra DataReaderAccountName [-l LogFile] [-mturl MidTierUrl] [-edt TeamBuildDbName] -rebuild
- Exemplo
  - ✓ Setupwarehouse -o -s ServerName -d TFSWarehouse -c warehouseSchema.xml -a TFSServiceAccount -ra TFSReportAccount

Team Foundation Build Commands

As opções e atributos para as linhas de comando de Build são:

- Delete Command (Team Foundation Build)
- Help Command (Team Foundation Build)
- Start Command (Team Foundation Build)
- Stop Command (Team Foundation Build)

Vamos ver em detalhes cada um deles:

Delete Command (Team Foundation Build)

Você deve utilizar este comando quando quiser deletar um build completado.

- Requer permissão de Administrador
- Parâmetros são:

Argumentos	Descrição
Teamfoundationserver	URL do nome do Team Foundation Server.
TeamProject	Nome do Team Project para cada build existente.
BuildNumbers	Build ou builds que precisam ser deletados

- Sintaxe
  - ✓ TFSBuild delete Teamfoundationserver TeamProject BuildNumbers [/noprompt]
- Exemplo
  - ✓ TFSBuild delete http://server01:8080 AdventureWorks 99

Help Command (Team Foundation Build)

Você deve utilizar esse comando para exbir detalhes de como executar o comando

- Sintaxe
  - ✓ TFSBuild help commandname

Start Command (Team Foundation Build)

Você deve utilizar esse comando para iniciar o Team Build.

- Requer permissão específica
- Parâmetros são:

Argumento	Descrição
Teamfoundationserver	URL do Team Foundation Server onde a solução está sendo checada.
TeamProject	Nome do projeto que tem as soluções para executar o build.
BuildType	Tipo de build que você quer usar.
buildmachine	Usado com /machine. Nome do servidor de Team Foundation Build.
builddirectory	Usado com /directory. Caminho do diretório onde o build ocorrerá.

- Sintaxe
  - ✓ TFSBuild start Teamfoundationserver TeamProject BuildType [/machine:buildmachine] [/directory:builddirectory]
- Exemplo
  - ✓ TFSBuild start http://server01:8080 AdventureWorks Nightlies /m:Machine1 /d:"C:\BuildDrop"

Stop Command (Team Foundation Build)

Você deve utilizar esse comando para parar o Team Build.

- Requer permissão específica
- Parâmetros são:

Argumento	Descrição
Teamfoundationserver	URL do Team Foundation Server.
TeamProject	Nome do project name que tem as soluções para executar o build.
BuildNumber	Build que deve ser parado. Se o número do build tiver espaços, o espaço precisará ter aspas, por exemplo "myBuild 123."

- Sintaxe
  - ✓ TFSBuild stop Teamfoundationserver TeamProject BuildNumber [/noprompt]]
- Exemplo
  - ✓ TFSBuild stop http://server01:8080 AdventureWorks Nightly.025

Outros Comandos

Existem também alguns comandos básicos do dia-a-dia que podemos citar aqui. Esse trecho foi extraído do blog de Noah Coad (Visual Studio Team System Program Manager) pelo link: **http://blogs.msdn.com/noahc/archive/2007/01/22/real-tfs-command-line-help.aspx**

```
Add          tf add itemspec [lock:none|checkin|checkout] [/type:filetype]
             [/noprompt] [/recursive]
Branch       tf branch olditem newitem [/version:versionspec] [/noget] [/lock]
             [/noprompt] [/recursive]
Branches     tf branches [/s:servername] itemspec
Changeset    tf changeset [/comment:comment|@commentfile] /s:servername
             [/notes:("NoteFieldName"="NoteFieldValue"|@notefile)] [/noprompt]
             ([/latest]|changesetnumber)
Checkin      tf checkin [/author:authorname] [/comment:("comment"|@commentfile)]
             [/noprompt]
             [/notes:("Note Name"="note text"|@notefile)]
             [/override:reason|@reason] [/recursive] filespec ...]
Checkout     tf checkout|edit [/lock:(none|checkin|checkout)] [/recursive]
             [/type:encoding] itemspec
Configure    tf configure pathtoproject /server:servername
Delete       tf delete [/lock:(none|checkin|checkout)] [/recursive] itemspec
Difference   tf difference itemspec [/version:versionspec] [/type:filetype]
             [/format:(visual|unix|ss)] [/ignorespace]
             [/ignoreeol] [/ignorecase] [/recursive] [/options:"options"]
             tf difference itemspec itemspec2 [/type:filetype]
             [/format:(visual|unix|ss)] [/ignorespace] [/ignoreeol]
             [/ignorecase] [/recursive] [/options:"options"]
             tf difference [/shelveset:[shelvesetowner;]shelvesetname]
             shelveset_itemspec [/server:serverURL]
             [/type:filetype] [/format:(visual|unix|ss)] [/ignorespace]
             [/ignoreeol] [/ignorecase] [/recursive] [/options:"options"]
             tf difference /configure
Dir          tf dir [/s:servername] itemspec [/version:versionspec] [/recursive]
             [/folders] [/deleted]
```

```
Get         tf get itemspec [/version:versionspec] [/all] [/overwrite] [/force]
            [/preview] [/recursive] [/noprompt]
Help        tf help commandname
History     tf history [/s:servername] itemspec [/version:versionspec]
            [/stopafter:number] [/recursive]
            [/user:username] [/format:(brief|detailed)] [/slotmode]
Label       tf label [/s:servername]  labelname@scope [/owner:ownername]
            itemspec [/version:versionspec]
            [/comment:("comment"|@commentfile)] [/child:(replace|merge)]
            [/recursive]
            tf label [/s:servername] [/delete] labelname@scope
            [/owner:ownername] itemspec [/version:versionspec]
            [/recursive]
Labels      tf labels [/owner:ownername] [/format:(brief|detailed)]
            [/s:servername] [labelname]
Lock        tf lock itemspec /lock:(none|checkout|checkin)
            [/workspace:workspacename] [/server:serverURL] [/recursive]
            [/noprompt]
Merge       tf merge  [/recursive] [/force] [/candidate] [/discard]
            [/version:versionspec]
            [/lock:none|checkin|checkout] [/preview] [/baseless] [/nosummary]
            source destination
Merges      tf merges [/s:servername] [source] destination [/recursive]
Permission  tf permission [/allow:(* |perm1[,perm2,…]]
            [/deny:(*|perm1[,perm2,...])]
            [/remove:(* |perm1[,perm2,...])]
            [/inherit:yes|no] [/user:username1[,username2,…]] [/recursive]
            [/group:groupname1[,groupname2,...]]
            [/server:servername] itemspec

Properties  tf properties [/recursive] itemspec
Rename      tf rename [/lock:(none|checkout|checkin)] olditem newitem
Resolve     tf resolve itemspec [auto:(AcceptMerge|AcceptTheirs|AcceptYours)]
            [/preview]
            [(/overridetype:overridetype | /converttotype:converttype)]
            [/recursive]
Shelve      tf shelve [/move] [/replace] [/comment:(@commentfile|"comment")]
            [/recursive] shelvesetname[;owner] filespec
            tf shelve /delete [/server:serverURL] shelvesetname[;owner]
Shelvesets  tf shelvesets [/owner:ownername] [/format:(brief|detailed)]
            [/server:serverURL] shelvesetname
Status      tf status itemspec [/s:servername]
            ([/workspace:workspacename[;workspaceowner]] |
```

```
                [/shelveset:shelvesetname[;shelvesetowner]])
                [/format:(brief|detailed)] [/recursive] [/user:(*|username)]
Undelete     tf undelete [/noget] [/lock:(none|checkin|checkout)]
                [/newname:name] [/recursive] itemspec[;deletionID]
Undo         tf undo [/workspace:workspacename    [;workspaceowner]]
                [/s:servername] [/recursive] itemspec
Unlabel      tf unlabel [/s:servername] [/recursive] labelname itemspec
Unshelve     tf unshelve [/move] [shelvesetname[;username]] itemspec
View         tf view [/s:servername] [/console] [/noprompt] itemspec
                [/version:versionspec]
WorkFold     tf workfold localfolder
                tf workfold [/workspace: workspacename]
                tf workfold [/s:servername] [/workspace: workspacename]
                repositoryfolder
                tf workfold [/map] [/s:servername] [/workspace: workspacename]
                repositoryfolder|localfolder
                tf workfold /unmap [/s:servername] [/workspace: workspacename]
                [/recursive] (repositoryfolder|localfolder)
                tf workfold /cloak (repositoryfolder|localfolder)
                [/workspace: workspacename] [/s:servername]
                tf workfold /decloak (repositoryfolder|localfolde)
                [/workspace:workspacename] [/s:servername]
Workspace    tf workspace /new [/noprompt]
                [/template:workspacename[;workspaceowner]]
                [/computer:computername] [/comment:("comment"|@commentfile)]
                [/s:servername]
                tf workspace /delete [/s:servername]
                workspacename[;workspaceowner]
                tf workspace [/s:servername] [/comment:comment]
                [/newname:workspacename] workspacename[;workspaceowner]
Workspaces tf workspaces [/owner:ownername] [/computer:computername]
                [/s:servername] [/format:(brief|detailed)]
                [/updateUserName:oldusername]
                [/updateComputerName:oldcomputername] workspacename
ITEMSPECS
  Can contain wildcards *, ? and #
  Can contain relative path parts . and ..
  Can reference file system or UNC paths mapped to a workspace or server
  paths (which start with $/). You can usually specify more than one
  file separated by spaces for an itemspec (useful for edit, add, delete
  commands)
VERSIONSPECS
  Date/Time           Dmm/dd/yyyy
```

```
Changeset number   Cnnnnnn
Label              Llabelname
Latest version     T
Workspace          Wworkspacename;workspaceowner
ALIASES
/changeset   /G     /noprompt    /I
/comment     /C     /owner       /O
/computer    /M     /recursive   /R
/delete      /D     /server      /S
/force       /P     /slotmode    /X
/format      /F     /template    /T
/help        /?,/H  /user        /U
/lock        /K     /version     /V
/login       /Y     /workplace   /W
/newname     /N
```

12

Customização e Extensibilidade

Por que customizar ou estender?

Um dos principais motivos para "modificar" o Team Foundation Server é justamente adequá-lo às necessidades de sua empresa. A Microsoft preocupou-se em não "engessar" a tecnologia, proporcionando várias maneiras de interagir com todo o processo, portanto, ao executar customizações e/ou estender suas funcionalidades, o responsável pelas modificações é capaz de traduzir as suas necessidades processuais da empresa em recursos efetivamente aprimorados.

O Visual Studio Team System fornece condições suficientes de customizar o que está disponível por default no Team Foundation Server e permite estender ao máximo suas aplicações. Vamos ver a seguir alguns exemplos de customizações e extensibilidades possíveis no cenário VSTS:

Algumas customizações possíveis

- Modificações em Process Templates
- Modificações em tipos de Work Items
- Modificações em Source Control
- Modificações em Check In Policies
- Modificações em Check In Notes
- Criação/Edição/Modificações de Relatórios
- Project Portals
- Criação/Edição/Modificações de documentos

Algumas extensões possíveis

- Serviços

- Aumentar eventos
- Responder a eventos
- Integração com Team Explorer
- Rastreabilidade de Work Items
- Trabalhar o Object Model
- Source Control
- Interagir com Check in integrado
- Definir novos Check in policies
- Relatórios
- Portal
- Adicionar novos Web Parts
- Adicionar novos Builds

Customização na prática

Customizar para não engessar, esse é o objetivo. O primeiro passo é fazer uma cópia de um dos modelos de processos *default* do Team Foundation Server, que pode ser: MSF for Agile ou MSF for CMMI. Para entender melhor do que estamos falando, visite o Capítulo *Gerenciamento de Projetos no TFS* deste livro, onde você pode ter uma explicação mais completa a respeito do assunto. Para efetivar uma cópia de um dos processo precisamos:

Abra o Team Explorer, clique com o botão direito do mouse sobre o nome do servidor, escolha *Team Foundatiion Server Settings* e *Process Template Manager* (Figura 12.1).

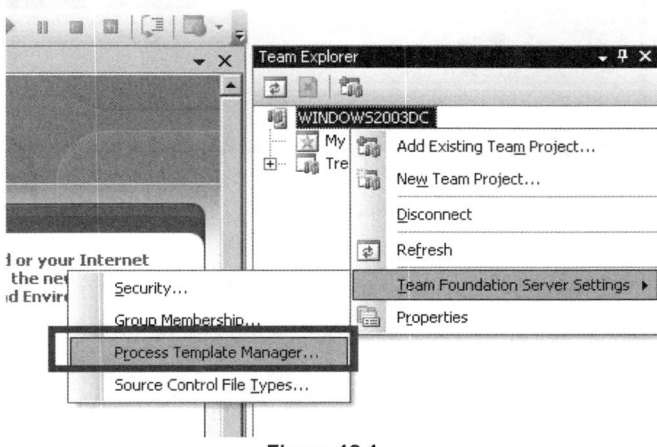

Figura 12.1

Escolha um dos templates de processo, clique em *Download* e salve-o em uma pasta de seu computador (Figura 12.2).

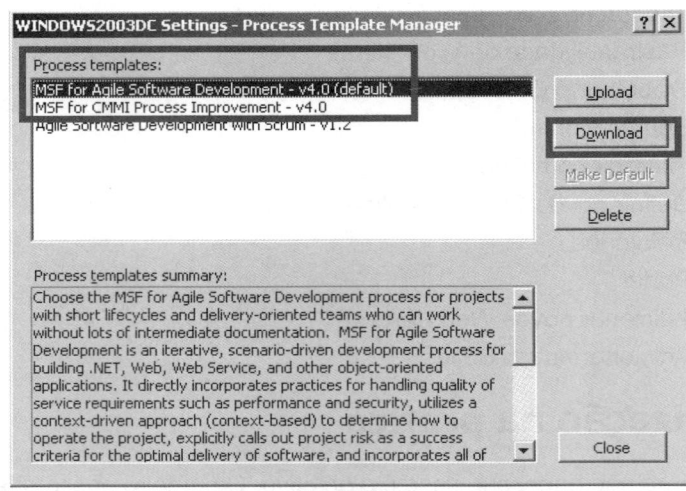

Figura 12.2

Após o *Download* você deve abrir o *Windows Explorer* e navegar pelas subpastas criadas dentro do local onde salvou o modelo de processo escolhido (Figura 12.2).

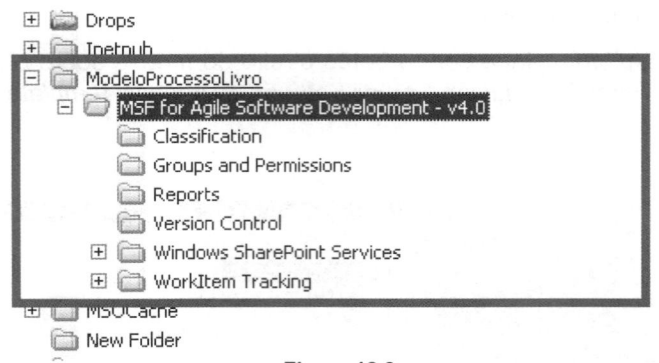

Figura 12.3

Você vai notar que existem diversas pastas básicas que foram criadas, que são:

- Classification - Todos os arquivos de definição do projeto estão nessa seção.
- Groups and Permissions - Todos os arquivos de definição das permissões isoladas e de grupos do TFS estão nessa seção

- Reports - Todos os arquivos de definição dos relatórios utilizados no TFS estão nessa seção.
- Version Control - Todos os arquivos de definição do Controle de Versão estão nessa seção.
- Windows SharePoint Services - Todos os arquivos que controlam as configurações do portal encontram-se nessa seção.
- WorkItem Tracking - Todos os arquivos de definição de Work Items estão nessa seção.

> **Atenção!** Para customização dos arquivos de um modelo de processos é necessário ter conhecimentos básicos de XML.

Vamos agora analisar alguns arquivos-chave para a configuração de um modelo de processo.

Informações sobre o modelo de processo (ProcessTemplate.xml)

O arquivo *ProcessTemplate.xml* possui as informações básicas sobre o processo, que inclusive iniciarão outros processos internos. Para ter uma idéia do que estou falando, estaremos configurando justamente os passos básicos que utilizamos na criação de um Team Project como pode ser visto na Figura 12.4.

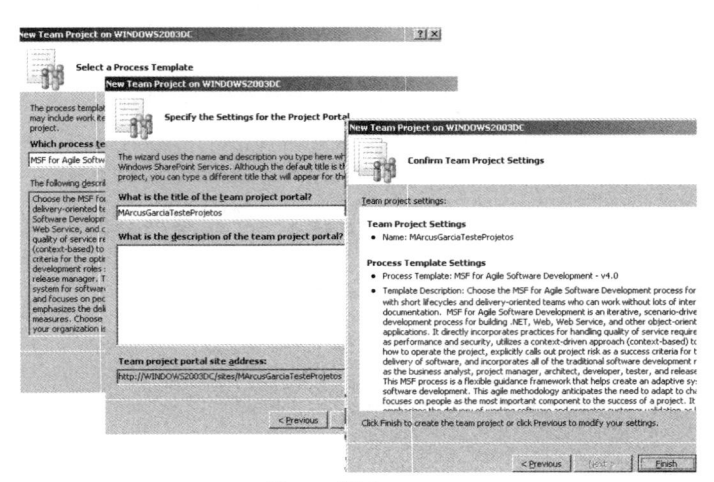

Figura 12.4

E também muitos recursos avançados. Mas vamos ver agora em detalhes o referido arquivo (*ProcessTemplate.xml*) .

```xml
<?xml version="1.0" encoding="utf-8" ?>
- <ProcessTemplate>
- <metadata>
<name>MSF for Agile Software Development - v4.0</name>
<description>Choose the MSF for Agile Software Development process
for projects with short lifecycles and delivery-oriented teams who
can work without lots of intermediate documentation. MSF for Agile
Software Development is an iterative, scenario-driven development
process for building .NET, Web, Web Service, and other object-oriented
applications. It directly incorporates practices for handling quality
of service requirements such as performance and security, utilizes a
context-driven approach (context-based) to determine how to operate
the project, explicitly calls out project risk as a success criteria
for the optimal delivery of software, and incorporates all of the
traditional software development roles such as the business analyst,
project manager, architect, developer, tester, and release manager.
This MSF process is a flexible guidance framework that helps create
an adaptive system for software development. This agile methodology
anticipates the need to adapt to change, and focuses on people as the
most important component to the success of a project. It also emphasi-
zes the delivery of working software and promotes customer validation
as key success measures. Choose MSF for CMMI Process Improvement over
MSF for Agile Software Development, if your organization is under-
taking a broad quality assurance and process improvement initiative
or your team needs the assistance of explicit process guidance rather
than relying on tacit knowledge and experience.</description>
- <plugins>
<plugin name="Microsoft.ProjectCreationWizard.Classification"
wizardPage="false" />
<plugin name="Microsoft.ProjectCreationWizard.Reporting"
wizardPage="false" />
<plugin name="Microsoft.ProjectCreationWizard.Portal"
wizardPage="true" />
<plugin name="Microsoft.ProjectCreationWizard.Groups"
wizardPage="false" />
<plugin name="Microsoft.ProjectCreationWizard.WorkItemTracking"
wizardPage="false" />
<plugin name="Microsoft.ProjectCreationWizard.VersionControl"
wizardPage="true" />
</plugins>
</metadata>
- <groups>
```

```xml
- <group id="Classification" description="Structure definition for the
project." completionMessage="Project Structure uploaded.">
<dependencies />
<taskList filename="Classification\Classification.xml" />
</group>
- <group id="Groups" description="Create Groups and assign Permis-
sions." completionMessage="Groups created and Permissions assig-
ned.">
- <dependencies>
<dependency groupId="Classification" />
</dependencies>
<taskList filename="Groups and Permissions\GroupsandPermissions.xml" />
</group>
- <group id="Portal" description="Creating project Site" completionM
essage="Project site created.">
- <dependencies>
<dependency groupId="Classification" />
<dependency groupId="WorkItemTracking" />
<dependency groupId="VersionControl" />
</dependencies>
<taskList filename="Windows SharePoint Services\WssTasks.xml" />
</group>
- <group id="Reporting" description="Project reports uploading."
completionMessage="Project reports uploaded.">
- <dependencies>
<dependency groupId="Classification" />
<dependency groupId="Portal" />
</dependencies>
<taskList filename="Reports\ReportsTasks.xml" />
</group>
- <group id="WorkItemTracking" description="Workitem definitions
uploading." completionMessage="Workitem definitions uploaded.">
- <dependencies>
<dependency groupId="Classification" />
<dependency groupId="Groups" />
</dependencies>
<taskList filename="WorkItem Tracking\WorkItems.xml" />
</group>
- <group id="VersionControl" description="Creating version control."
completionMessage="Version control task completed.">
```

```
- <dependencies>
<dependency groupId="Classification" />
<dependency groupId="Groups" />
<dependency groupId="WorkItemTracking" />
- <!--  This is just to serialize execution with WIT
-->
</dependencies>
<taskList filename="Version Control\VersionControl.xml" />
</group>
</groups>
</ProcessTemplate>
```

No nó <name> temos o nome efetivo que será exibido no ato da escolha de um modelo e no <description> temos os detalhes do modelo que foi escolhido.

```
...<name>ProjetoLivroMarcusGarcia</name>
<description>Escolha esse modelo de processo se pretende criar um
TeamProject baseado no modelo MSF for MarcusGarcia Agil
</description>...
```

Na seqüência temos o nó <plugins>, responsável por ativar ou desativar os assistentes de criação de um Team Project conforme visto na Figura 12.4.

```
...
<plugins>
<plugin name="Microsoft.ProjectCreationWizard.Classification" wizardPage="false" />
<plugin name="Microsoft.ProjectCreationWizard.Reporting" wizardPage="false" />
<plugin name="Microsoft.ProjectCreationWizard.Portal" wizardPage="true" />
<plugin name="Microsoft.ProjectCreationWizard.Groups" wizardPage="false" />
<plugin name="Microsoft.ProjectCreationWizard.WorkItemTracking" wizardPage="false" />
<plugin name="Microsoft.ProjectCreationWizard.VersionControl" wizardPage="true" />
</plugins>
```

Temos o nó <groups>, que trabalha aninhado também ao nó <dependencies>. No código a seguir temos a referência ao XML Classification.

```
...
<groups>
<group id="Classification" description="Structure definition for the project." comple
tionMessage="Project Structure uploaded.">
<dependencies />
<taskList filename="Classification\Classification.xml" />
</group>
...
```

Caso queira começar a customizar seu modelo de processo, o passo inicial é, portanto, o ProcessTemplate.xml.

> **Atenção!** É muito importante e menos trabalhoso, além de mais seguro, cus-
> tomizar um modelo de processo com base em uma cópia e evitar ao máximo
> começar um arquivo do zero para não ocorrerem possíveis falhas. Até que você
> tenha certeza de que está fazendo a coisa da forma correta, implemente peque-
> nas modificações e verifique como elas se comportam.

Ainda não vamos falar aqui sobre atualizar o Team Foundation Server com seu novo
Modelo de Processo.

Definição do projeto (Classification.xml)

No arquivo *Classification.xml* você define as configurações *default* para criação de
iterações e áreas.

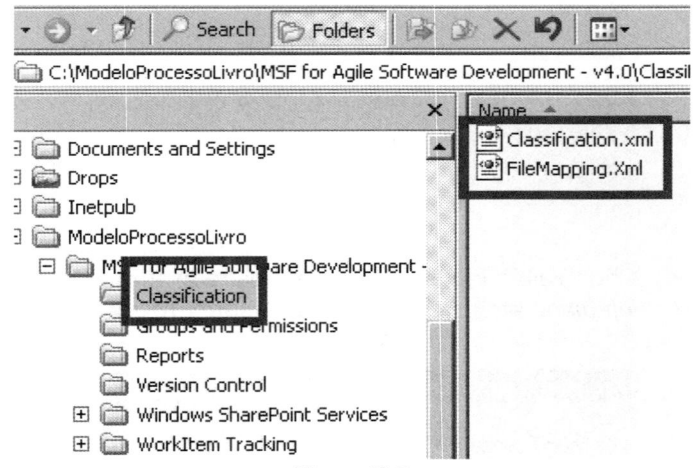

Figura 12.5

Neste arquivo você pode definir o ciclo de desenvolvimento de software da sua
empresa. Por exemplo:

```
<Node StructureType="ProjectLifecycle" Name="Planejamento e levantamentos" />
<Node StructureType="ProjectLifecycle" Name="Desenvolvimento e Testes" />
<Node StructureType="ProjectLifecycle" Name="Desenvolvimento e Testes" />
<Node StructureType="ProjectLifecycle" Name="Desenvolvimento e Testes" />
<Node StructureType="ProjectLifecycle" Name=" Homologação " />
```

```xml
<?xml version="1.0" encoding="utf-8" ?>
- <tasks>
- <task id="UploadStructure" name="Creating project structure"
plugin="Microsoft.ProjectCreationWizard.Classification"
completionMessage="Team project structure created.">
- <taskXml>
- <Nodes>
- <Node StructureType="ProjectLifecycle" Name="Iteration" xmlns="">
- <Children>
<Node StructureType="ProjectLifecycle" Name="Iteration 0" />
<Node StructureType="ProjectLifecycle" Name="Iteration 1" />
<Node StructureType="ProjectLifecycle" Name="Iteration 2" />
</Children>
</Node>
<Node StructureType="ProjectModelHierarchy" Name="Area" xmlns="" />
</Nodes>
- <properties>
<property name="MSPROJ" value="Classification\FileMapping.xml" isFile="true" />
</properties>
</taskXml>
</task>
</tasks>
```

Para entender melhor, veja a Figura 12.6, que mostra exatamente as iterações que são criadas por *default* no ato da criação de um *Team Project*.

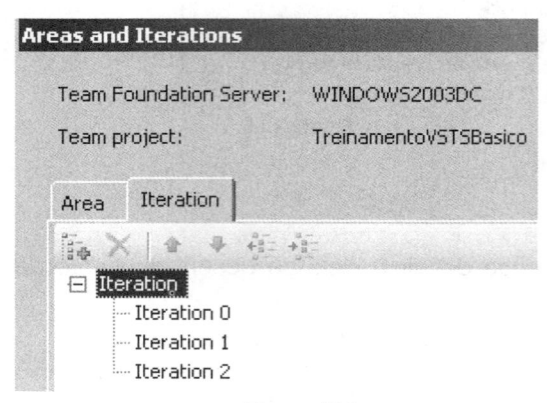

Figura 12.6

Definição do projeto (FileMapping.xml)

Já no arquivo *FileMapping.xml* você descreve os elementos que serão mapeados no processo de criação de um *Team Project*. Ele determina os campos do banco de dados de *Work Items* que correspondem a determinadas colunas no Microsoft Project.

```xml
<?xml version="1.0" encoding="utf-8" ?>
<MSProject>
- <Mappings>
  <Mapping WorkItemTrackingFieldReferenceName="System.Id" ProjectFie
  ld="pjTaskText10" ProjectName="Work Item ID" />
  <Mapping WorkItemTrackingFieldReferenceName="System.Title" Project
  Field="pjTaskName" />
  <Mapping WorkItemTrackingFieldReferenceName="System.WorkItemType"
  ProjectField="pjTaskText24" />
  <Mapping WorkItemTrackingFieldReferenceName="Microsoft.VSTS.
  Common.Discipline" ProjectField="pjTaskText17" />
  <Mapping WorkItemTrackingFieldReferenceName="System.AssignedTo"
  ProjectField="pjTaskResourceNames" />
  <Mapping WorkItemTrackingFieldReferenceName="Microsoft.VSTS.
  Scheduling.CompletedWork" ProjectField="pjTaskActualWork"
  ProjectUnits="pjHour" />
  <Mapping WorkItemTrackingFieldReferenceName="Microsoft.VSTS.
  Scheduling.RemainingWork" ProjectField="pjTaskRemainingWork"
  ProjectUnits="pjHour" />
  <Mapping WorkItemTrackingFieldReferenceName="Microsoft.VSTS.
  Scheduling.BaselineWork" ProjectField="pjTaskBaselineWork"
  ProjectUnits="pjHour" />
  <Mapping WorkItemTrackingFieldReferenceName="Microsoft.VSTS.
  Scheduling.StartDate" ProjectField="pjTaskStart" PublishOnly="true" />
  <Mapping WorkItemTrackingFieldReferenceName="Microsoft.
  VSTS.Scheduling.FinishDate" ProjectField="pjTaskFinish"
  PublishOnly="true" />
  <Mapping WorkItemTrackingFieldReferenceName="System.State" Project
  Field="pjTaskText13" ProjectName="State" />
  <Mapping WorkItemTrackingFieldReferenceName="System.Reason" Projec
  tField="pjTaskText14" />
  <Mapping WorkItemTrackingFieldReferenceName="Microsoft.VSTS.
  Common.Rank" ProjectField="pjTaskText16" />
  <Mapping WorkItemTrackingFieldReferenceName="Microsoft.VSTS.
  Common.Issue" ProjectField="pjTaskText15" />
  <Mapping WorkItemTrackingFieldReferenceName="Microsoft.VSTS.
```

```
Common.ExitCriteria" ProjectField="pjTaskText20" />
 <Mapping WorkItemTrackingFieldReferenceName="Microsoft.VSTS.
Common.QualityOfServiceType" ProjectField="pjTaskText21" />
 <Mapping WorkItemTrackingFieldReferenceName="Microsoft.VSTS.
Common.RoughOrderOfMagnitude" ProjectField="pjTaskText22" />
 <Mapping WorkItemTrackingFieldReferenceName="Microsoft.VSTS.
Common.Priority" ProjectField="pjTaskText19" ProjectName="Work Item
Priority" />
 <Mapping WorkItemTrackingFieldReferenceName="System.AreaPath"
ProjectField="pjTaskOutlineCode9" />
 <Mapping WorkItemTrackingFieldReferenceName="System.IterationPath"
ProjectField="pjTaskOutlineCode10" />
 <Mapping WorkItemTrackingFieldReferenceName="System.Rev" ProjectFi
eld="pjTaskText23" />
 <ContextField WorkItemTrackingFieldReferenceName="Microsoft.VSTS.
Scheduling.TaskHierarchy" />
 <LinksField ProjectField="pjTaskText26" />
 <SyncField ProjectField="pjTaskText25" />
 </Mappings>
 </MSProject>
```

Caso você queira adicionar um novo campo e dar suporte ao Microsoft Project você deve mapeá-lo nesse arquivo, Por exemplo:

```
<Mapping WorkItemTrackingFieldReferenceName="System.Id" ProjectField
="Campoteste" ProjectName="ProjetoLivroMarcusGarcia"/>
```

Definição de permissões (GroupandPermissions.xml)

Como o próprio nome já sugere, trata-se do arquivo XML que determina as configurações de permissão para usuários e grupos no ato da criação de um *Team Project.*

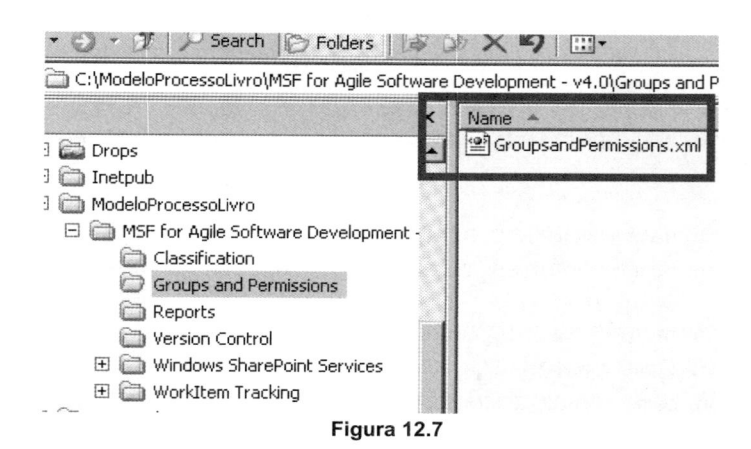

Figura 12.7

```xml
<?xml version="1.0" encoding="utf-8" ?>
- <tasks>
- <task id="GroupCreation1" name="Create Groups and Permissions"
plugin="Microsoft.ProjectCreationWizard.Groups" completionMessage="G
roups and Permissions created.">
- <taskXml>
- <groups>
- <group name="Readers" description="Members of this group have
access to the team project.">
- <permissions>
  <permission name="GENERIC_READ" class="PROJECT" allow="true" />
  <permission name="GENERIC_READ" class="CSS_NODE" allow="true" />
  <permission name="WORK_ITEM_READ" class="CSS_NODE" allow="true" />
  </permissions>
  </group>
- <group name="Contributors" description="Members of this group can
add, modify, and delete items within the team project.">
- <permissions>
  <permission name="GENERIC_READ" class="PROJECT" allow="true" />
  <permission name="PUBLISH_TEST_RESULTS" class="PROJECT" allow="true" />
  <permission name="GENERIC_READ" class="CSS_NODE" allow="true" />
  <permission name="WORK_ITEM_READ" class="CSS_NODE" allow="true" />
  <permission name="WORK_ITEM_WRITE" class="CSS_NODE" allow="true" />
  <permission name="START_BUILD" class="PROJECT" allow="true" />
```

```
</permissions>
</group>
- <group name="Build Services" description="Members of this group
have build service permissions for the team project. For service
accounts only.">
- <permissions>
  <permission name="GENERIC_READ" class="PROJECT" allow="true" />
  <permission name="PUBLISH_TEST_RESULTS" class="PROJECT"
allow="true" />
  <permission name="GENERIC_READ" class="CSS_NODE" allow="true" />
  <permission name="WORK_ITEM_READ" class="CSS_NODE" allow="true" />
  <permission name="WORK_ITEM_WRITE" class="CSS_NODE" allow="true" />
  <permission name="START_BUILD" class="PROJECT" allow="true" />
  <permission name="UPDATE_BUILD" class="PROJECT" allow="true" />
  <permission name="EDIT_BUILD_STATUS" class="PROJECT" allow="true" />
</permissions>
</group>
</groups>
</taskXml>
</task>
</tasks>
```

Você pode definir permissões facilmente, bastando para isso ter conhecimento da sintaxe e suas classes, como exibido na tabela a seguir, retirada do link MSDNWiki: **http://msdnwiki.microsoft.com/pt-br/mtpswiki/ms243826(VS.80).aspx)**.

Classes	Name (Nome)	Descrição
/NAMESPACE	GENERIC_READ	Os usuários com essa permissão podem exibir grupos de nível (seus membros), servidores e usuários e suas permissões, a menos que negada por permissões mais específicas.
/NAMESPACE	GENERIC_WRITE	Os usuários com essa permissão podem editar grupos de nível do servidor e permissões. Eles podem: • Criar, excluir ou renomear um grupo de aplicativos no nível Team Foundation Server do servidor. **Observação** Grupos de administração não podem ser excluídos. • Adicionar / remover um usuário do Windows, grupo do Windows, ou outro grupo do Team Foundation Server do aplicativo (no nível do servidor). • Alterar nível de permissões para usuários e grupos do servidor. • Além disso, os usuários que têm essa permissão dão acesso de gravação de controle de versão implícita, a menos que explicitamente negado por outras permissões de controle de versão.
/NAMESPACE	MANAGE_EVERYONE _GROUP	Pode adicionar ou remover membros para o grupo global TFS todos.
/NAMESPACE	CREATE_PROJECTS	Os usuários que têm essa permissão podem criar novos projetos da equipe, contanto que ela tenha direitos administrativos para SharePoint e Report Server.
/NAMESPACE	ADMINISTER_WAREH OUSE	Usuários que têm essa permissão podem alterar configurações de depósito através do serviço da Web WarehouseController.asmx método Web ChangeSetting. Isso permite ao usuário definir, por exemplo, o intervalo de atualização em calcular os cubos OLAP através do método Web ChangeSetting.
/NAMESPACE	MANAGE_TEMPLATE	Somente os usuários que têm essa permissão podem baixar ou carregar os modelos de processo.

Continua

Classes	Name (Nome)	Descrição
PROJECT	GENERIC_READ	Os usuários que têm essa permissão podem exibir grupos de nível de projeto (seus membros), usuários e suas permissões, a menos que negada exibição de determinados itens por permissões mais específicas.
PROJECT	GENERIC_WRITE	Usuários que têm essa permissão podem editar grupos de nível de projetos e permissões. Eles podem: • Criar, excluir ou renomear um grupo de aplicativos de nível Team Foundation Server de projeto. **Observação** Grupos de administração não podem ser excluídos. • Adicionar / remover um usuário do Windows, grupo do Windows, ou outro grupo do Team Foundation Server do aplicativo para / de um grupo de Team Foundation Server de aplicativos (no nível do projeto). • Alterar Projeto GRANT / Negar / remover permissões para usuários e grupos. • Adicionar / Remover nível de consultas WIT do projeto.
PROJECT	DELETE	Deleteteamproject é uma permissão nível do projeto usado quando um usuário cria um teste ou um projeto incorreto e precisa excluí-lo. Ele é uma permissão específica do projeto.
PROJECT	PUBLISH_TEST_RESULTS	Essa permissão controla se um usuário pode carregar resultados do teste aos dados para a camada de aplicativo e se pode remover a execução de teste.
PROJECT	DELETE_TEST_RESULTS	Usuários que têm essa permissão podem excluir resultados do teste.
PROJECT	ADMINISTER_BUILD	Usuários que têm essa permissão podem criar novos tipos de criação, editar novos tipos de criação, adicionar ou fazer check-in de tarefas de criação personalizada, excluir criação concluída ou anular compilações atuais em andamento.
PROJECT	START_BUILD	Somente os usuários com essa permissão podem iniciar uma compilação por meio do Team Explorer ou através da linha de comando.

Continua

Classes	Name (Nome)	Descrição
PROJECT	EDIT_BUILD_STATUS	Permite que o usuário marque uma compilação com um valor de qualidade, como "auto-testar" ou "pronto para teste." Isso pode ser feito através da Team Build Browser interface do usuário. A marca de qualidade é armazenada no armazenamento Team Foundation Build de banco de dados.
PROJECT	UPDATE_BUILD	Essa permissão deve ser concedida à conta sob a qual o serviço construir está sendo executado, para poder atualizar armazenamento Team Foundation Build de banco de dados. Essa permissão só deve ser atribuída a contas de serviço e não a usuários individuais.
CSS_NODE	GENERIC_READ	Os usuários com essa permissão podem editar itens de trabalho sob este nó de área.
CSS_NODE	GENERIC_WRITE	Os usuários com essa permissão podem renomear este nó de área.
CSS_NODE	CREATE_CHILDREN	Os usuários com essa permissão podem criar novos nós de área e reordenar qualquer nó filho de área.
CSS_NODE	DELETE	Os usuários com essa permissão podem excluir nós de área. Quaisquer nós filhos sob nós pais sendo excluídos também serão excluídos os nós pais.
CSS_NODE	WORK_ITEM_READ	Os usuários com essa permissão podem exibir, mas não editar ou alterar itens de trabalho sob este nó de área.
CSS_NODE	WORK_ITEM_WRITE	Os usuários com essa permissão podem editar itens de trabalho sob este nó de área.
EVENT_SUBSCRIPTION	GENERIC_READ	Os usuários que têm essa permissão podem exibir alertas.
EVENT_SUBSCRIPTION	GENERIC_WRITE	Usuários que têm essa permissão podem alterar configurações de alerta.
EVENT_SUBSCRIPTION	UNSUBSCRIBE	Usuários que têm essa permissão podem cancelar a inscrição alerta.

Sintaxe: <permission name="" class="" allow=""/>

Definição dos relatórios utilizados no TFS (ReportsTasks.xml)

Seguindo o mesmo critério dos demais items de configuração, todos os relatórios que deverão fazer parte do seu modelo de processos devem ser descritos nesse XML.

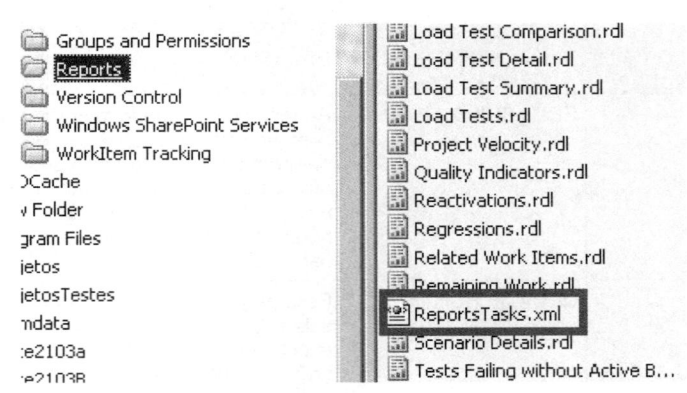

Figura 12.8

```
<?xml version="1.0" encoding="utf-8" ?>
- <tasks>
- <task id="Site" plugin="Microsoft.ProjectCreationWizard.Reporting"
completionMessage="Project Reporting site created.">
  <dependencies />
- <taskXml>
- <ReportingServices>
  <site />
  </ReportingServices>
  </taskXml>
  </task>
- <task id="Populate Reports" plugin="Microsoft.
ProjectCreationWizard.Reporting" completionMessage="Project site
created.">
- <dependencies>
  <dependency taskId="Site" />
  </dependencies>
- <taskXml>
- <ReportingServices>
- <reports>
- <report name="Work Item with Tasks" filename="Reports\Work Item
with Tasks.rdl" folder="" cacheExpiration="30">
- <properties>
  <property name="Hidden" value="true" />
  </properties>
- <datasources>
  <reference name="/TfsOlapReportDS" dsname="TfsOlapReportDS" />
  </datasources>
  </report>
```

```
- <report name="Work Item with TestResults" filename="Reports\Work
Item with TestResults.rdl" folder="" cacheExpiration="30">
- <properties>
  <property name="Hidden" value="true" />
  </properties>
- <datasources>
  <reference name="/TfsOlapReportDS" dsname="TfsOlapReportDS" />
  </datasources>
  </report>
- <report name="Work Items" filename="Reports\Work Items.rdl"
folder="" cacheExpiration="30">
- <parameters>
  <parameter name="ExplicitProject" value="" />
  </parameters>
- <properties>
  <property name="Hidden" value="true" />
  </properties>
- <datasources>
  <reference name="/TfsOlapReportDS" dsname="TfsOlapReportDS" />
  <reference name="/TfsReportDS" dsname="TfsReportDS" />
  </datasources>
  </report>
- <report name="Builds" filename="Reports\Builds.rdl" folder=""
cacheExpiration="30">
- <parameters>
  <parameter name="ExplicitProject" value="" />
  </parameters>
- <datasources>
  <reference name="/TfsOlapReportDS" dsname="TfsOlapReportDS" />
  <reference name="/TfsReportDS" dsname="TfsReportDS" />
  </datasources>
  </report>
- <report name="Reactivations" filename="Reports\Reactivations.rdl"
folder="" cacheExpiration="30">
- <parameters>
  <parameter name="ExplicitProject" value="" />
  </parameters>
- <datasources>
  <reference name="/TfsOlapReportDS" dsname="TfsOlapReportDS" />
  <reference name="/TfsReportDS" dsname="TfsReportDS" />
  </datasources>
  </report>
```

```
- <report name="Remaining Work" filename="Reports\Remaining Work.rdl"
folder="" cacheExpiration="30">
- <parameters>
  <parameter name="ExplicitProject" value="" />
  </parameters>
- <datasources>
  <reference name="/TfsOlapReportDS" dsname="TfsOlapReportDS" />
  <reference name="/TfsReportDS" dsname="TfsReportDS" />
  </datasources>
  </report>
- <report name="Bug Rates" filename="Reports\Bug Rates.rdl" folder=""
cacheExpiration="30">
- <parameters>
  <parameter name="ExplicitProject" value="" />
  </parameters>
- <datasources>
  <reference name="/TfsOlapReportDS" dsname="TfsOlapReportDS" />
  <reference name="/TfsReportDS" dsname="TfsReportDS" />
  </datasources>
  </report>
- <report name="Bugs by Priority" filename="Reports\Bugs by Priority.
rdl" folder="" cacheExpiration="30">
- <parameters>
  <parameter name="ExplicitProject" value="" />
  </parameters>
- <datasources>
  <reference name="/TfsOlapReportDS" dsname="TfsOlapReportDS" />
  <reference name="/TfsReportDS" dsname="TfsReportDS" />
  </datasources>
  </report>
- <report name="Project Velocity" filename="Reports\Project Velocity.
rdl" folder="" cacheExpiration="30">
- <parameters>
  <parameter name="ExplicitProject" value="" />
  </parameters>
- <datasources>
  <reference name="/TfsOlapReportDS" dsname="TfsOlapReportDS" />
  <reference name="/TfsReportDS" dsname="TfsReportDS" />
  </datasources>
  </report>
- <report name="Quality Indicators" filename="Reports\Quality
Indicators.rdl" folder="" cacheExpiration="30">
- <parameters>
```

```
  <parameter name="ExplicitProject" value="" />
  </parameters>
- <datasources>
  <reference name="/TfsOlapReportDS" dsname="TfsOlapReportDS" />
  <reference name="/TfsReportDS" dsname="TfsReportDS" />
  </datasources>
  </report>
- <report name="Unplanned Work" filename="Reports\Unplanned Work.rdl"
folder="" cacheExpiration="30">
- <parameters>
  <parameter name="ExplicitProject" value="" />
  </parameters>
- <datasources>
  <reference name="/TfsOlapReportDS" dsname="TfsOlapReportDS" />
  <reference name="/TfsReportDS" dsname="TfsReportDS" />
  </datasources>
  </report>
- <report name="Related Work Items" filename="Reports\Related Work
Items.rdl" folder="" cacheExpiration="30">
- <parameters>
  <parameter name="ExplicitProject" value="" />
  </parameters>
- <datasources>
  <reference name="/TfsOlapReportDS" dsname="TfsOlapReportDS" />
  <reference name="/TfsReportDS" dsname="TfsReportDS" />
  </datasources>
  </report>
- <report name="Scenario Details" filename="Reports\Scenario Details.
rdl" folder="" cacheExpiration="30">
- <parameters>
  <parameter name="ExplicitProject" value="" />
  </parameters>
- <datasources>
  <reference name="/TfsOlapReportDS" dsname="TfsOlapReportDS" />
  <reference name="/TfsReportDS" dsname="TfsReportDS" />
  </datasources>
  </report>
- <report name="Actual Quality vs Planned Velocity"
filename="Reports\Actual Quality vs Planned Velocity.rdl" folder=""
cacheExpiration="30">
- <parameters>
```

```
    <parameter name="ExplicitProject" value="" />
    </parameters>
  - <datasources>
    <reference name="/TfsOlapReportDS" dsname="TfsOlapReportDS" />
    <reference name="/TfsReportDS" dsname="TfsReportDS" />
    </datasources>
    </report>
  - <report name="Tests Passing With Active Bugs" filename="Reports\
Tests Passing With Active Bugs.rdl" folder="" cacheExpiration="30">
  - <parameters>
    <parameter name="ExplicitProject" value="" />
    </parameters>
  - <datasources>
    <reference name="/TfsOlapReportDS" dsname="TfsOlapReportDS" />
    <reference name="/TfsReportDS" dsname="TfsReportDS" />
    </datasources>
    </report>
  - <report name="Tests Failing Without Active Bugs"
filename="Reports\Tests Failing Without Active Bugs.rdl" folder=""
cacheExpiration="30">
  - <parameters>
    <parameter name="ExplicitProject" value="" />
    </parameters>
  - <datasources>
    <reference name="/TfsOlapReportDS" dsname="TfsOlapReportDS" />
    <reference name="/TfsReportDS" dsname="TfsReportDS" />
    </datasources>
    </report>
  - <report name="Regressions" filename="Reports\Regressions.rdl"
folder="" cacheExpiration="30">
  - <parameters>
    <parameter name="ExplicitProject" value="" />
    </parameters>
  - <datasources>
    <reference name="/TfsOlapReportDS" dsname="TfsOlapReportDS" />
    <reference name="/TfsReportDS" dsname="TfsReportDS" />
    </datasources>
    </report>
  - <report name="Bugs Found Without Corresponding Tests"
filename="Reports\Bugs Found Without Corresponding Tests.rdl"
folder="" cacheExpiration="30">
  - <parameters>
```

```
  <parameter name="ExplicitProject" value="" />
  </parameters>
- <datasources>
  <reference name="/TfsOlapReportDS" dsname="TfsOlapReportDS" />
  <reference name="/TfsReportDS" dsname="TfsReportDS" />
  </datasources>
  </report>
- <report name="Load Test Detail" filename="Reports\Load Test Detail.
rdl" folder="" cacheExpiration="30">
- <properties>
  <property name="Hidden" value="true" />
  </properties>
- <datasources>
  <reference name="/TfsReportDS" dsname="TfsReportDS" />
  </datasources>
  </report>
- <report name="Load Test Summary" filename="Reports\Load Test
Summary.rdl" folder="" cacheExpiration="30">
- <parameters>
  <parameter name="ExplicitProject" value="" />
  </parameters>
- <datasources>
  <reference name="/TfsReportDS" dsname="TfsReportDS" />
  </datasources>
  </report>
  </reports>
  </ReportingServices>
  </taskXml>
  </task>
  </tasks>
```

No arquivo XML listado antes você encontra todos os relatórios configurados e mapeados para o diretório correspondente conforme Figura 12.9.

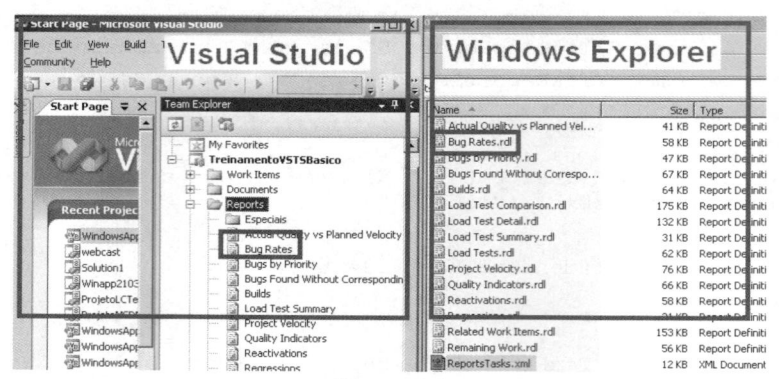

Figura 12.9

Definição do Controle de Versão (VersionControl.xml)

Opções de segurança, de Check In, de grupos etc. podem ser definidas antes mesmo de criar o primeiro Team Project através desse Plug In.

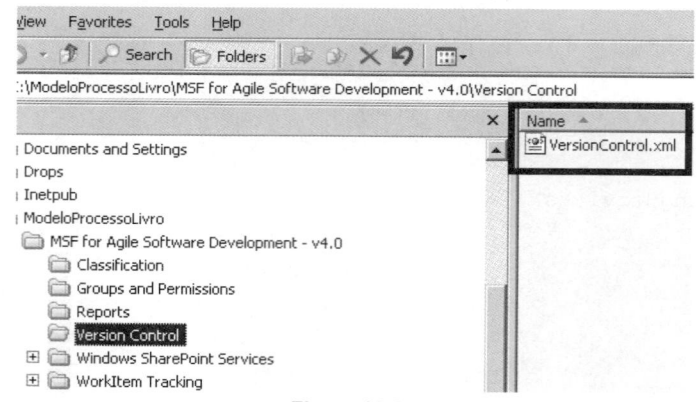

Figura 12.10

Você pode notar no XML a seguir alguns items interessantes de serem configurados (em negrito).

```xml
<?xml version="1.0" encoding="utf-8" ?>
- <tasks>
- <task id="VersionControlTask" name="Create Version Control area"
plugin="Microsoft.ProjectCreationWizard.VersionControl" completionMe
ssage="Version control Task completed.">
```

```
<dependencies />
- <taskXml>
<permission allow="Read, PendChange, Checkin, Label, Lock,
ReviseOther, UnlockOther, UndoOther, LabelOther, AdminProjectRights,
CheckinOther" identity="[$$PROJECTNAME$$]\Project Administrators" />
<permission allow="Read, PendChange, Checkin, Label, Lock" identit
y="[$$PROJECTNAME$$]\Contributors" />
<permission allow="Read" identity="[$$PROJECTNAME$$]\Readers" />
<permission allow="Read, PendChange, Checkin, Label, Lock" identit
y="[$$PROJECTNAME$$]\Build Services" />
<checkin_note label="Code Reviewer" required="false" order="1" />
<checkin_note label="Security Reviewer" required="false" order="2"
/>
<checkin_note label="Performance Reviewer" required="false"
order="3" />
<exclusive_checkout required="false" />
</taskXml>
</task>
</tasks>
```

Definições de controle das configurações do Project Portal (WssTasks.xml)

Por diversas vezes temos a necessidade de documentar todo o nosso processo de desenvolvimento de software. Nesse momento, nada melhor do que ter um Manual do Processo totalmente integrado à criação do mesmo.

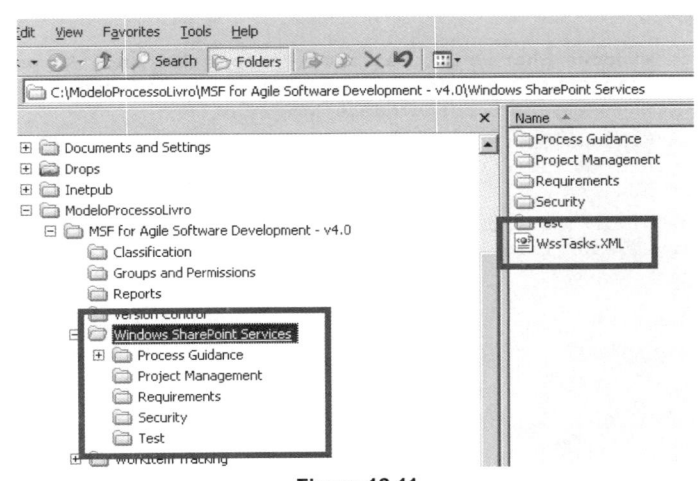

Figura 12.11

```
- <tasks>
- <task id="SharePointPortal" name="Create Sharepoint Portal"
plugin="Microsoft.ProjectCreationWizard.Portal" completionMessage="Project
site created.">
  <dependencies />
- <taskXml>
- <Portal>
  <site template="VSTS_MSFAgile" language="1033" />
- <documentLibraries>
  <documentLibrary name="Security" description="Documents for the architect
team" />
  <documentLibrary name="Test" description="Documents for the test team" />
  <documentLibrary name="Project Management" description="Documents for the
project management team" />
  <documentLibrary name="Templates" description="Templates for the team
documents" />
  <documentLibrary name="Requirements" description="Documents for the
business analyst team" />
  <documentLibrary name="Process Guidance" description="Process Guidance for
the team documents" />
  </documentLibraries>
- <folders>
  <folder documentLibrary="Process Guidance" name="Supporting Files" />
  <folder documentLibrary="Process Guidance" name="Supporting Files/Code" />
  <folder documentLibrary="Process Guidance" name="Supporting Files/CSS" />
  <folder documentLibrary="Process Guidance" name="Supporting Files/EULA" />
  <folder documentLibrary="Process Guidance" name="Supporting Files/images" />
  </folders>
- <files>
  <file source="Windows SharePoint Services\Process Guidance\Supporting
Files\ProcessGuidance.htm" documentLibrary="Process Guidance"
target="Supporting Files/ProcessGuidance.htm" />
  <file source="Windows SharePoint Services\Process Guidance\Supporting
Files\Glossary.htm" documentLibrary="Process Guidance" target="Supporting
Files/Glossary.htm" />
  <file source="Windows SharePoint Services\Test\Test Approach.doc"
documentLibrary="Test" target="Test Approach.doc" />
  ...
  </files>
  </Portal>
  </taskXml>
  </task>
  </tasks>
```

Todos os documentos do processo devem ser mapeados nesse arquivo, e nas sub-pastas temos os arquivos padrões de cada modalidade que podem ser adicionados no ato da criação do projeto como, por exemplo, um documento padrão do Microsoft Word referente ao Documento de Visão do Projeto ou uma planilha de custos etc. (Figura 12.12).

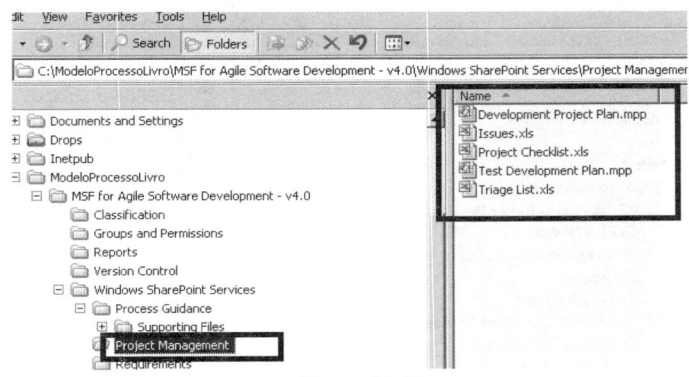

Figura 12.12

Vamos ver como adicionar o mapeamento para um novo arquivo de deva ser consi-derado no ato da criação de um projeto de time.

```
<file source="Windows SharePoint Services\Requirements\Escopo.doc"
documentLibrary="Requirements" target="Escopo.doc" />
```

Esta customização especificamente é a documentação de todo o seu modelo de processo, como podemos ver no exemplo da Figura 12.13, que mostra a página padrão de um projeto de time.

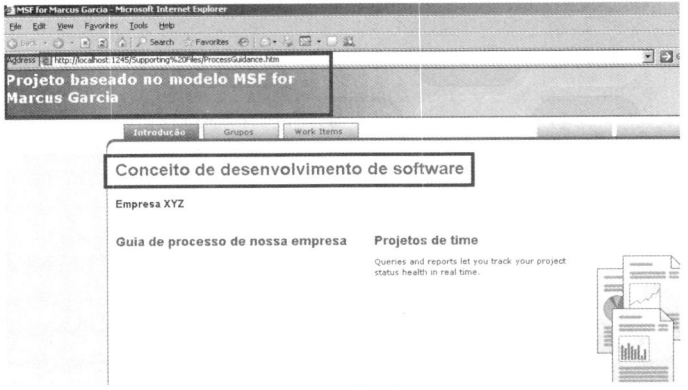

Figura 12.13

Definições das configurações de Work items (Workitems.xml)

Seguindo a mesmo caminho dos outros XMLs precisamos, muitas vezes, criar ou excluir um tipo de *Work Item* existente e para isso precisamos editar o referido artigo a fim de implentar tais alterações.

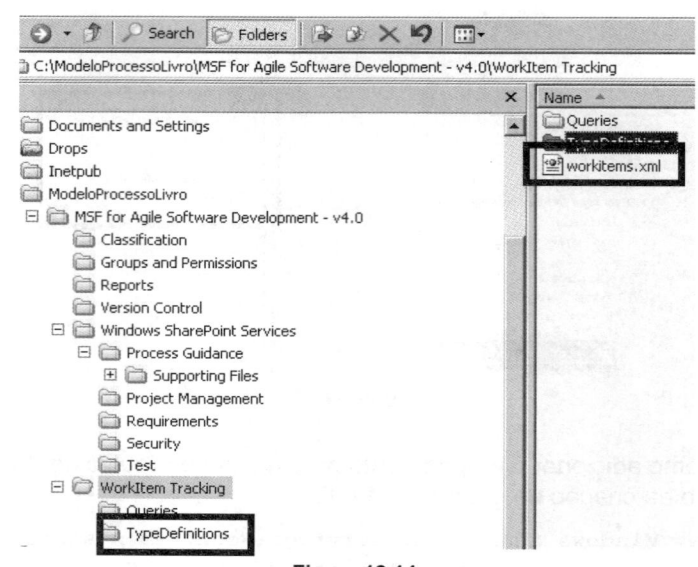

Figura 12.14

Para incluir ou excluir Work Items, além de mapeá-lo no workitems.xml, é necessário incluir ou excluir também um *TypeDefinition*, conforme exemplo:

```
<?xml version="1.0" encoding="utf-8" ?>
- <tasks>
- <task id="WITs" name="WorkItemType definitions" plugin="Microsoft.
ProjectCreationWizard.WorkItemTracking" completionMessage="WorkItemT
ypes created">
- <taskXml>
- <WORKITEMTYPES>
  <WORKITEMTYPE fileName="WorkItem Tracking\TypeDefinitions\Bug.xml" />
  <WORKITEMTYPE fileName="WorkItem Tracking\TypeDefinitions\Task.xml" />
  <WORKITEMTYPE fileName="WorkItem Tracking\TypeDefinitions\Qos.xml" />
  <WORKITEMTYPE fileName="WorkItem Tracking\TypeDefinitions\Scenario.xml" />
  <WORKITEMTYPE fileName="WorkItem Tracking\TypeDefinitions\Risk.xml" />
```

```
</WORKITEMTYPES>
</taskXml>
</task>
- <task id="WIs" name="WorkItems" plugin="Microsoft.
ProjectCreationWizard.WorkItemTracking" completionMessage="Work
items uploaded">
- <dependencies>
  <dependency taskId="WITs" />
  </dependencies>
- <taskXml>
- <WORKITEMS>
- <WI type="Task">
  <FIELD refname="System.Title" value="Set up: Set Permissions" />
  <FIELD refname="System.IterationPath" value="$$PROJECTNAME$$\
Iteration 0" />
  <FIELD refname="System.State" value="Active" />
  <FIELD refname="System.Reason" value="New" />
  <FIELD refname="Microsoft.VSTS.Common.Issue" value="No" />
  <FIELD refname="Microsoft.VSTS.Common.ExitCriteria" value="Yes" />
  <FIELD refname="System.Description" value="Add team members to one
of the four security groups: Build Services,
  ...
  </QUERIES>
</taskXml>
</task>
</tasks>
```

Note que o item em negrito é o tipo de Work Items *Risk.xml*. Caso estivéssemos querendo eliminá-lo, seria necessário fazer modificações também no subdiretório *TypeDefinitions* (Figura 12.15), caso em que seria necessário deletar o arquivo *Risk.xml* do subdiretório e a referência ao tipo de Work Item **(<WORKITEMTYPE fileName="WorkItem Tracking\ TypeDefinitions\Risk.xml" /> </WORKITEMTYPES>)** no arquivo workitems.xml.

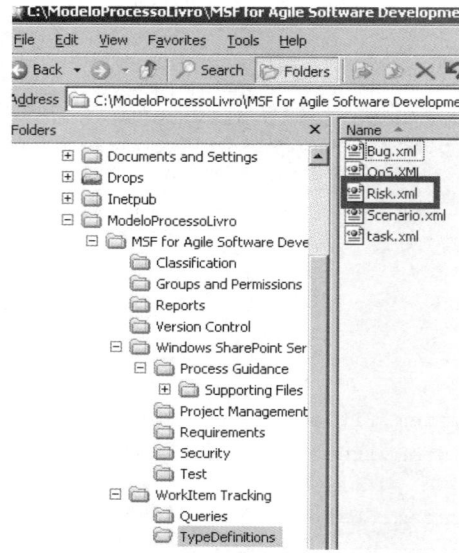

Figura 12.15

Com isso, ao tentar adicionar um novo *Work Item*, através do *Team Explorer*, o item deixará de existir para esse *Team Project* (Figura 12.16)

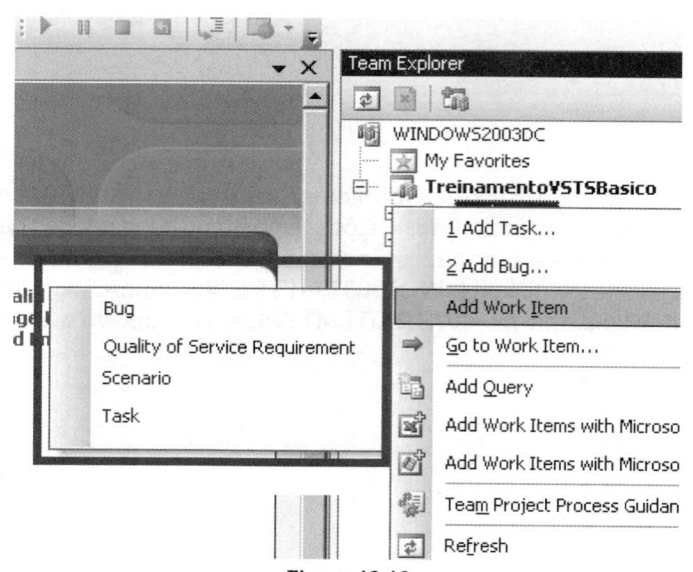

Figura 12.16

13

Configurações, Gerenciamento de Dados, Disponibilidade, Segurança e Backups

Nessa etapa você vai entender um pouco mais da arquitetura de banco de dados do Visual Studio Team System, como gerenciar seus dados diretamente da base de dados e como promover a segurança básica através de backups.

Quando falamos em manutenção para VSTS temos que imaginar que será necessário considerar algumas variáveis, que são:

- Plano para recuperação de desastres
- Gerenciamento de dados e disponibilidade
- Gerenciamento da parte Servidor básica (Active Directory)
- Configurações de Segurança

Gerenciamento de Dados e Disponibilidade

A primeira coisa que você precisa saber sobre gerenciamento de dados e disponibilidade do VSTS é quais bancos de dados fazem parte de toda a tecnologia. Vamos ver alguns detalhes sobre esses bancos de dados: (Figura 13.1)

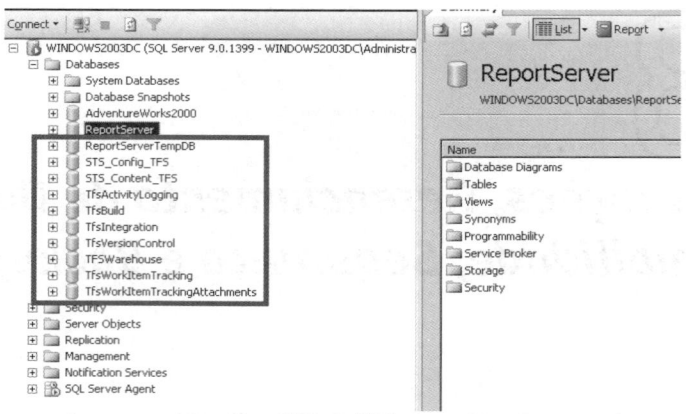

Figura 13.1

Banco de Dados	Descrição
ReportServer	O Banco de Dados ReportServer contém relatórios e configurações do Reporting Services.
ReportServerTempDB	O Banco de Dados ReportServerTempDB contém um banco de dados temporário com informações usadas durante a geração de relatórios.
STS_Config_TFS	O Banco de Dados STS_Config_TFS contém informações de setup do Portal do Projeto que é feito em Sharepoint.
STS_Content_TFS	O Banco de Dados STS_Content_TFS contém o conteúdo atual do Portal do Projeto.
TfsActivityLogging	O Banco de Dados TfsActivityLogging mantém todo o histórico de acesso ao TFS.
TfsBuild	O Banco de Dados TfsBuild contém os dados de Geração de Builds e resultados de publicações.
TfsIntegration	O Banco de Dados TfsIntegration contém os registros diversos e também registros de: • Projetos • Áreas • Iterações
TfsVersionControl	O Banco de Dados TfsVersionControl contém informações do Controle de Versões do TFS.
TfsWareHouse	O Banco de Dados TfsWareHouse contém dados do Banco de Dados Analisys Services.
TfsWorkItemTracking	O Banco de Dados TfsWorkItemTracking contém dados de rastreabilidade (Work Itens).
TfsWorkItem TrackingAttachments	O Banco de Dados TfsWorkItemTrackingAttachments contém os anexos de Work Items.

Alterando alguns limites default

Existem alguns limites básicos que podem ser alterados fácilmente como, por exemplo, tamanho de anexos e temporizadores de Warehouse.

No exemplo a seguir, vamos acessar o WebService que faz o controle de tempo do TFS para execução de Warehouse (Figura 13.2).

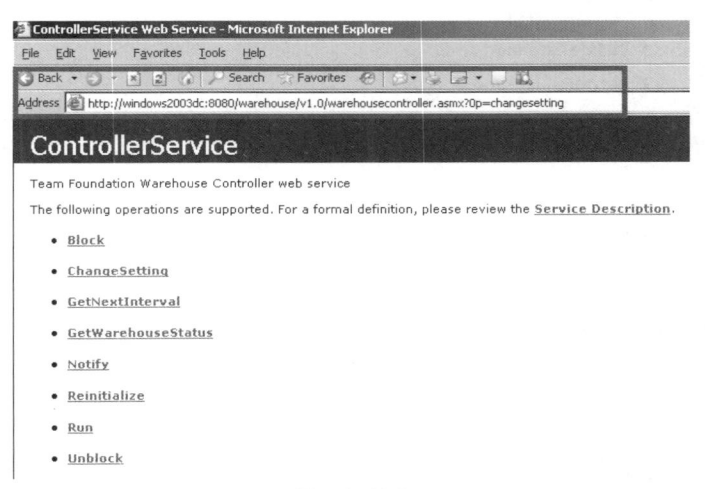

Figura 13.2

Ao digitar o comando no Internet Explorer: **http://windows2003dc:8080/warehouse/v1.0/warehousecontroller.asmx?0p=changesetting** você tem acesso ao Webservice. Clique em ChangeSetting (Figura 13.3).

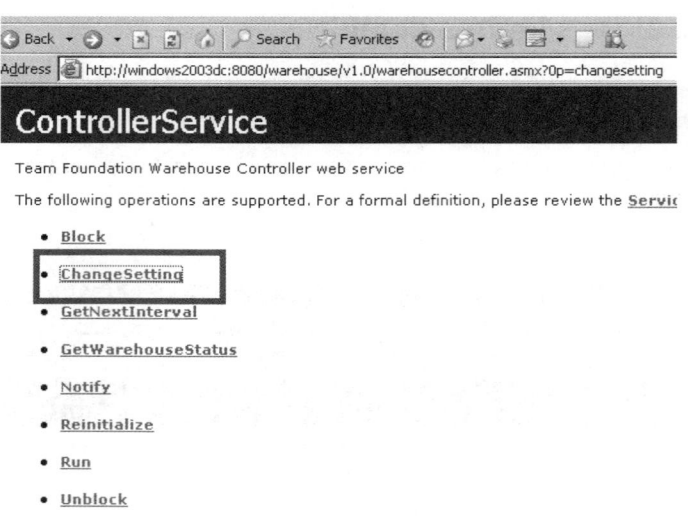

Figura 13.3

Em seguida digite *RunIntervalSeconds* no campo *settingID,* e no campo *newValue* digite o intervalo novo que prentende mudar e depois clique em *Invoke* (Figura 13.4).

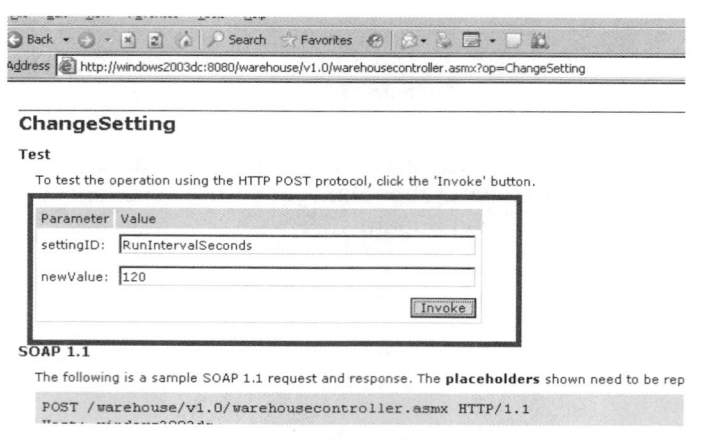

Figura 13.4

Nesse momento, você receberá uma nova tela onde um arquivo XML aparece avisando que a mudança foi executada (Figura 13.5).

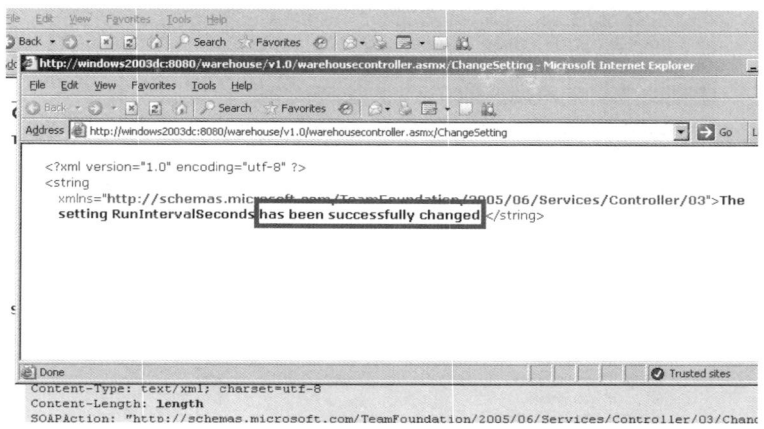

Figura 13.5

> É importante saber que, ao alterar o limite de tempo (intervalo) para que se te-
> nha um update mais rápido, tal mudança pode comprometer o desempenho do
> servidor do TFS, portanto, faça esse tipo de ajuste somente após obter conheci-
> mentos mais profundos sobre a tecnologia.

Plano para recuperação de desastres

Quando tiver algum problema com seu servidor de TFS ou algum dos bancos de
dados descritos anteriormente no tópico, é fundamental saber como proceder para
restaurar tais bancos e eventuais serviços. Para tanto, existe uma "receita de bolo"
bem funcional, vamos ver a seguir:

Backup do Team Foundation Server Backups

A partir do SQL Server Management Studio você deve iniciar um Job padrão de
criação de backup, criar uma agenda de inicio diário, rotinas de verificação etc.
Portanto, defina a estratégia de cópia de segurança (backup) juntamente com seu
administrador de rede da empresa, de preferência, é claro, para criar rotinas de
backups nos horários de baixa utilização do TFS. Caso queira montar você mesmo
a rotina de backup, siga os seguintes passos:

Abra o SQL Server Management Studio.

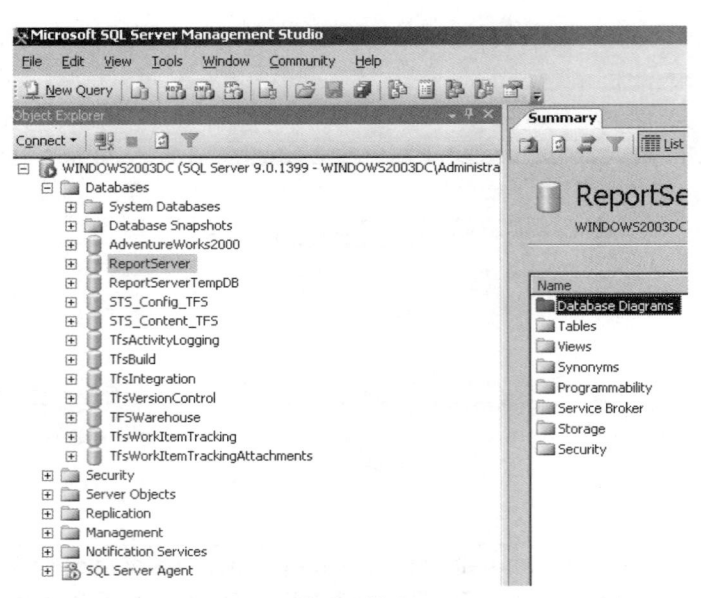

Figura 13.6

Escolha a Pasta *Management* e depois *Maintenance Plans.* Digite o nome do Plano de Manutenção.

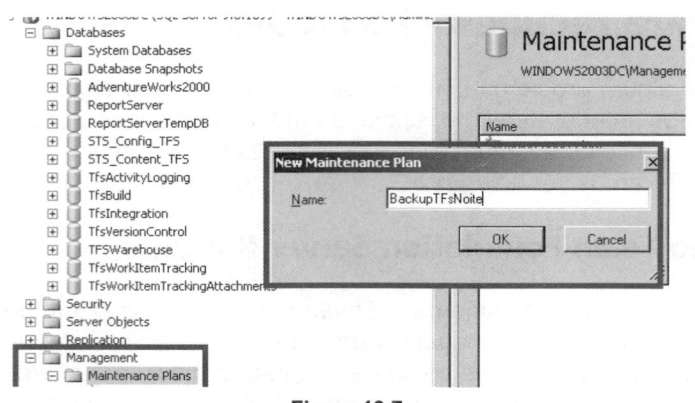

Figura 13.7

Ao clicar em OK escolha o componente Backup Database Task na Toolbox (Figura 13.8) e arraste-o até a área indicada na figura.

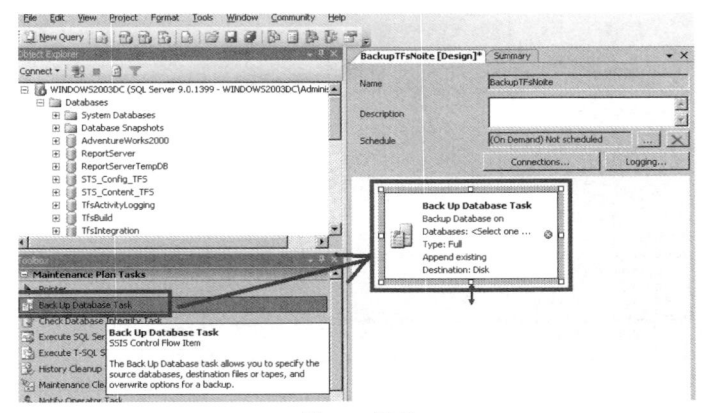

Figura 13.8

Dê um duplo clique no componente que acabou de arrastar e poderá escolher todos os bancos de dados do TFS (Figura 13.9) como descrito na Figura 13.1.

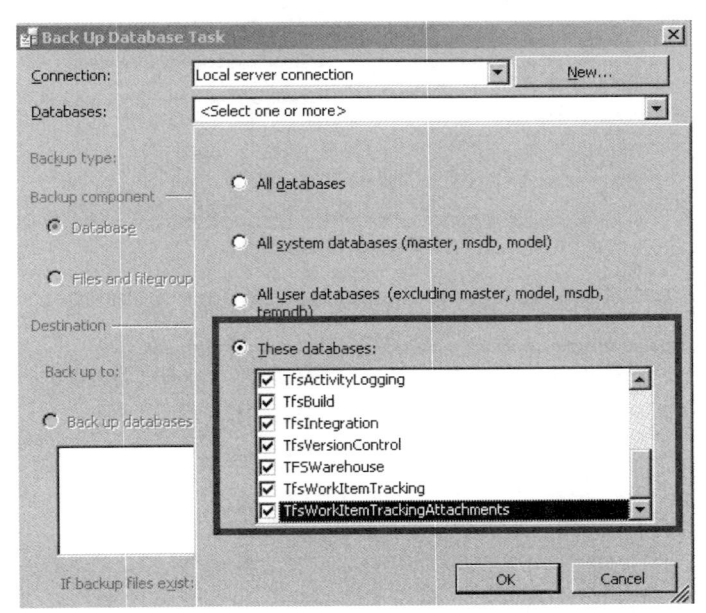

Figura 13.9

Configure as demais informações, tais como: tipo de cópia, tipo de mídia, local do backup etc.

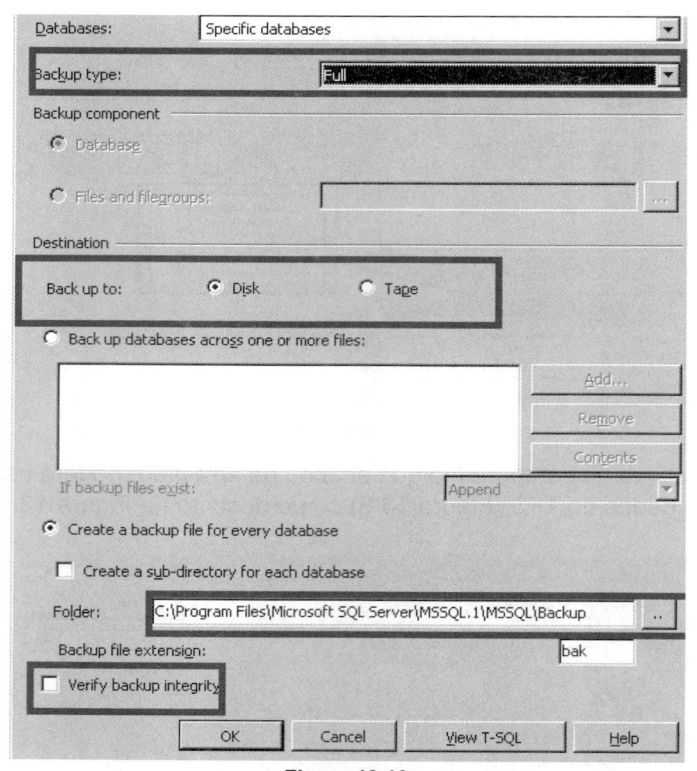

Figura 13.10

Na seqüência, escolha outros componentes do Job em questão, caso necessite.

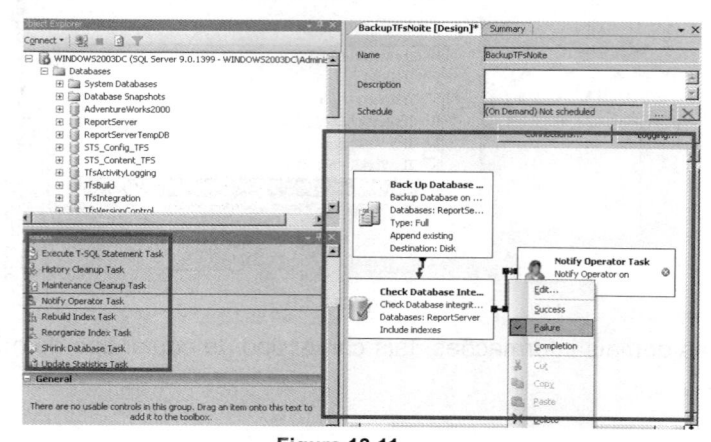

Figura 13.11

Na Figura 13.11, foi escolhido, além do componente de Backup, um componente de Checar Integridade e outro de Notificar o Operador da Tarefa em caso de falha. Aliás, todos os componentes podem ser acionados em caso de estar completo, falha ou sucesso. Agora, escolha Salvar e feche o *Job*. Nesse momento você vai ver que o seu *Job* passou a fazer parte da lista de *Jobs* do Servidor (Figura 13.12).

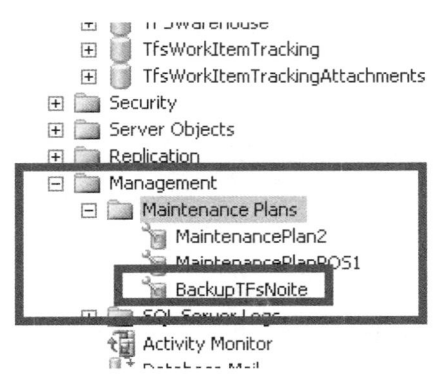

Figura 13.12

Precisamos, agora, montar a agenda de backup e determinar seu ciclo. Essa é uma tarefa fácil; porém, é necessário saber de fato sua necessidade periódica de cópias (Figura 13.3).

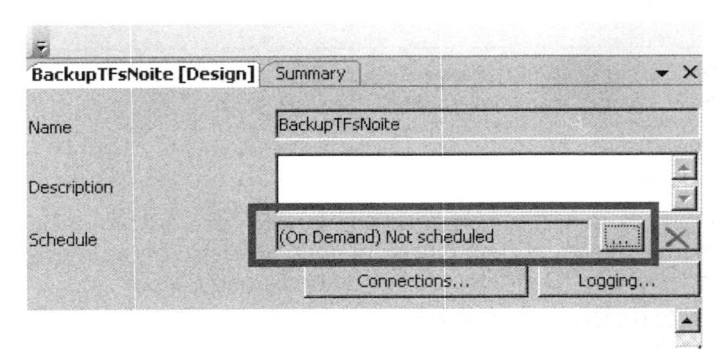

Figura 13.13

Clique em (...) no lugar indicado da Figura 13.13 para ter acesso à Janela de Agendamento (Figura 13.14)

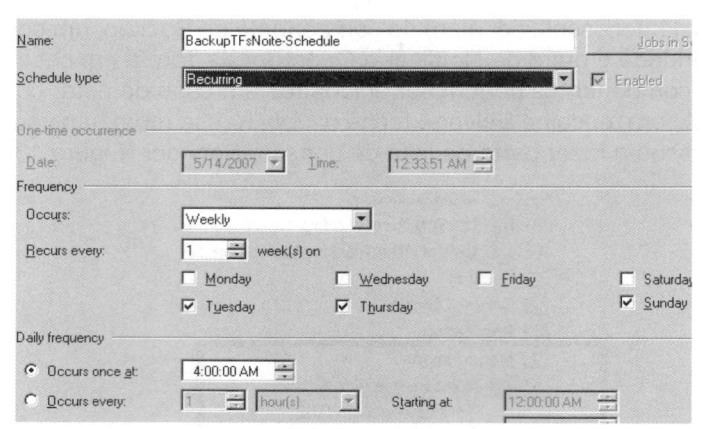

Figura 13.14

Clique em OK e pronto! Você já tem uma rotina de backup.

Restaurando o TFS (Processo completo)

Uma vez que seus backups estejam em dia, atualizados e 100% funcionais, quando tiver necessidade de, por algum motivo, que pode ser dos mais variados, como, por exemplo, troca de servidor ou sinistros em geral, poderá recuperar todo seu TFS, bastando para isso seguir os passos adiante:

> **Importante:** Existe uma seqüência básica que deverá ser rigorosamente seguida, caso contrário informações poderão ser perdidas.

Preparando o servidor e restaurando um backup

1) Abra o prompt de comando no servidor que contém a Camada de Dados; se você tem um único servidor, vá direto ao prompt de comando e pare o seu IIS através do comando iisreset/stop.

2) Abra o prompt de comando no servidor que contém a Camada de Aplicação; se você tem um único servidor, já fez isso no passo anterior.

3) Abra o SQL Server Management Studio e restaure cada um dos bancos de dados, um por vez.

4) CUIDADO! Siga esse passo com muita cautela, faça uma cópia extra de seu backup antes de começar a restaurar, pois essa etapa, se não for executada com êxito, poderá corromper seus BDs.

5) Caso tenha dúvida sobre como restaurar um banco de dados, acesse o Wizard de restauração na própria interface do SQL Server Management Studio.

Restaurando o Analysis Services

O Analisys Services deve ser instalado novamente. Para isso, siga cuidadosamente os seguintes passos:

1) Abra o prompt de comando em servidor de Camada de dados ou se tiver apenas um servidor mesmo.

2) Insira o CD do Team Foundation Server e acesse a pasta Tools.

3) Digite no prompt o seguinte comando: net stop TfsServerScheduler.

4) Agora digite: setupwarehouse –o-s NomeServidor –d TfsWarehouse –c warehouseschema.xml –ra ContaDeServiço –s ContaDeServiço.

5) Abra o SQL Server Management Studio e escolha agora logar com Analysis Server (Figura 13.15).

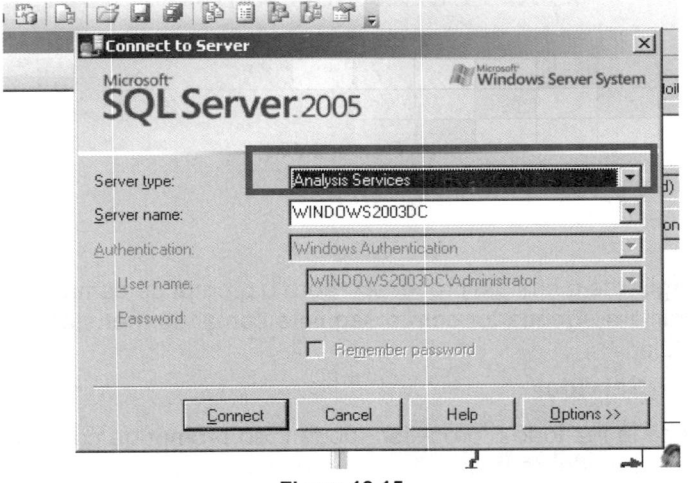

Figura 13.15

6) Clique em Dabatabases e escolha TFSWarehouse e na seqüência escolha com o botão direito do mouse Process. A janela de Processo se abrirá; agora clique em OK e o processo iniciará (Figura 13.16).

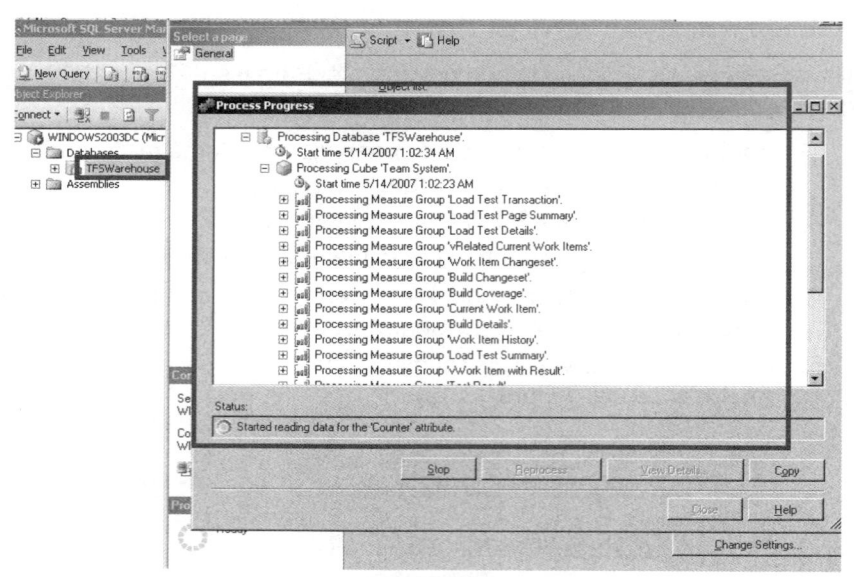

Figura 13.16

7) Aguarde o final do processo, abra o prompt de comando novamente e inicie o Agendador com o seguinte comando: net start TfsServerScheduler.

Reiniciando o Servidor

Agora que você já fez todo o processo, pode ir ao prompt de comando novamente no servidor de camada de aplicação ou no único servidor que tiver e iniciar novamente o IIS com o comando iisreset/start.

8) Processo terminado, tudo deve ter voltado a funcionar normalmente.

Nota: ao autor reserva-se o direito de não ser responsabilizado por toda ou qualquer execução dos comandos de backup ou restauração de arquivos citados nesse livro, uma vez que o processo dos mesmos pode ser mudado sem prévio aviso do fabricante do software.

Referências

Sites:

- Dev Center na MSDN Brasil
- Laboratório Virtual
- MSDN (Brasil)
- MSDN (EUA)
- Team System Nexus
- Teamsystem Brasil
- TECH Notes (MSDN EUA)
- TF Server .ORG
- VSTS Rocks Brasil
- VSTS Rocks EUA

Livros:

- Global Outsourcing with Microsoft Visual Studio 2005 Team System
- Microsoft Solutions Framework for Agile Software Development
- Pro Visual Studio 2005 Team System
- Pro Visual Studio 2005 Team System: Application Design
- Professional Team Foundation Server
- Professional Visual Studio 2005 Team System
- Software Engineering with Microsoft Visual Studio Team System
- Team System Rock Team Brasil
- Working with Microsoft Visual Studio 2005 Team System

Participe do **BRASPORT INFOCLUB**

Preencha esta ficha e envie pelo correio para a

BRASPORT LIVROS E MULTIMÍDIA

Rua Pardal Mallet, 23 – Cep.: 20270-280 – Rio de Janeiro – RJ

Você, como cliente BRASPORT, será automaticamente incluído na nossa Mala Direta, garantindo o recebimento regular de nossa programação editorial.
Além disso, você terá acesso a ofertas incríveis, exclusivas para os nossos leitores.
Não deixe de preencher esta ficha.
Aguarde as surpresas. Você vai sentir a diferença!

Nome: _____

Endereço residencial: _____

Cidade: _____ Estado: _____ Cep.: _____

Telefone residencial: _____

Empresa: _____

Cargo: _____

Endereço comercial: _____

Cidade: _____ Estado: _____ Cep.: _____

Telefone comercial: _____

E-mail: _____

Gostaria de receber informações sobre publicações nas seguintes áreas:

❐ linguagens de programação
❐ planilhas
❐ processadores de texto
❐ bancos de dados
❐ engenharia de software
❐ hardware
❐ redes

❐ editoração eletrônica
❐ computação gráfica
❐ multimídia
❐ internet
❐ saúde
❐ sistemas operacionais
❐ outros _____

Comentários sobre o livro _____
_____
_____

Visual Studio Team System

BRASPORT
LIVROS E MULTIMÍDIA

Cole o selo
aqui

Rua Pardal Mallet, 23
20270-280 – Rio de Janeiro – RJ

Dobre aqui

-- Endereço:

-- Remetente:

Últimos Lançamentos

Projetos Brasileiros: Casos Reais de Gerenciamento

Paul Campbell Dinsmore / Américo Pinto /
Adriane Cavalieri / Margareth Fabiola dos Santos Carneiro   *312 pp. – R$ 79,00*
Formato: 21 x 28

Este livro nasceu a partir de uma necessidade indiscutível: disponibilizar para empresas, profissionais e estudantes referências genuinamente brasileiras sobre casos empresariais em Gerenciamento de Projetos. Por isso, profissionais com reconhecida competência nacional e internacional nos deram a honra de colaborar na iniciativa de desenvolvimento deste livro, o qual reúne diversos casos nacionais de sucesso e insucesso na área de projetos, para preencher uma importante lacuna do conhecimento.

Uma Evolução Silenciosa no Gerenciamento das Empresas com o Six Sigma

Clovis Bergamo Filho / Ricardo Mansur   *192 pp. – R$ 42,00*

O objetivo deste livro é demonstrar, através de estudos de caso, os impactos positivos do Six Sigma nos projetos corporativos e chamar a atenção do leitor para a transformação silenciosa que está ocorrendo no mercado brasileiro. São apresentados, com uma linguagem clara e instrutiva, os casos práticos de aplicação do Six Sigma, tanto no contexto de melhoria de processos existentes como no de desenvolvimento de novos produtos e serviços.

Gerenciando Projetos de Desenvolvimento de Software com PMI, RUP e UML 4ª edição

José Carlos Cordeiro Martins   *356 pp. – R$ 75,00*

Este livro propõe a combinação de duas conhecidas metodologias de gerenciamento de projetos: o RUP e a abordagem do PMI. Apresenta-se dividido em partes, cada qual abordando o assunto pertinente ao gerenciamento de projetos de desenvolvimento de software a partir de um ângulo diferente. Nesta quarta edição a primeira parte do livro foi totalmente revisada, tomando por base a última edição do PMBOK.

Técnicas para Gerenciamento de Projetos de Software

José Carlos Cordeiro Martins   *456 pp. – R$ 89,00*

Este livro apresenta algumas das metodologias clássicas e ágeis mais populares para gerenciamento de projetos: Project Management Institute (PMI), Agile Project Management (APM), Unified Process (UP), Scrum, Extreme Programming (XP) e Feature Driven Development (FDD). Por fim, o livro propõe uma discussão sobre qual seria a melhor metodologia para cada tipo de projeto. Depois apresenta a abordagem utilizada pela Compugraf para gerenciar seus projetos de desenvolvimento de software.

Do cabeamento ao servidor

André Guedes Ruschel   *348 pp. – R$ 65,00*

O objetivo principal deste livro é ensinar como fazer toda a instalação e configuração de um servidor com Windows Server 2003. É destinado a quem deseja aprender de forma fácil e rápida, pois todas as tarefas são descritas do início ao fim, "tela por tela", sendo cada uma delas comentada, tudo isso com a finalidade de facilitar o entendimento e a execução de tarefas que às vezes parecem ser complexas.

Acessando Bancos de Dados com Ferramentas RAD: Aplicações em Visual Basic

Mário Leite   *416 pp. – R$ 65,00*

Este livro mostra como acessar as bases de dados mais utilizadas nos sistemas de informação de modo prático e objetivo. As bases de dados estudadas são, pela ordem: dBase, Paradox, Access, Interbase, Firebird, MySQL, Oracle, PostgreSQL e SQL Server, acessadas através de diferentes provedores. É um livro de fácil assimilação, apresentando as principais ferramentas de gerenciamento: Access, IBConsole, IBExpert, MySQL-Front, pgAdmin, SQL*Plus, iSQL*Plus e SQL Manager.

Implementando um Escritório de Projetos

Ricardo Mansur   *188 pp. – R$ 41,00*

O livro apresenta de forma simples e direta as principais estratégias do mercado para a implementação de um escritório de projetos (PMO - Project Management Office). Para facilitar o entendimento das estratégias, são destacados de forma consolidada os principais conceitos do escritório e explicadas a sua relevância e contribuição para o gerenciamento de projetos.

Análise de Sinais para Engenheiros: Uma Abordagem via Wavelets

Hélio Magalhães de Oliveira   *268 pp. – R$ 55,00*

(Série SBrT)

Esta obra é concebida para estudantes de graduação, mestrado e doutorado em Engenharia, assim como para todos os engenheiros que lidam com sinais. Conduz o leitor às bases da análise e síntese moderna de sinais, com interação com técnicas de processamento de sinais adequadas à Engenharia. A construção de representações localizadas em tempo e freqüência constitui um dos avanços relevantes da análise de transitórios, imagens, áudio, sinais biomédicos, sinais genômicos etc.

Administração de Redes com Scripts: Bash Script, Python e VBScript

Daniel Gouveia Costa   *172 pp. – R$ 43,00*

Neste livro são abordadas três linguagens de script, todas bastante utilizadas na administração de redes: Bash Script, Python e VBScript. A pretensão não é apenas apresentar como utilizar essas linguagens, mas também analisar como problemas reais podem ser sanados com scripts. Para tanto, alguns dos problemas e necessidades comuns de redes Linux e Windows são considerados.

BrOffice.org - da teoria à prática

Edgard Alves Costa   *208 pp. – R$ 45,00*

O objetivo deste livro é mostrar ao leitor que, de maneira prática, ágil e simples, usando todos os recursos do BrOffice, é possível gerar todos os tipos de documentos necessários a uma perfeita administração de uma pequena ou média empresa. O CD-ROM que acompanha o livro contém filmes com a execução dos exemplos citados no livro e inclui BrOpenOffice 2.0.2, MySQL, MySQL Connector, MySQL-ODBC e WinRar (compactador/descompactador).

Guia de Certificação MCP, MCSA, MCSE - Exame 70-270 - Microsoft Windows XP Professional

Josenildo Feijó   *156 pp. – R$ 36,00*

O livro reúne todo o conteúdo necessário para o melhor desempenho no exame 70-270, referente à certificação MCP em Windows XP Professional. Aborda os pontos-chave do exame, exigidos pela Microsoft, referentes a cada tópico. Outro importante diferencial do livro são as simulações de procedimentos que servem como preparação para as novas questões incorporadas pela Microsoft. Ao final, estão disponibilizadas 54 questões que, baseadas nos pontos-chave, avaliarão o seu nível de preparação para o exame.

Guia do Java Enterprise Edition 5 - Desenvolvendo aplicações comerciais

Cleuton Sampaio   *200 pp. – R$ 46,00*

A plataforma Java Enterprise Edition vem se tornando muito popular. Em sua versão 5.0 muita coisa mudou em seu framework de componentes remotos, Enterprise JavaBeans. Agora temos a Java Persistence, que permite criar entidades gerenciadas por qualquer outro software de persistência, como o Hibernate ou o Toplink, da Oracle. Este livro é um guia prático de desenvolvimento que leva o leitor a compreender e trabalhar com a nova plataforma Java EE 5.0 de maneira rápida e prática.

Comunicação Digital

Cecílio José Lins Pimentel   *420 pp. – R$ 83,00*

(Série SBrT)

A transmissão de informação em forma digital é empregada em diversos sistemas de comunicações presentes em nosso dia-a-dia, como por exemplo em redes de telefonia fixa e móvel, sistemas via satélite, redes de computadores, redes de televisão. Este livro descreve técnicas de transmissão e recepção de sinais digitais.

Gerenciamento de Identidades

Alfredo Luiz dos Santos   *192 pp. – R$ 45,00*

O livro apresenta uma abordagem completa, desde os conceitos envolvidos, como o que é uma identidade digital, até a fase de implementação de um sistema de gerenciamento de identidades, além de demonstrar os métodos de integração e mapeamento de dados, política de senhas, modelo de monitoramento de sistemas, passando pela prática da metodologia de preparação de projetos de gerenciamento de identidades até a construção de uma ferramenta de testes de integração de identidades.

Revit Building 9.0

Alexander Rodrigues Justi   *442pp. – R$ 89,00*

Este é o livro ideal para quem quer conhecer o mais revolucionário software de CAD para projetos de arquitetura e engenharia civil. Com o Revit, você irá projetar e pensar como se estivesse em uma obra. Economize até 70% do tempo de projeto em relação aos outros softwares de CAD, principalmente em relação aos que apenas desenham o projeto. Ao final do livro, será capaz de gerar um projeto completo, com todas as pranchas e diversos desenhos, com material em 3D e quantitativo.

Modelos Qualitativos de Análise de Risco para Projetos de Tecnologia da Informação

Eber Assis Schmitz / Antonio Juarez Alencar / Carlos Badini Villar   *196pp. – R$ 55,00*

Neste livro você irá encontrar uma coleção de modelos qualitativos que irão ajudá-lo a identificar, rapidamente, os riscos a que projetos de tecnologia da informação estão sujeitos. Estes modelos favorecem a elaboração de planos de ação que aumentam as chances dos projetos sob sua responsabilidade serem entregues dentro do prazo, de acordo com o fluxo de caixa e em sintonia com os requisitos a que devem satisfazer. O CD-ROM que contém um conjunto de planilhas Microsoft Excel que permite uso imediato dos modelos de análise de risco.

Manual Prático do Plano de Projeto 3ª edição
Ricardo Viana Vargas

256pp. – R$ 79,00

Formato: 21 x 28

Tudo o que você precisa saber de forma prática e rápida sobre o plano de projeto através de exemplos! O mais prático e didático livro sobre o plano de um projeto. Através de um exemplo simples e dirigido, você irá conhecer os principais documentos e relatórios das áreas de um empreendimento. Entre as principais alterações desta terceira edição está a ampliação do Projeto Novas Fronteiras, que agora passa a incluir documentos ampliados, dicionário da WBS, dentre outros.

Gerenciamento de Projetos Guia do Profissional Vol. 3: Fundamentos Técnicos
Ecthos

340 pp. – R$ 97,00

Formato: 21 x 28

Este volume tem a pretensão de contribuir com algumas técnicas experimentadas como solução na administração do nosso dia-a-dia. Agora cabe o trabalho de planejar e controlar as variáveis que complementam as obrigações numéricas: os prazos da atividade, suas datas de realização, seus riscos e seqüenciamento, bem como os valores de custeio, tributos e cronogramas de desembolso orçamentário. Por fim, as condições e tipos de contratos formais que validam esses acordos citados, na sua forma jurídica, para dar cabo dos trabalho necessários.

SQL Guia Prático 2ª edição
Rogério Luís de C. Costa

252 pp. – R$ 53,00

Este livro pode ser utilizado como guia de referência ou no meio acadêmico, para apoio em cursos de graduação, pós-graduação e especialização. Nesta segunda edição os comandos foram reavaliados segundo as versões correntes dos Sistemas Gerenciadores de Banco de Dados. Ou seja, são apresentados exemplos referentes aos DB2 Versão 9 e ao SQL Server 2005, além do Oracle 10g. Também foram adicionados comandos e conceitos relativos à gerência de privilégios. Foram ainda incluídos novos exercícios em vários capítulos.

DNS - Um Guia para Administradores de Redes
Daniel Gouveia Costa

144 pp. – R$ 37,00

Este livro foi escrito para quem trabalha, precisa trabalhar ou simplesmente quer conhecer o serviço DNS. Aborda de forma clara e direta o seu funcionamento, servindo como guia para os profissionais que atuam na área de administração de redes. Para auxiliar os profissionais e estudantes a trabalharem ativamente com o serviço DNS, é apresentado como instalar, configurar e operar servidores DNS, além de detalhes de configuração de clientes DNS.

AutoCAD 2007 2D
Alexander Rodrigues Justi

292pp. – R$ 61,00

Este é o livro ideal para quem quer conhecer o principal software de CAD utilizado em escritórios nos mais variados tipos de projetos. Apresenta a mais recente versão lançada pela Autodesk. O livro possui o selo Autodesk Authorized Publisher, por ser um material desenvolvido de acordo com os padrões de qualidade da Autodesk. O livro apresenta ainda uma série de tabelas que visam facilitar o dia-a-dia do usuário, como por exemplo para determinar altura de textos e tabela de correção e conferência de arquivos.

 BRASPORT

BRASPORT LIVROS E MULTIMÍDIA LTDA.
RUA PARDAL MALLET, 23 - TIJUCA – RIO DE JANEIRO – RJ – 20270-280
Tel. Fax: (21) 2568.1415/2568-1507 – Vendas: vendas@brasport.com.br

Este livro foi confeccionado
pela Editora Morada do Livro Ltda-EPP
(21) 3278-6511